本丛书为青岛地方文化研究中心和青岛大学中国文化海外影响力协同创新中心重点规划项目。

本丛书获青岛市社科规划办立项，丛书的出版得到青岛市社科规划办及青岛大学中国文化海外影响力协同创新中心的资助。

# 崂山志校注

苑秀丽　刘怀荣　校注

人民出版社

# 《崂山文化研究丛书》总序

崂山位于齐地之东部，僻处海滨，砥柱洪流，在很长的历史时期里，都属于人迹罕至之地。然崂山之名，不仅在历史上很早就广为人知，而且在当代国际社会，也堪称是东方名城青岛的特殊标志。在国外，如果有人知道崂山而不知道青岛，也许并不是一件不可理解的事。

崂山美名的广泛传播，固然与其“三围大海，背负平川，巨石巍峨，群峰峭拔”①、深幽而罕见的自然风光不无关系。而就实际的情形来看，道教及与之相关的一系列神秘文化，也许是引起古今中外人士关注崂山的更重要的因素。在崂山道教正式诞生之前，齐地即已因方仙道、黄老之学以及黄老道而闻名遐迩。这不仅构成了崂山道教特有的显赫“家世”，也成为其后来植根深厚、叶茂枝繁的地域文化沃壤。因此，从汉代的张廉夫、唐末五代的李哲玄，到北宋的华盖真人刘若拙，再到金元之际的全真诸高道，都不约而同地选择崂山作为隐居、修道之所，可谓英雄所见略同。崂山道教后来能发展为“道教全真天下第二丛林”，出现“九宫八观七十二庵”的盛况，虽离不开全真教历代高道的大力弘扬，但神秘独特的自然环境与悠久深厚的文化传统，更是缺一不可的。

崂山道教的发展，进一步提升了崂山的知名度。从明代万历年间起，佛教中人也开始把目光投向这里，但道教在这里有深厚的根基，晚

---

① 《道藏》第 25 册，文物出版社、山海书店、天津古籍出版社联合出版，1988 年版，第 819 页。

来的佛教注定无法占据上风。憨山、自华、慈霑，虽然都是僧人中的佼佼者，但憨山所建海印寺在万历佛道之争中被毁，即墨黄氏、周氏两大家族为自华所建的洪门寺（又名西莲台），到了清代乾隆末年就已倾圮。只有慈霑任第一代住持的华严庵，经数次重建，后更名为华严寺，至今仍存，这也是崂山目前唯一的佛寺。虽然崂山佛教远不如道教兴盛，但同样不可忽略。

山海胜境、神仙传统，吸引了道、佛二教，而这三大资源的汇合，进而引发了世人无穷的好奇之心。虽然道路崎岖难行，历代仍不乏名人雅士前来探胜观光。直到德国占领青岛期间（1897—1914），开辟登山通道十六条。此后，沈鸿烈主政青岛时期（1932—1937），进山道路得到进一步的修缮，游人更是接踵而至。而古今文人墨客来游者，往往将人生之悟、身世之慨与山水之美融为一体，即兴为文。岁月沉积既久，不仅道佛文化自成体系，自有历史，名人也为崂山日益增色，他们留下的那些流布人口、传之后世的诗词文赋，更成为崂山人文的重要组成部分，使这座清奇幽深的名山，增加了更加丰富深沉的人文意味。因而，梳理、总结崂山之人文，也就显得更加重要。在这方面，古人已经做了很多，从明末黄宗昌撰写第一部《崂山志》、近代太清宫道士周宗颐撰写《太清宫志》起，修撰各类《崂山志》及探究崂山道教历史发展者，实在不乏其人。因而，崂山宗教文化与历史、来游崂山的名人及其诗文著述，已在无形中构成了人文崂山的重要组成部分。尤其在每年前来崂山的游人动辄过千万[①]的今日，把崂山文化以通俗易懂的方式，准确地

① 据崂山区统计局《2012年崂山区国民经济和社会发展统计公报》、《2013年崂山区国民经济和社会发展统计公报》，2012年崂山区接待海内外游客995万人次，其中，国内游客863.5万人次，入境游客131.5万人次；2013年接待海内外游客1147万人次，其中，国内游客1119万人次，入境游客28万人次。分别见崂山区委区政府门户网站“崂山统计局”，http://tjj.laoshan.gov.cn/n206250/n500254/index.html，2013年2月5日、2014年2月21日。

介绍给所有海内外游客，就显得更为重要。

这样的一种认识，对我们来说并非一时的心血来潮。早在笔者初到青岛工作的1992年，就发现崂山道教史及文化史的相关介绍中，存在着不少似是而非的问题。1993年9月15日至18日，中国旅游协会旅游文学专业委员会（中国旅游文学研究会）第六届年会暨93青岛国际旅游文化研讨会在青岛市召开，会议由青岛大学文学院具体承办。笔者当时提交的论文是《崂山道教及其在中国道教史上的地位》（后刊于《东方论坛》1995年第3期），这是我探讨崂山道教文化最早的一篇文章。自此之后的二十多年来，我本人断断续续写了一些有关崂山道教、崂山志或崂山文化的文章，也尽可能收集了与崂山文化有关的典籍。其间，还在青岛市崂山文化研究会中负责过宗教文化专业委员会的工作。研究会出版的《崂山研究》第一辑（中国海洋大学出版社2006年版）、第二辑（中国海洋大学出版社2008年版）所收的一批论文，也可以看作是在上述认识的指导下，组织部分师友所做的一点工作。当时的参与者，有两位也是本丛书的作者。

经过多年的思考和准备，我们逐渐形成了选择典型的专题和典籍对崂山文化进行系统整理的思路。苑秀丽教授与笔者共同出版的《崂山道教与〈崂山志〉研究》（中国社会科学出版社2011年版）一书，是这项研究工作的第一部著作。与此同时，我们启动了本丛书的写作。丛书围绕典型专题与代表性典籍两大重点，首先选定了如下七本著作作为第一批研究课题：

《崂山道教与佛教研究》，通过历史文献和田野调查的方式，全面收集崂山道教、佛教的相关史料，对崂山宗教的发展历史、重要事件、高僧高道、宫观兴废等进行系统、深入的研究，考镜源流，订正讹误，在前人研究基础上，对崂山道教、佛教做进一步深入的探讨。

《崂山文化名人考略》，对先秦至近现代的崂山文化名人进行全面梳理，将一千多位崂山文化名人分为本籍文化名人、寓居文化名人、记游文化名人、宗教文化名人四大类，对他们的生平和与崂山相关的事迹及著述等进行研究和考证，增补前人著述之缺漏，订正以往研究之舛误。尽可能完成一部集学术性、工具性、资料性为一体的崂山文化名人研究著作。

《崂山志校注》，对明末即墨人黄宗昌父子所撰的第一部《崂山志》进行全面的校勘、整理和注释。以民国二十三年（1934）本为底本，仔细参校手抄本、民国五年（1916）本《崂山志》及嘉庆十三年（1808）刻本《崂山名胜志略》等其他7个版本，对各本择善而从。同时，纠正以往各本失误，并广泛参考各种相关书籍，对书中的难解字词、重要事件、历史人物、典章制度、宗教知识等，做出准确、简洁、通俗的注释。力争为读者提供一个最好的《崂山志》校注本。

《劳山集校注》，《劳山集》为近人黄公渚（1900—1965）歌咏崂山美的专集，收词137首，诗138首，游记13篇。在众多歌咏崂山的文集中，地位独特，成就突出，甚至可以说至今无人能出其右。《劳山集》初印于香港，无标点，且在内地从未正式刊印。本书首次对《劳山集》进行标点、校勘、注释，并对黄公渚生平、创作、学术等做了初步研究，是国内外第一部《劳山集》标点排印本和校注本。

《周至元诗集校注》，周至元（1910—1962）著有《崂山志》、《游崂指南》、《崂山名胜介绍》等多部介绍崂山的著作。其《崂山志》也是黄宗昌《崂山志》之后最具代表性的一部。他存世的一千余首诗歌，也多写崂山，但至今没有一个全本。本书以周至元子女自费印刷的《周至元诗文选》（1999年）、《懒云诗存》（2007年）为基础，全面搜集周至元存世诗歌，并做了详细的校勘、注释和订讹，是收集周至元诗歌最全的第一个注释本。

《崂山诗词精选评注》，从历代数千首崂山诗词中精选了从唐代至近代一百五十多位诗人歌咏崂山的诗、词二百余首，每首诗词在原文下，均介绍作者生平事迹，疏解难解字词，并从诗词内容和艺术特点切入，对诗词加以简要的评析。

《崂山游记精选评注》，从各种文献记载的众多崂山游记中，精选29篇游记，对每篇游记进行细致校勘，纠正前贤的校点失误，对难解字句、典章制度、宗教知识等做了通俗的注解，并从艺术上做了简洁的评析。

上述七部著作，或立足于崂山道教佛教和文化名人，或选择最具代表性的崂山文化典籍，或精选历代崂山游记和诗词中最有代表性的篇章，以点面结合、突出重点的方式，对崂山文化最有代表性的部分，进行研究和整理，将其中最精华的部分介绍给读者。我们相信《丛书》的出版，将为读者也为海内外游客了解青岛和崂山开启一扇全新的窗户，对于提升崂山和青岛知名度、推动地方旅游发展，改变青岛文化底蕴相对不足的现状，都将起到积极的促进作用。

七部著作均为青岛市委宣传部与青岛大学合作共建的青岛地方文化研究中心的规划项目，分别在2013年和2014年，获批为青岛市社科规划办重点资助项目。青岛市委宣传部理论处处长、规划办主任王春元博士及相关评审专家，对项目给予了高度肯定。他们的鼓励和支持，是我们完成丛书不可缺少的动力；我校分管文科的副校长夏东伟教授，科研处张贞齐处长，社科办主任、科研处副处长欧斌教授，也都始终关注着项目的进展。正是他们的支持，丛书才得以在较快的时间内完成并面世。在此要首先表示真诚的感谢！

丛书出版过程中，人民出版社以贺畅老师为代表的一批优秀编辑和校对，对书稿内容多有订正，其严谨的编校作风，扎实的专业功底，不仅使丛书消除了很多失误和不足，也给我们留下了很深的印象。在此我愿代表课题组全体成员，表达崇高的敬意和谢意！

丛书的作者都是高校研究中国古代文学和传统文化的教师，没有大家数年来的共同努力，这套丛书也许还在进行中。重点研究以山海胜境和神仙传统为依托而形成的宗教文化、名人（家族）文化及各类重要典籍，是包括课题组成员、青岛市古典文学研究会成员在内的一批在青工作的同道，对青岛地方文化研究坚持多年的一个基本思路，也是我们多年来“中心藏之，何日忘之”的愿望。如果这套丛书的出版能成为一个良好的开端，为地方文化研究的深入起到抛砖引玉的作用，则正是我们所衷心期望的。

刘怀荣

2015 年 4 月 8 日于青岛大学

# 目　录



## 《崂山志》校注

## 《游劳指南》校注

# 前　言[1]

从明代开始，即墨黄氏由一个普通的农家，不断提升文化层次，从明嘉靖到清光绪的数百年间，涌现出进士 8 人、举人 34 人、贡生 45 人，其中有 65 人有文集、诗稿传世。这些文学、文化人才，使黄氏家族成为当地典型的名门望族、文化世家。一方面，家族文化构成了黄宗昌《崂山志》撰写、刻印和流传的必要条件；另一方面，从族人黄肇颚的《续崂山志》、黄氏后人对《崂山志》的普遍重视和黄氏外甥周至元的《崂山志》，以及青岛文化发展的实际来看，黄宗昌《崂山志》的影响不仅已从家族文化向外扩展，对青岛地区的文化发展起到了积极的推动作用，也是我国家族文化与地区文化互动的一个鲜活的例证。这里拟从如下几个方面对黄氏家族及与本书相关的一些问题做简要的介绍。

## 一、黄宗昌的家世

据同治版《即墨县志》、《即墨黄氏族谱》（城里族）及《即墨黄氏藏书》记载[2]，活跃于明清时期的黄氏家族是即墨的名门望族之一，也是一个闻名当地的文学世家。其始祖黄景升于明永乐（1403—1424）初年由山东省益都县棘林村（今青州市关阳镇吉林村）迁居即墨县东关。景升

① 本书与笔者的《崂山道教与〈崂山志〉研究》（中国社会科学出版社 2011 年版）为姊妹篇，前言中的部分内容在后者的基础上有所增删。

② 即墨市史志办公室：清同治《即墨县志》，中国和平出版社 2005 年版；即墨黄氏（城里族）第九次族谱增修联络处：《即墨黄氏族谱》2007 年 6 月增修版，内部印刷；即墨黄氏（城里族）第九次族谱增修联络处：《即墨黄氏藏书》，2007 年 6 月，内部印刷。前言中所论及的黄氏家族人物生平事迹，凡不特别注出者，均出自此三书。

之妻武氏，生四子，名福、兴、亨、玘，均以农为业，后代分别称为老长支、老二支、老三支、老四支。本书拟仅简要梳理黄宗昌所属的老长支从明永乐初年到清末共十八世的发展变化，并对黄宗昌生平进行初步的考证，以便更好地理解黄宗昌《崂山志》产生的深厚的家族文化背景。

（一）黄氏家族的早期发展

与明清时期其他很多家族的发展轨迹基本相同，即墨黄氏家族经过几代人的不懈努力，通过科举改变家族命运，由普通家族逐渐上升为地方望族。到五世祖黄正时，家境日盛，人才辈出。黄正，字用中，号东村。清同治版《即墨县志》说他“世业农，性仁厚，重然诺”，家风始终保持着勤俭自律，忠厚待人的良好传统。黄正有五子：黄作肃、黄作孚、黄作哲、黄作圣、黄作霖。按相关资料记载，黄作肃和黄作霖没有子嗣。

第六世的黄作孚为黄氏家族的繁盛奠定了基础。黄作孚（1516—1586），原名黄作乂，字汝从，号仞斋。明嘉靖二十五年（1546）举人，嘉靖三十二年（1553）进士，兵部观政。例授文林郎，任山西高平县知县，为官清廉，不依附权贵，正气凛然，为即墨黄氏家族树立了良好的政声。被诬贬官回乡后，乐施好善，振兴乡邦文化。邑人进士周如砥称：“语曰：正人在朝朝重，在野野重。盖先生有焉。”①黄作孚著有《仞斋诗草》，为黄氏进入仕途及最早有文集传世的第一人，有三子：黄应善、黄锡善、黄师善。

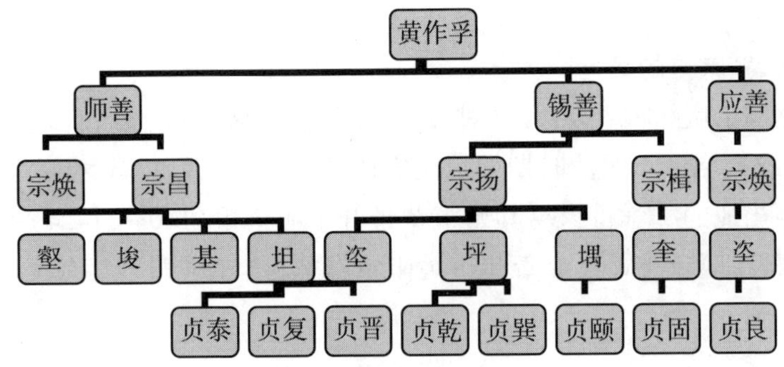


**图一：黄作孚支系②**

① 即墨市史志办公室：清同治《即墨县志》，中国和平出版社2005年版，第10页。

② 黄师善次子宗焕出为黄应善嗣子。

黄作哲，曾任渭南主簿，有五子：黄取善、黄久善、黄养善、黄友善、黄纳善。其中黄纳善出家为僧，其余四子以黄养善一支较为突出。

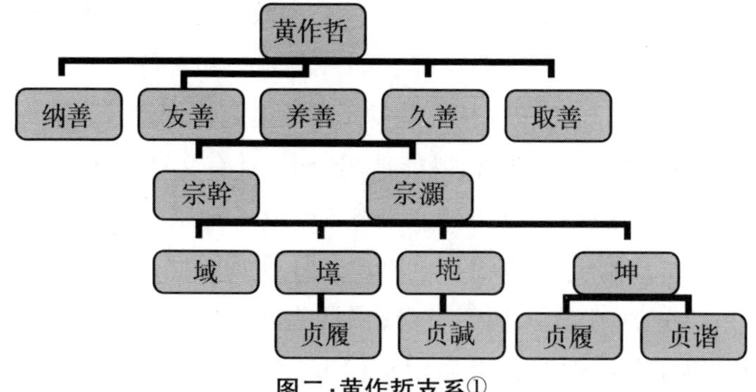


图二：黄作哲支系①

黄作圣，字汝睿，号思斋，寿官。他受父兄的影响，非常重视子女的教育，与兄长作孚共同在石门山西麓的幽谷中修建书院，并聘请名师教授。黄嘉善、黄宗昌、黄宗庠、黄宗臣、黄坦等均曾在这里就读。因其子黄嘉善，被赠尚书。有五子：黄嘉善、黄兼善、黄陈善、黄好善、黄继善。

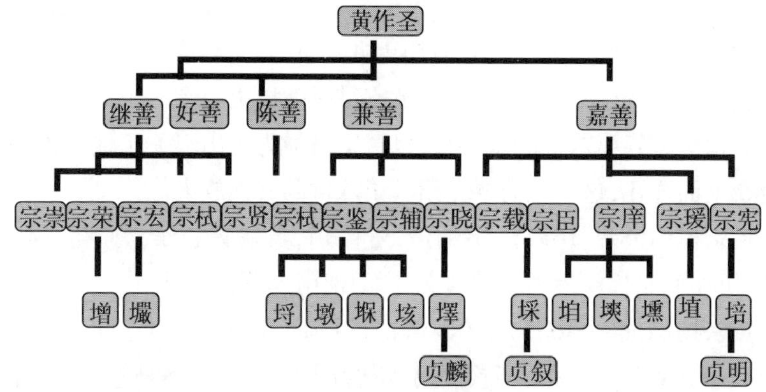


图三：黄作圣支系②

（二）黄氏家族的鼎盛

从第七世开始，黄氏家族开始进入了辉煌时期。与黄氏家族的其他人相比，黄嘉善的政绩最大，声名也最为卓著。

① 黄坤次子贞履出为黄墇嗣子。

② 黄继善次子宗栻出嗣为黄陈善子，贞字辈人数太多，限于表格这里所列不全。

第七世黄嘉善(1549—1624),字惟尚,号梓山。明万历四年(1576)举人,万历五年(1577)进士。历任河南叶县知县、南直隶苏州府同知、山西平阳府府丞、大同府知府、陕西布政使司参政、山西按察使司按察使、都察院右副都御史巡抚宁夏、都察院右都御使兼兵部右侍郎总督陕西三边军务、兵部尚书等职。官极一品,是黄氏登仕途之佼佼者。

黄嘉善入仕后,文武兼备,既能造福一方,具有文官的儒雅;又能克敌制胜,不乏治军的威略。万历四十八年(1620),神宗、光宗相继殡天,黄嘉善两受顾命于枢府,成为朝廷重臣。九月熹宗即位,时值主少国疑,内忧外患,危急交加,他集兵柄于一身,积日劳累,终于病不能支,再三请求回归故里,终于获准返乡。天启四年(1624)十一月十六日病逝,享年七十六岁。著有《抚夏奏议》、《总督奏议》、《大司马奏议》、《见山楼诗草》等。有五子:黄宗宪、黄宗瑗、黄宗庠、黄宗臣、黄宗载(幼亡)。

黄纳善,字子光。“年十九,即皈依憨山。授意《楞严》,两月成诵,志切参究,胁不至席。及憨山南归,纳善乃对观音大士破臂,燃灯供养,祝憨山早回。创甚,日夜危坐,持观音大士名号,三月乃愈。愈时,见疮痕结一大士像,宛然如画。万历辛卯(万历十九年,1591)秋,坐蜕。”①

黄师善,字惟一,号梅山,因子黄宗昌得赠御史。有二子:黄宗昌和黄宗焕。黄氏家族第八世的宗字辈,以黄宗昌最为杰出。关于他的生平,我们将在下面详述,这里先简要介绍其第八世的其他族人。

黄宗楫(1584—1632),字端倩,号巨川,黄锡善长子。监生,例授承务郎,历任河北长芦运判。敕赠文林郎,河南上蔡县知县。

黄宗扬(1588—1653),字显倩,号巨海,黄锡善次子。万历四十年(1612)举人,考授推官。喜欢读书,不管严冬酷暑,手不释卷,朝夕诵读,抄写编著不止。明亡后,闭门读书,修身养性,不问世事。著有《鸿集亭诗草》。

黄宗灏,字深甫,号若水,黄养善长子,万历三十七年(1609)武举。

黄宗宪(?—1610),字我度,黄嘉善长子,早卒。以父嘉善世袭锦衣卫佥事,未任,赠指挥同知。其子黄培,在家族中影响较大。

---

① 《山东即墨周氏族谱》,即墨:内部印刷,1990年续修,第542页。

黄宗瑗(1585—1640),字我玉,号良夫,黄嘉善次子。万历三十三年(1605)荫官生,例授奉议大夫,修政庶尹,历任刑部主事、刑部员外郎、刑部郎中。在父母的熏陶下,养就怜爱之心,性情淳朴,处事谨慎正直,为官清廉。著有《慎独斋诗稿》。

黄宗庠(1599—1653),字我周,号仪庭,黄嘉善第三子。荫官生,肆力于学。崇祯九年(1636)举人,十六年(1643)进士,通政司观政实习,明亡不仕。1644 年,清兵攻占北京后,他在崂山西麓筑镜岩楼别墅,读陶诗,学颜楷,自号"镜岩居士"。黄宗庠为人正直,庄重严肃,重然诺、有威望。淡泊名利,不想做官,远近闻名。爱好诗文,尤其擅长书法。著有《镜岩楼诗集》。

黄宗臣,字我臣,号邻庭,黄嘉善第四子。崇祯十二年(1639)举人。善诗工书,与兄宗庠齐名。为人重气节,寡言笑,喜施予,有负已者亦不与较。著有《谈心斋诗集》。

黄宗晓(1579—1648),字昱伯,号晦庭,黄兼善长子。性格内向而好静,喜山水,非常羡慕高士的生活方式。为人慷慨,崇尚气节,常为乡人排难解纷。工于书法,邑中碑石墓志多出其手。先后担任过河南登封县县丞、山西文水县县丞、潞安卫(今山西长治一带)经历,例授承直郎。后因厌倦官场恶习,毅然辞官回乡,潜心培养子女,在鹤山南建有上庄别墅。

黄宗栻,字无逸,黄继善次子,出嗣为伯父黄陈善子,曾任昌黎县丞。

黄宗崇,字岳宗,生于明末,黄继善第五子。康熙十一年(1672)中顺天副贡,康熙十四年(1675)为拔贡。工诗文书画,文章以古意作新声,琢炼铿锵,别开生面。一生以教书为生,无子嗣。著有《石语亭诗集》、《宝砚楼遗文》等。

第九世黄培(1604—1669),字孟坚,号封岳,又号卓叟,黄宗宪之子。因祖父黄嘉善三边大捷,他于万历三十九年(1611)荫官世袭锦衣卫指挥佥事,授怀远将军,轻车都尉。历任南镇抚司官司事佥事,锦衣卫官卫事指挥同知,钦差提督街道,锦衣卫指挥使,都指挥同知,例授金吾将军、上户军。钦差提督九门,锦衣卫管卫事都指挥使等。

黄培自幼勤学,手不释卷,受其祖父熏陶,性格刚正不阿,梗直敢言,"持见既定,千人不能屈","与人立谈,体直而庄,逾数时无摇动容"。"在朝以端方闻”,“身正廉洁”,“近君子,远小人”[①],敢言直谏,他曾因直谏受过廷杖,也曾救护过忠臣黄道周、熊开元、姜埰等人。

黄培在崇祯朝为官长达十七年,清兵入关占据北京,他曾几次欲以身殉国,以报答大明皇帝的知遇之恩。因其母病逝于京都,只得抚母灵柩返乡下葬。葬母后,以子托其叔,又想殉国,后经叔父黄宗庠开导:这样死去没有意义,应留下此身徐图报复。他才打消殉节的念头,自此隐居闭门谢客。清朝剃发令后,他依然蓄发留须,宽袍大袖,充满对大明的怀念和对满清统治者的蔑视。顺治四年(1647),即墨县令周铨借此对他进行敲诈,借银五百两未遂,便以违抗清朝服制的罪名将其逮捕,解送省按察院司,后经族人多方奔走疏通,才被释放出狱。此后黄培心情更加抑郁孤寂,终日闭户独坐。到顺治九年(1652),其姊丈宋继澄来到即墨,与黄、蓝诸族结为诗社。黄培与诗社诸人经常聚会,赋诗明志,抒发胸中的郁闷。到康熙元年(1662),他的诗文经删改整理已达二百八十余首,由宋继澄作序,黄贞麟作跋,并从凤阳请来刻字工人,印制了《含章馆诗集》分发亲友。顺治十四年(1657)顾炎武到即墨,与黄培、黄坦等相结识,并为黄宗昌《崂山志》作序。

康熙四年(1665),黄培被告发,以诗稿有隐叛、诽谤清廷下狱。此案因仇家乘机发难,惊动朝廷。清廷六下谕旨,受牵连者达二百余人。黄培原本有为大明殉国的心志,他置个人生死于度外,唯一的愿望是不连累别人。“公不深辩,而即于死。”[②]康熙八年(1669),文字狱案审结,黄培被判绞刑,余者全部释放。

黄坦(1608—1689),字朗生,号惺庵,黄宗昌之子。崇祯十二年(1639),为副榜拔贡。敕授文林郎,浙江浦江县知县。清朝建立后,仍以原职任浦江县知县。黄坦为官清正,洁己爱民,在浦江任上颇有政声。受黄培诗案牵连解职归里后,他继承父亲黄宗昌的遗志,续成《崂山志》。并扩建了即墨县城里的“准提庵”,又于清顺治七年重建东崂“华严庵”。著有《紫雪轩诗集》、《秋水居诗余》。其事迹载于《浦江名宦录》、《即墨县志》。

---

① 即墨市史志办公室:清同治《即墨县志》,中国和平出版社2005年版,第41页。

② 即墨市史志办公室:清同治《即墨县志》,中国和平出版社2005年版,第43页。

黄垍,字子厚,号澂菴, 黄宗庠之子。顺治八年(1651)副贡,康熙二年(1633)举人,恬淡不慕容利,坐卧图史中以自娱。他的诗名在其父黄宗庠之上,据同治版《即墨县志》载,黄垍"诗文雄健,主骚坛数十年,为同邑诗人之冠"。著有《白鹤峪诗集》十八卷、《夕霏亭诗集》、《露华亭诗集》等,诗作有千余首。其诗多吟咏崂山秀色,代表作如《白鹤峪悬泉歌》、《登狮峰观海诗》、《华严庵次韵》、《书带草歌》等。但也有一些是抒发其心志的,如其兄黄培慷慨就义,他写了《和封岳兄壮士行》赞曰:"慷慨把吴钩,生平志欲酬。自能死不负,非是利相求。天地黄尘起,江河白日流。犹留英爽气,散作五原秋。"[①]黄垍平生多病,除专力为诗,书法造诣颇深,其书法出于晋唐,功底深厚,是当时即墨的名家,著有《书法辑略》等十卷。

(三)黄氏家族在清代前期的发展

据《即墨黄氏家谱》及《即墨县志》记载,即墨黄氏第十世为官显赫者不多,政声卓著、政绩突出者除黄贞麟外,鲜有他人。其他出仕为官者,多是担任地方小吏,在官场上虽仍有盛名,但已大不如前。

第十世黄贞麟(1630—1695),字方振,号振侯,黄墿之子,黄宗晓之孙。顺治十二年(1655)进士。初任凤阳府推官,其间明察暗访,"严惩讼师,阖郡懔然。"当时江南逃税案起,蒙城、怀远、天长、盱眙四县乡绅百姓,百余人关押候审。由于监狱人满为患,被关押的人只能在狱中站立,不得卧。黄振麟闻知后,说服县令,并下令全部取保候审,"悉还其家。及讯,则或舞文吏妄为注名,或误报,或续完,悉原而释之,保全者五百家。"颍州人吴月以邪教惑众,省内外株连者达千人。黄贞麟经过反复查证,只把吴月及为首数人定罪,将众多盲从者开释回乡。《清史稿》本传说:"其理枉活人类如此。"[②]后任直隶盐山县知县,擢升户部山西司主事,多能安地方,减徭役,为民造福,深受百姓爱戴,是当时著名的循吏。

黄贞麟有八子:黄大中、黄美中、黄鸿中、黄理中、黄位中、黄敬中、黄德中和黄奭中。归乡后,他极为重视子女教育,兴建了"花萼馆" 塾舍,聘

---

① 即墨市史志办公室:清同治《即墨县志》,中国和平出版社 2005 年版,第 55 页。

② 均见《清史稿》卷四百七十六《循吏传 · 黄贞麟传》。

请老师教育自己的儿子。除德中早逝外，其他七个儿子皆以才华闻名于时。鸿中康熙五十七年进士，官至翰林院侍读学士；敬中康熙四十八年进士，官至南阳府知府；大中康熙十六年举人，授武康县县令；理中雍正元年举人，官至涿州知州；奭中康熙五十七年举人，授黄陂县知县。美中、位中也皆为贡生。黄贞麟本人能文，著有《琭屏轩文集》、《快山堂诗集》、《豫章游草》、《燕台诗集》、《纪年》等。

虽然清明易代以及黄培案对黄氏家族以后的发展有很大的影响，但第十世和第十一世中，依然有进士4人：第十一世黄鸿中、黄敬中和十二世黄炁世、黄立世；举人25人；贡生31人。

黄鸿中（1660—1727），字仲宣，号海群，黄贞麟第三子。清康熙四十七年（1708）恩贡，康熙五十年（1711）举人，康熙五十七年（1718）进士。钦点翰林院庶吉士，累授中宪大夫，通议大夫。历任翰林院编修，国子监司业，翰林院侍讲，侍读，侍讲学士，日讲起居注官，侍读学士，雍正元年（1723）任山西正主考，二年（1724）任会试同考官，提督湖南学政，都察院左副都御史。黄鸿中执政廉勤，治学严谨。著有《两朝恩荣录》、《荣堂文稿》、《花萼馆诗稿》、《燕游日记》、《湖南日记》等。

黄敬中（1665—?），字叔直，号山淙，黄贞麟第六子。康熙癸酉年（1692）举人，己丑年（1709）进士。敕授文林郎，历任隶龙门县知县，诰授奉政大夫，例授朝议大夫，河南禹州知州，升用南阳府知府。著有《山淙文稿》、《松园诗草》。

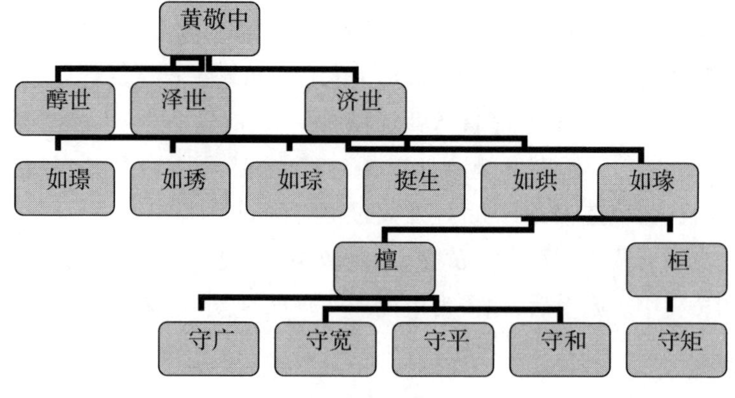


**图四：黄敬中支系**

黄体中,字仁在,号镜海,别号竹坡、镜海渔人。黄贞巽长子,黄坪长孙。聪明好学。5岁学习《毛诗》,每天几千字;9岁时,临摹王羲之的十七帖,写得工整雅观;18岁,补博士弟子贡。此时,其堂兄黄鸿中正以著名的学问功底主即墨文坛。他执典问学,成为家塾学子之冠。后来多病,放弃八股文。候补州同,不仕。他真正爱书籍,喜欢千方百计搜罗奇书。其书法深得王羲之、王献之父子书法的深奥。其诗以王维、孟浩然为宗,但多不留稿,仅存《莱山阁诗》一卷。长于鉴别古书画及青铜器,尤其精通风水,著有《山水音》八卷。

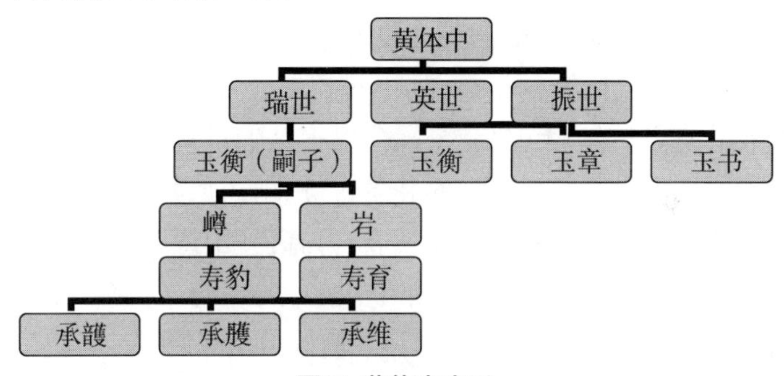


**图五:黄体中支系**

黄克中,字述令,号华东,黄贞修次子,黄埃之孙,黄宗庠曾孙。雍正元年(1723)举人,雍正三年(1725)其族兄黄鸿中任湖南学政,他随兄湖南督学。湖南地方辽阔,水陆迂回,劳累奔波,他绩学能文,督学过程中帮了鸿中大忙。后授修职郎,利津县教谕,深得学生敬爱。归里后设馆从教,族中子弟多受业于他门下,他诲人不倦,弟子多有成才者。黄克中博学多才,诗不多,能力追古人,著有《涵清馆诗稿》一卷。工楷书,得颜真卿笔诀,很多人向他求字,名闻一方。

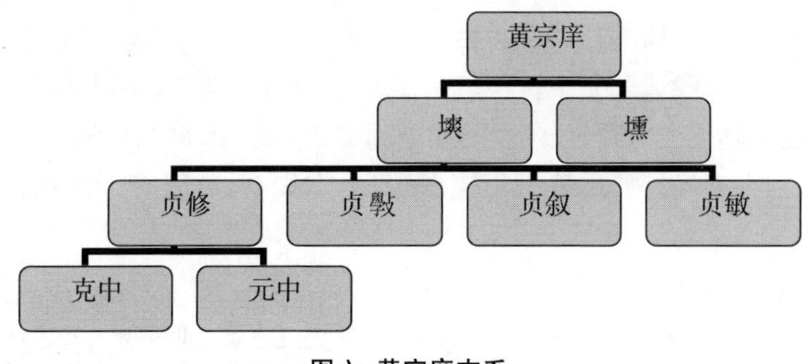


**图六:黄宗庠支系**

第十二世黄焘世，字云若，号蓬莱，黄位中长子。康熙五十七年（1718）进士，授承德郎，历任四川绥阳县知县，遵义府通判、大理寺右评事。著有《蓬山文稿》、《藤台诗稿》。

黄立世（1727—1786），字卓峰，号柱山，黄奭中三子。清乾隆十八年（1753）乡试全省第四名中举，第二年联捷为明通进士，敕授文林郎，历任广东新宁县、花县知县，转保昌县知县，调饶平署潮阳县知县。黄立世喜好作诗，有很深的功底。他从《诗经》以来历代诗抄都认真阅读，能道出各诗家的宗派和得失，最推崇杜甫诗，识者曰："立世实得杜甫诗歌之精髓。"立世评诗曰："诗境欲如洞庭微波入地俱远，诗品欲如高山积雪森寒不胜，诗情欲如天女微笑色相都空。"[①]乾隆三十年（1765）黄立世修辑黄氏先祖遗编，自高平公、太保公、侍御公以下凡七世得诗二十卷、文四卷。立世喜交游，邑内名胜以至全国的胜景古迹，山川风物、喜怒哀乐之情悉见于诗，著有《四中阁诗集》共三十一卷，另有《柱山诗话》。

黄簪世，字绂皆，号蓉菴[②]，黄和中次子，黄宗扬之玄孙。副贡生，授文林郎，历任浙江淳安县、海宁县知县。例授承德郎，顺天府粮马厅通判，曾编辑刻印《黄氏诗钞》，著有《庆远堂诗草》。

（四）黄氏家族在清代后期的衰落及文化世家的形成

从十三世之后，黄氏家族渐渐衰落。首先是在科举上考得功名者日益减少；其次，入仕人数虽然不算太少，却以中下层官员为主。由于清代儒学职官皆以本省之人担任，只回避本府州县。这种任官方法避免了因地域和文化差异造成的隔阂，对掌管文教之官来说尤为重要。故黄氏家族居官者，多任学政、教授及训导等主管教育的官职。其中，35 人留有著作，从总体上说仍不失为一个文化世家。

第十三世黄如瑀（1762—1821），字禹执，号练江，黄立世第三子，黄奭中之孙。乾隆二十七年（1762）生于其父潮阳官署中，第二年黄立世解职归，途中乳媪夜熟睡，仅两岁的如瑀匍匐于马厩中，群马惊避。稍长，立世亲授四书五经。如瑀读书不辍，学习出类拔萃，乾隆五十四年（1789）

---

① 即墨市史志办公室：清同治《即墨县志》，中国和平出版社 2005 年版，第 87 页。

② 《即墨黄氏族谱》卷二作"蓉菴"，《黄氏诗钞》卷末载黄立世《奉赠容莽四兄兼志别绪》诗四首，作"容莽"，两个号读音相同，用字不同，当是并用的两个号。

拔贡，嘉庆三年（1798）顺天举人。一生从事教育，先后主潍阳书院，青州云门书院，例受修职郎，历署青州府学教授，荣城县教谕，黄县教谕等，其中授徒20年，主书院8年。其诗文多丧失，后幸存部分经其子凤文汇辑为《墩雅堂诗稿》。

黄玉衡，字音素，号墨圃，黄体中孙，黄振世三子，出为黄瑞世嗣子。乾隆四十二年（1777）拔贡。赠奉直大夫，清河县知县。他因病放弃学业，不去考举人，却勤修医道，给人治病无不药到病除，妙手回春。曾作长诗《九水歌》，九水为崂山名胜，他的诗从一水写到九水，使人如临其境。其父黄振世在二水上作亭曰“二水山房”，他爱其名，其诗集遂名《二水山房诗稿》，乾隆四十二年（1777）冬成集。

第十四世黄榛，字硕轩，号漪园，黄如璧长子，黄缵世长孙。乾隆十五年（1750）举人。对双亲甚是孝顺，对兄弟极为友爱。从不贪图钱财，虽然生活在城市之中，但深居简出，许多官人都不认识他。生活俭朴粗衣淡饭，好为诗歌古文，才气从横，著有《漪园文集》。

黄植（1721—1791），字静轩，号复斋，黄如璧次子。他天资聪颖，悟性高，13岁入县学，不久为廪生。乾隆三十七年（1772）恩科贡生。对于《十三经注疏》熟读贯通，对程、朱、张、邵之学非常熟悉，对陈白沙、王阳明的心学也有很深入的研究。在经学、理学方面的造诣受到人们的广泛推崇，被认为已达到难以企及的高度。著有《水湄草堂集》、《论语汇说》、《学庸记疑》、《孟子析疑》、《周易浅说》、《易经讲义》、《诗经参考》、《四书讲义》、《日知录》等。

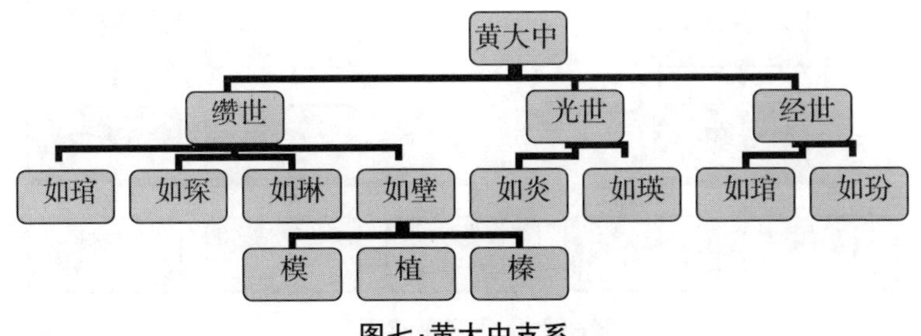


**图七：黄大中支系**

黄概，黄如玫长子，字文斛，号均持。嘉庆十八年（1813）考为贡生，授修职佐郎，任德平县训导。到任后整修县学校舍，治理学风，根除积弊，很快士风为之一振。

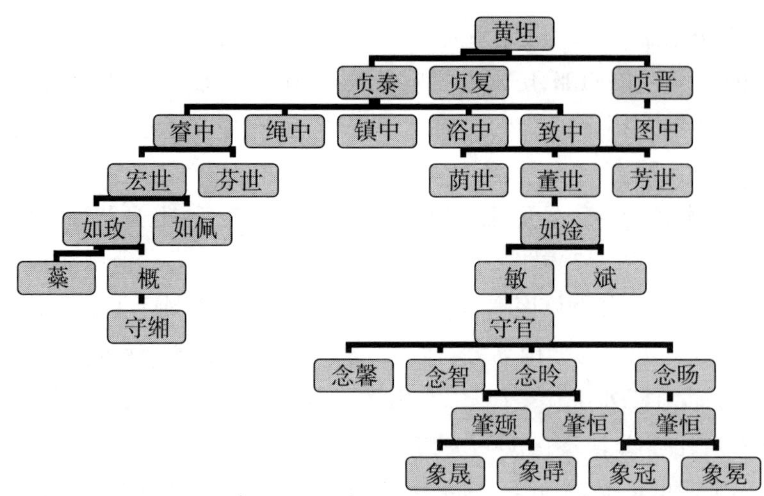


图八:黄坦支系①

第十五世黄守平(1776—1857),黄檀之子,黄敬中玄孙。字星阶,号莒田。道光戊戌年(1838)岁贡。一生仅应乡试一次,以教书为生。熟读《资治通鉴》,编成《千字简略》,句限四字,便于幼学诵读。自少年时爱读《周易》,后摘录编成讲义,作为家塾课本,初名《说易凿语》,继曰《易象汇钞》,40 年修订手抄凡 10 遍,至晚年乃定为《易象集解》十卷。他喜集先世典章文物,对先祖的功名勋业,留心编辑搜罗,终于编汇成《黄氏家乘》二十卷。还著有《漱芳园诗草》、《千字鉴略》。

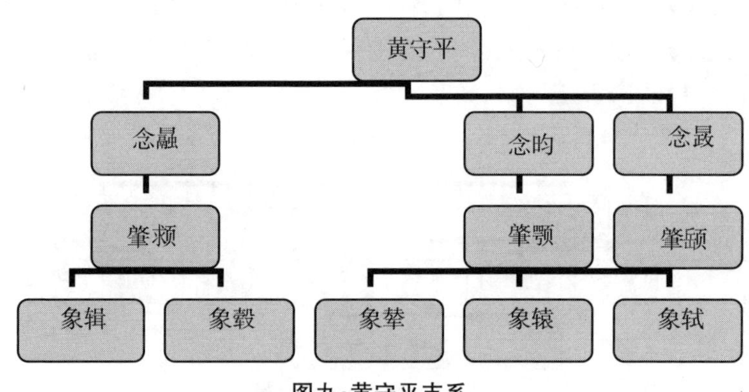


图九:黄守平支系

① 黄念昤长子黄肇恒出为黄念旸嗣子。

黄守缃(1802—1863),字帙邻,号箱山,黄概之子。幼而聪敏,触类旁通,其父将汉、唐、宋、明诸大家古文词都一一分帙,供守缃学习,他的同学丹圃先生为即墨名儒,一见守缃大奇之,曰:“子前程万里,我将玉成之。”遂将自己的书籍移至书塾供守缃阅读。黄守缃自此攻读不倦,咸丰二年(1852)考取恩贡,候选直隶州州判。守缃好读书,家藏累世旧书,必每岁读一遍,考证文献,留心学问。工行楷,四方问字者满户,与人交和蔼温淳。著有《箱山诗稿》。

第十六世黄念昀(1801—1875),字炳华,号海门,黄守平之子。道光二十年(1840)恩科举人。因读书刻苦,经史子集无所不通,德行高洁,极孚盛望,后加候选知州,拣选知县,坚持不就,以从教终其一生。为同治版《即墨县志》分辑总编之一。善书法,得其字者,秘以为珍。偶作古今体诗,多散失,仅存《崂山述游草》一卷。

第十七世黄承脿(1836—1897),字子丹,号幼泉,黄寿豹之子。咸丰八年(1858)举人,拣选知县,议叙五品顶戴。授修职郎,任泗水县训导,选授长山县教谕。他喜好古玩名帖,工书法,初学颜体,晚年喜大令帖。善诗词,常以诗唱酬,挥笔立就。著有《泉源小志》、《如不及斋笔记》。

第十八世黄肇颐(1821—?),字伟山,号梦瞻,黄念晸之子,黄守平之孙。咸丰二年(1852)举人,全省乡试第五名。一生任教职,授修职官,任范县训导,濮州学正,济阳县教谕,历城县教谕等。后归里仍以授徒养亲,每年入不敷用,晚年主持本邑“崂山书院”,任山长。教诸生作文,亲手削改,示之章法,知名之士多出于门下。喜集藏印石,其中田横砚有数百方,雕琢题诗成趣。著有《长康庐文稿》。

黄肇颚(1827—1900),黄念昀之子。字仪山,号仲严,廪贡生,候选训导。清同治年间,即墨县令林溥总编《即墨县志》时,黄肇颚负责采访。他有缘遍访崂山的山山水水,并收集了大量反映崂山文化的诗文。同治十一年(1872)县志出版后,他用10年的时间,十游崂山,风餐露宿,翻山越岭,询问山里的知情老人,探访寺庙的道长,以步代尺,丈量各景点的里程,准确记录各名胜古迹碑刻铭文,同时广泛收集有关崂山的诗词、文赋、游记等。于同治十三年(1874)编辑成《崂山诗集》,后仿《武夷山志》,将收集的大量历代名人关于崂山的诗文,分列于各名胜下,对崂山的名胜古迹、宗教源流等作了详细介绍。光绪八年(1882)辑成《崂山续志》十卷,后又修改补充,定名为《崂山艺文志》二十四卷,其兄黄肇颐作序,光绪二十二年(1896)黄肇颚又写了自序。黄肇颚除耽乐山水,还工翰墨,少学颜鲁公书,晚乃入苏体,大字尤著名,登门求字者络绎相接。

黄象崘(1906—1982),字昆山,黄肇颋第三子,黄贞麟幼子黄爽中之七世孙(黄爽中—黄垂世—黄如瓛—黄杲—黄守憕—黄念章—黄肇铧—黄象崘)。曾于民国二十一年(1932)在即墨创办"新民书局",黄宗昌《崂山志》民国二十三年(1934)版即由新民书局出版。

黄象冕,字黼庭,号絅斋,黄肇恒长子,黄宗昌十世孙。贡生,授修职郎,曾任福山县教谕。著有《尚絅斋及北归杂咏诗草》、《增修胶志序》等。民国五年(1916)黄宗昌《崂山志》刻印时,黄象冕曾作跋语。

黄象昪,字绍殷,黄肇颋长子,黄宗昌十世孙。著有《蜗庐居诗草》。黄象毂,字子柯,黄肇频长子,黄守平曾孙。光绪十四年(1888)举人。黄象辕,字子固,黄肇颚次子,黄守平曾孙。贡生,著有《中庸讲义》。三人均曾参与《崂山志》的校对工作。

即墨黄氏家族的发展,跨越明清两代,保持望族地位达数百年之久,其在科举仕宦与文学方面的影响深远,实为即墨望族之翘楚。从五世黄作孚明嘉靖二十五年(1546)中举人,到清光绪二十九年(1903)的三百五十余年间,共有进士 8 人、举人 34 人、贡生 45 人,有 65 人留有文集、诗稿。[①] 这种深厚的家族文化底蕴,不仅是黄宗昌撰写《崂山志》的重要前提,也为《崂山志》的保存、刻印和流传奠定了必要的基础。而《崂山志》作为其家族文化的代表性著作之一,其影响深远,至今不衰,值得我们给

① 参 2007 年增修版《即墨黄氏族谱》第九册。黄氏诗文集今存世者主要见于《黄氏诗钞》,此集由十二世孙黄簪世于乾隆三十一年(1766)编辑刻印,分为上中下三卷。收有从黄作孚《訒斋诗草》至黄体中《来山阁诗草》16 人的 16 部诗集,卷末附有黄簪世《酬卓峰(黄立世)弟》诗二首及黄立世《奉赠容莽四兄兼志别绪》诗四首。后又增加了黄玉衡《二水山房诗集》,如加上黄簪世、黄立世诗,共 19 位黄氏历代诗人诗集。笔者所见 2007 年影印本《黄氏诗钞》目录即将黄簪世诗 2 首标为《庆远堂诗草》,黄立世诗 4 首标为《柱山诗草》。此外,黄培《含章馆诗集》、黄坦《浦江县名宦录》、黄如瑀《敦雅堂诗集》均曾单独刻印,并与《黄氏诗钞》均见于 2007 年《即墨黄氏藏书》,其中黄培诗集为即墨市政协排印本,其他两种均为影印本。

予高度关注。

## 二、黄宗昌的生平与创作

有关黄宗昌生平的记载，主要见于《明史》本传和《东林列传》，前者非常简略，后者稍详。《即墨县志》及《即墨黄氏族谱》的相关记载，多出自此二书。兹结合上述典籍，对黄宗昌生平事迹考述如下。

黄宗昌（1588—1646），字长倩，号鹤岭，黄师善之子。明万历四十三年（1615）举人，天启二年（1622）中进士后，授直隶雄县（今河北省雄县）知县，时值宦官魏忠贤把持朝政，雄县靠近京城，魏忠贤的党羽极为猖獗。《东林列传》曰："有忠贤子侄荫锦衣卫指挥[①]者干政，民弗堪，置诸理，左右怵以危辞，宗昌曰：'吾奉天子法而以奸容耶！'又中官之党杀人，朝贵多为解，不听，愤曰：'是其气焰，足以论死，况又杀人！'终令抵罪。"后以贤能调任直隶清苑县（今河北清苑县）知县。当时全国各地的地方官吏为讨好魏忠贤，到处为他修建生祠，耿直的黄宗昌却甘冒杀身灭族的危险，说服了自己的顶头上司——保定知府方一藻，以种种理由和方法，拖延着不为魏忠贤建祠修像，"及党败，清苑独无祠。"[②]这在当时实在是难能可贵的。

1627 年，明熹宗朱由校驾崩，次年朱由检即位，改元崇祯。崇祯元年（1628），黄宗昌被任命为山西道监察御使。此前魏忠贤趁熹宗病危，假传圣旨，为心腹百余人升官加爵。崇祯皇帝即位后，虽迅速惩治了魏忠贤，但其余党势力还在，仍有很大的影响力，黄宗昌不畏权贵，遂上《纠矫伪疏》，乞罢免黄克缵、范济世、霍维华等魏党 61 人，但皇帝以所列名多为由不准。"又纠逆党余孽张我续等五人，又纠智铤等九人，上皆允行，而忌之者众矣。"[③]又上《纠无行词臣疏》，弹劾礼部侍郎周延儒等人"受贿卖官、贪赃枉法"，但正逢皇子出生，周延儒等人只被罚俸半年。后来他又弹

---

① 忠贤子侄荫锦衣卫：忠贤子侄指魏忠贤子侄魏良卿，据《明史》卷三百五列传第一百九十三"魏忠贤"载：……其年，叙门功，加恩三等，荫都督同知。又荫其族叔魏志德都督佥事。擢傅应星为左都督，且旌其母。而以魏良卿佥书锦衣卫，掌南镇抚司事。

② 《明史》卷二百五十八《黄宗昌传》。

③ 《东林列传·黄宗昌传》。

劾礼部尚书温体仁。[①] 表现出一个御史应有的铮铮风骨。

崇祯二年(1629)冬,黄宗昌奉旨巡按湖广,此前岷王朱禋洪为校尉彭侍圣和善化王的长子朱企鋥等所杀。参政龚承荐等不据实上奏,迟迟未能结案。《明史·黄宗昌传》曰:"宗昌至,群奸始伏辜。帝责问前诸臣失出罪,宗昌纠承荐等。时体仁、廷儒皆已入阁,而永光意忌,以为不先劾承荐也。镌宗昌四级,宗昌遂归。"永光即王永光,时为吏部尚书。《东林列传》则说:"及勘岷事,尽得其实,复奉旨责问前诸臣失出之罪。宗昌疏纠一道臣、一知府、一同知受贿庇逆。而上以宗昌失纠于先,降四级,调用。忌者意犹未厌,复以清苑逋赋连及宗昌,候讯者十年,会诏蠲逋,乃得释。"其实黄宗昌之所以被降四级,又被追究任清苑县令时逋赋即税的罪责,主要是因为他任御史后弹劾过很多人,树敌较多,而此时被他弹劾的周延儒、温体仁均已进入内阁,得到皇帝的宠信,因此他遭到这样报复,实在不难理解。按《东林列传》的说法,"候讯"竟持续10年之久,直到崇祯下了蠲逋的诏书,这种打击报复才告一段落。

《明史》本传说,黄宗昌是在降级后即辞归乡里。从《东林列传》可知,他被降级当在崇祯三年(1630)或稍后,综合二书记载,黄宗昌大约在崇祯三年(1630)或稍后辞官返乡,10年后即崇祯十三年(1640)或稍后,才解除"候讯"。黄宗昌卒于顺治三年(1646),他晚年在家乡即墨生活的16年,始终被降级候讯的打击所包裹着,因此在晚年所作的《崂山志》中,才会有那么强烈而处处可见的激愤之情。

黄宗昌晚年的事迹,值得关注的有三件。前两件都与即墨城被围有关,崇祯十五年(1642),清兵围困即墨城;崇祯十七年(1644)郭尔标起事,再次围困即墨城。即墨城面临这两次危难之时,都是黄宗昌出家资充饷,率领即墨士绅乡民进行了顽强的抵抗。在第一次战斗中,他的次子黄基还献出了年轻的生命。由于黄宗昌组织有方,即墨城安然化解了两次被围、险遭屠城的危难,城中百姓得以保全。这当然是功德无量的善行,但撰写《崂山志》,更是黄宗昌晚年所做、值得大书特书的大事。它在文化史上的意义,尤其值得我们关注。

---

① 《明史》卷二百五十八《黄宗昌传》。

黄宗昌归乡后,在不其山(今铁骑山)东、康成书院南建玉蕊楼,并以此楼为基地,翻山越岭,探胜寻奇,遍访崂山宫观庙宇及各位道长,抄写碑刻铭文,收集各类材料,撰写了第一部《崂山志》。此书在黄宗昌去世后,由其子黄坦续完,分《考古》、《本志》、《名胜》、《栖隐》、《仙释》、《物产》、《别墅》、《游观》等八卷,卷首有清初著名思想家顾炎武所撰序言。清嘉庆十三年(1808)春,海阳诸生毛淑璜将该书卷三《名胜》单独刻印,定名为《崂山名胜志略》。民国五年(1916)即墨黄敦复堂本,则是最早的全本《崂山志》刻印本。不过民国二十三年(1934)即墨黄敦复堂再版的《崂山志》,增加了即墨人周至元(1910—1962)的《游崂指南》和《名胜题咏》,是《崂山志》迄今为止影响最大、流行最广的一个版本。虽然黄宗昌还著有《西台奏议》、《按楚奏议》、《恒山游草》、《于斯堂诗集》、《因人成事录》等,但使他能在青岛文化史上占有一席之地,并凸显黄氏家族文化建树的,仍不能不首推《崂山志》。

**三、黄宗昌《崂山志》的版本与续书**

黄氏《崂山志》自问世以来,迄今已有 8 种版本。而当地学者或作续志,或作新志,其中尤以黄肇颚《崂山艺文志》和近人周至元《崂山志》最为著名。简要回顾该书版本与续作情况,无疑是必要的。

(一)《崂山志》的版本

黄宗昌《崂山志》完成于清初,开始只有抄本传世。至清嘉庆十三年(1808)始有刻印本,现以时间先后为序,对清代以来的各种版本简述如下:

1. 嘉庆本。清嘉庆十三年(1808)春,海阳诸生毛淑璜得之于黄氏后人,"一见宝之","始以其《名胜志略》一卷付之剞劂",此书实际是将《崂山志》卷三《名胜》单独刻印而成,该书由即墨人郭廷翕作注,卷首除选录抄本中宋继澄《崂山志序》外,又有胡典龄序,卷末有栖霞人牟廷相所作跋语。虽然《崂山名胜志略》的刻印,距《崂山志》成书已有 160 多年,而且只印了八卷中的一卷,但这毕竟是《崂山志》的第一个刻印本,而且是注释本。

2. 民国五年本。民国五年(1916)十月,由即墨黄于斯堂出版、共和印刷局排印的《崂山志》面世。这是最早的全本《崂山志》刻印本，全书共分《考古》、《本志》、《名胜》、《栖隐》、《仙释》、《物产》、《别墅》、《游观》八卷。卷首有黄宗昌画像及黄宗昌所作《雄县生祠自赞》：

人生如幻，我不识我。幻复生幻，尔又为谁。尔我不立，况是好丑。土木形骸，一笑何有！

瞥尔骨堆，赘疣大造 。胡复土堆，厥形克肖。孰真孰假，是耶非耶？并州故乡，总莫认他。

《自赞》后有黄宗昌十世孙黄象冕作于民国五年十月的一段说明：

右为先侍御公肖像。先侍御公仕有明，事迹载《明史》及《东林列传》。此像系疏劾某相国时，自分必受祸，故图此以示后人。左执笏，右赍奏，謇谔之风，犹可想见。元像高二尺余，兹因刷印《山志》，倩工缩临，以冠卷首。庶读是编者，睹先公之丰采，因以识先公之志事，而于《山志》大纲，亦可得其要领云。《明史本传》、《东林列传》并载于后。

正文前有《明史》、《东林列传》的黄宗昌本传，顾炎武、宋继澄、张允抡序及黄宗昌自序。卷末“附录”记邑人王曦如死节事，并有黄坦《崂山志记言》及十世孙黄象冕所作的跋。《栖隐》部分的隐士张允抡传，《仙释》部分的自华、慈霑上人传，为黄宗昌之子黄坦所补，故《崂山志》实为黄宗昌父子共同完成。刻印本面世的时间距《崂山志》成书已有 270 余年。卷末有黄坦《崂山志记言》及十世孙黄象冕跋语。

3. 民国二十三年本。民国二十三年(1934)，《崂山志》再版，由即墨黄敦复堂出版、即墨新民印书局印刷。此次付印有两个变化，一是在民国五年本的基础上，增加了即墨人周至元的《游崂指南》和《名胜题咏》。前者按照游山线路对崂山自然景观进行了全面的介绍，后者搜集了从李白到康有为历代诗人题咏崂山的各体诗歌 46 首，使黄宗昌《崂山志》更加完备，成为独具特色的崂山历史文化文献；二是去掉了卷首的黄宗昌画像、《自赞》及黄象冕的《自赞》说明。

4. 文海本。1961 年台北文海出版社出版的《崂山志》，收入沈云龙主编的《中国名山盛迹志》第二辑。该书扉页有古越胡柏年题签，是对民国五年即墨黄于斯堂排印本的影印版。

5.《藏外道书》本。1992年巴蜀书社出版《藏外道书》，在第十九册中录有《崂山志》，是以包含周至元《游崂指南》和《名胜题咏》在内的民国二十三年本为底本，加以影印而成。

6. 香港新世纪本。2003年6月，香港新世纪印务公司出版了由刘洵昌点校、王诵亭注释的《崂山志》。该书在标点、简注方面做了一些有益的工作，给读者带来了一定方便。但是，书中或因对典章制度的理解有误，或因对古汉语语法、词义的理解不当，存在不少点校方面的失误。[①]而且该书以哪个版本为底本进行点校，整理者也只字未提。

7. 手抄本。2007年，即墨黄氏后人整理刊印《即墨黄氏藏书》，线装本《崂山志》是其中之一。据黄宗昌十九世孙黄梓显《影印手抄本〈崂山志〉序》称，这一版《崂山志》是据即墨市档案馆所藏手抄本影印。该书为十六开，书前有黄宗昌画像，及自作《雄县生祠自赞》。这两项与民国五年刻印本全同，但《自赞》后没有黄象冕的说明，而有“注：此像是侍御公疏劾某相国时，自分必受祸，故图以示后人。左执笏板，右持奏疏，神采奕奕。原画高二尺余”一段话。另外，手抄本在《自赞》后，正文前，为黄宗昌自序、《明史》本传，没有顾炎武等三人之序，也无《东林列传》本传。卷末终于黄坦《崂山志记言》，无跋语。从明末清初算起，手抄本《崂山志》的付印，竟然经历了360余年的时间。

8. 孙克诚注本。2010年，中国海洋大学出版社出版了孙克诚注释的《黄宗昌〈崂山志〉注释》，据作者在《序言》及《后记》中的说明，该书是以即墨市档案馆所藏手抄本《崂山志》为底本，增加了标点、注释。其注释与此前仅有的嘉庆本、香港新世纪本相比，大有改进。尤其是对书中的地名解释颇为详细，并附有大量的图片。但还是存在不少遗憾，其中最明显的问题，一是该书所依据的手抄本与2007年黄氏后人影印的手抄本均自称来自即墨市档案馆，但该书与手抄本相比，却无端多出了顾炎武、宋继澄、张允抡的三篇序；二是不太讲究版本，无任何校勘，对其他重要的版本未做参校，因此很多地方出现了不该出现的错讹；三是注释有失当之处，

① 参见温爱连：《新世纪版〈崂山志〉校点商兑》，《崂山研究》第二辑，中国海洋大学出版社2007年版。

典型的如在注释中大量整篇引录史书人物传记,在学术史上似无此例;难字多无注音,不便读者阅读;部分字词不经校勘,随意改动,如卷八高出《崂山记》中有"前后颐沓,状如风雨",民国二十三年本作"颐沓",民国五年版和手抄本均作"颐沓",乾隆版《即墨志》作"颐沓";同治版《即墨志》作"颐沓",而本书径改为"硱沓",不知有何依据?类似的问题还有不少,对于《崂山志》的传播和普及,都不能不算是遗憾。

上述《崂山志》的8种版本,晚出的手抄本是当然的母本。然而就流行之广和版本价值而言,当首推民国二十三年本。手抄本、民国五年本及嘉庆本也都各有其版本价值。

(二)《崂山志》的续书

《崂山志》问世后,不断有人推出续作。主要的续书约有6种:

1. 黄肇颚《崂山续志》。在《崂山志》的基础上,即墨黄氏后人黄肇颚于光绪三十四年(1908)完成了《崂山续志》,后改名为《崂山艺文志》。该书详尽记述了崂山的名胜古迹、宗教源流、逸闻传说、人物、物产、掌故等,其中,介绍了140余处崂山名胜、200多个景点,并仿明朝田汝成《西湖志》本,辑录了历代名人以崂山为题材的诗文,将之分列于各名胜下,对与景点相关的碑石铭文也收罗无遗,共辑有历代238人的1500多篇作品,内容丰富。然而,《崂山艺文志》百年来仅有手抄本流传。直到2008年11月,在即墨市史志办和崂山区史志办的积极努力下,该书才由山东省地图出版社出版发行,这对保存、宣传崂山文化将起到极大的作用。

2. 周至元《崂山志》。近人周至元深感黄宗昌《崂山志》叙事过于简略,决心重写一部《崂山志》。为此,他在30余年中曾深入崂山数十次,终于在1940年完成《崂山志》初稿,1952年再加修订,1993年由齐鲁书社正式出版。全书以类系事,每卷下皆有综述,然后以条目形式分述,内容丰富,考察详尽。但该书受黄宗昌《崂山志》影响很大,其内容、体例多有源于黄志者。因此,把它看作是黄志的续书,也未尝不可。

3. 蓝水《崂山古今谈》。周至元的同学蓝水于1935年完成《劳乘》,后屡经修改,易名为《我与崂山》,后又改为《崂山古今谈》,1985年由崂山县县志办公室审定,并内部刊印发行。全书分为"劳山古今"、"崂山百咏"、"崂山琐谈"三部分,其中,"劳山古今"包括区域、释名、劳山概况、山脉、风景特色、名胜、物产、人物、艺文等9部分。艺文又文、赋、诗三类。其中,诗起于《薤露歌》,终于王锡极《玉女盆》,收录历代与崂山有关的诗歌共52首;“崂山百咏”为蓝水自己创作的100首咏崂山的诗歌;“崂山琐谈”则为对古迹、建筑、文物、山村、道教、佛教等的杂谈,都比较短小。作者对此书甚为自负,以为“并非画蛇添足,亦所谓各言尔志”。实则艺文部分远不及黄肇颚《崂山艺文志》丰富完备,山志体例不如周至元《崂山志》规范周详。但作为诸家志书的补充,其价值还是不容忽视的。

4.《崂山县志》。1990年,由崂山县志编纂委员会编撰的《崂山县志》,①在“文物名胜”篇中用大量篇幅记述崂山的古建筑、刻石、风景名胜等内容。这是新中国成立后第一部以志书体例,以章节体和规范的语体文编撰的有关崂山的文字,只是非专门的山志。

5.《青岛市志·崂山志》。1999年6月,青岛市史志办公室编撰的《青岛市志·崂山志》,由新华出版社出版。与以往的崂山志书相比,此书增加了山区居民、管理的内容,体现了人的特征,将自然与人文相结合;并增添黑白图片,形象、直观。这是第一部以新观点、新方法、新资料编撰而成的、单独成书的崂山山志。

6.《崂山简志》。2002年,由崂山区史志编撰委员会编的《崂山简志》,由五洲传播出版社出版。书中设“崂山”专章,分“概述”、“风景名胜”、“文物古迹”、“崂山刻石”、“崂山旅游”、“崂山名人”、“崂山艺文”等7部分记述崂山,可谓新时期第一部以志体体裁专门记述崂山的山志,只是没有单独成书而已。

此外,清代即墨人周荣珍所撰《鳌山志略》一卷,约成书于同治年间年(1862—1974),可惜该书已佚。另有,胶州人王葆崇撰《崂山金石录》一卷、《崂山采访录》一卷。②

在全部《崂山志》中,上述几部也是较有代表性的,但是,或因成于众

---

① 青岛出版社1990年版。

② 王葆崇(1855—1908),字小姚,号次山,清末胶州人。光绪附贡,曾任鸿胪寺序班,赏六品衔。后辞官回故里以教书、办学自娱。擅书法。葆崇著述甚富,其子鸿图所编《助息园遗书目录》著录葆崇著作33种。《鳌山采访录》、《崂山金石目录》是其中较为重要的两种。

手，难免粗疏；或因过于简略，不尽人意。比较而言，仍以黄肇颚《崂山艺文志》和周至元《崂山志》最为出色。因《崂山艺文志》偏于前代艺文的收录，就史学价值和对黄宗昌《崂山志》的继承与发扬光大而言，周至元之作，更是各种续书和新志中当之无愧的翘楚。

## 四、黄宗昌《崂山志》及续书研究

黄宗昌《崂山志》作为崂山文化的第一部记录文献，内容丰富、体例独特，堪称山志史上珍贵的范本。学术界对该书及其续书中的周至元《崂山志》关注稍多。这里拟从以下几个方面对相关研究情况，做一简要的总结、清理。

（一）黄宗昌《崂山志》研究

生活于明末清初的一批学者为《崂山志》所作的序，是最早的黄宗昌及《崂山志》专论。顺治十四年（1657），应黄宗昌长子黄坦之约，明、清之际著名思想家、学者顾炎武为《崂山志》所撰序言中，对黄宗昌"在先朝，抗疏言事"的节概予以高度的评价。宋继澄序认为："先生直谏触奸，退而处潜，风雨晦明，天地之纪，庶其在兹。"张允抡序则说："崂无志，志之自黄侍御先生，则先生之所自为"，充分地肯定了《崂山志》是第一部记述崂山的志书。并认为"吾悲夫，先生处晦而困心，衡虑不得一伸，乃作山志，其亦重有憾也夫！"从而揭示了《崂山志》充溢着黄宗昌对时事、对自身遭遇的愤懑和不满，是一部充满浓厚主观色彩的愤世之作。黄氏后人黄肇颚在其《崂山续志》自序中也说："先八世伯祖侍御公际胜朝之季，抗论宜兴立朝大节，具有本末，不幸见忌于时，退而假笔著述以著素志之所存，于是成《崂山志》。"在民国二十三年版的跋文中，黄象冕也提到："先侍御公生明季世，遭值沧海一变，孤忠侘傺，藉著述以发其悲慨，不徒记名胜，表遗迹也。"把黄氏著书之因由揭示无遗，可以看作是对《崂山志》创作缘由最精辟的概括。

近年来也有少数学者对黄宗昌和《崂山志》做过专门的研究。如玉千对黄宗昌生平作了简要概述，并认为"虽为山志，字里行间流露出亡国之痛和眷念故国之情”,“其志文字高雅简洁,结构缜密”。[1] 武建雄对黄宗昌的生平作了简要的概括和总结,同时从文本方面对《崂山志》在史学、文学、地理学、生态学以及宗教方面的价值进行了简要地论述。[2] 李伟伟结合黄宗昌的生平事迹将黄宗昌创作《崂山志》的心理动因归纳为两个方面:崂山独特的道教文化底蕴契合了黄宗昌仕途失意而渴望得到慰藉的心灵;黄宗昌著山志是借他人酒杯浇个人心中之块垒。[3]

总的来说,从清初至今的300多年间,学者们对黄宗昌和《崂山志》的关注不是很多,专门性的研究成果更为少见。

(二)周至元及其《崂山志》研究

周至元(1910—1962),名式址(1991年《山东即墨周氏家谱》作“世址”),又名式坤,字至元,自号伴鹤头陀,晚号懒云,是民国以来即墨县儒林名流和诗人。他与崂山结缘颇深,曾40余次进出崂山,倾注毕生心血写成了《崂山志》,对崂山进行了全面的介绍,是继黄宗昌《崂山志》之后,崂山山志的又一部代表作。

《崂山志》写成后,得到黄公渚的大加赞扬,他在写于1953年的《〈崂山志〉序》中,对周至元的学识和《崂山志》的价值给予高度的评价:

> 志崂山者,元以前无征,明季即墨黄宗昌侍郎始创之;清季周荣珍《鳌山志略》、王葆崇《鳌山采访录》,囿于见闻,乖志乘之体。即墨周至元先生,今之积学士也。……君敬恭桑梓,留心国故,尝助桐庐袁道冲先生修《胶澳志》。因得踵事裒集,别录成斯志。抱残守缺,捃辑于兵燹之余,深心隐衷,固非浅者所能测。毋亦二崂之秘,遭逢时会,将藉君书而显欤? ……[4]

山东省志办主任史通学在阅读周至元《崂山志》之后,给周至元的回信中这样写道:“由于您在《崂山志》资料的搜集中付出了长期而艰辛的劳动,做到了广征博引,占有了丰富的资料,因而使尊稿《崂山志》达到了

① 玉千:《黄宗昌与〈崂山志〉》,《烟台师范学院学报》1992年第3期。

② 武建雄:《黄宗昌和〈崂山志〉》,《青岛大学师范学院学报》2004年第4期。

③ 李伟伟:《黄宗昌创作〈崂山志〉心理动因探析》,《崂山研究》第二辑,中国海洋大学出版社2007年版。

④ 周至元《崂山志》,齐鲁书社1993年版,第1—2页。

相当高的水平，并具有了一定的参考价值。”[①]

《周至元传略》[②]一文首次对周至元的生平及其诗、文、书、画作了简单的介绍。之后周至元之女周延顺在《周至元事略》中讲道：“父亲一生有一志三癖：立志著书，留名传后使他永未停笔；嗜书癖、烟霞癖、诗癖，使他终生难医。”并对周至元的生平事略作了较详细的陈述。[③]

1993 年，周志元《崂山志》由齐鲁书社出版后，受到了社会各界人士的关注。赵鹏称：“周著《崂山志》无论内容之丰富，考察之详尽，考证之确凿，还是文笔之优美，就笔者所见，在目前公开出版的有关崂山的书籍中，尚无出其右者。”[④]江晖也说：“《崂山志》的出版，为即墨文化界增加了新的光彩，也为人们研究崂山提供了珍贵资料。”[⑤]

田有栋对周至元的生平经历、《崂山志》成书出版过程及其诗文书画都作了介绍，指出“周至元《崂山志》由于成书较早，上世纪下半期崂山及青岛的巨变，未能写进书中，但这可由后学者去弥补；而唯其成书较早，崂山在经历日军扫荡，文化大革命洗礼，损失的景胜古迹，历史文物，能在其志书中得以记存下来，这倒是崂山之幸，也是周著《崂山志》尤足珍贵之处；而他成书过程中那种卓尔不凡穷探崂山的坚毅精神和矢志不渝三易其稿的严谨著书态度，与志书一样，同样是留给后人的可贵的精神财富。”[⑥]

王集钦给予周至元很高的评价：“前辈周至元先生是近代青岛地区的儒林和名流，也是积极推广和歌颂崂山的学者和诗人。在二十世纪上半叶，他是研究历史文化的领路人，有许多著作对后世影响很大。”还指出：“周老先生的诗、书、画是独立一格，饶有古意，书的传统类似隋唐，敦厚苍雅，如锥划沙，古朴凝重，字字立得稳、挺得住，能窥见他的心系崂山山水，

---

① 这封信原件现保存在周至元之女周延顺处。

② 《周至元传略》，《即墨古今》，第 1 期，即墨县县志办编辑出版，1988 年 6 月。

③ 周延顺供稿、田有栋整理：《周至元事略》，《即墨文化》1997 年第 1 期。

④ 赵朋：《周至元与新〈崂山志〉》，《青岛晚报》1994 年 10 月 6 日。

⑤ 江晖：《一生夙愿终得偿——贺周志元〈崂山志〉出版》，《即墨时报》1994 年 10 月 21 日。

⑥ 田有栋：《周至元》，《青岛文史资料》第十四辑，中国文史出版社 2005 年版。

尤其是他身边的著名道教圣地——崂山情有独钟，倾情厚爱。”[①]徐立忠指出，周至元的画“意境平淡中见淳朴，笔墨苍劲中的敦厚。非挚爱崂山且传统文化造诣深厚，人品高尚、志趣澹远者，难得有此佳作。真是‘画如其人’”。[②] 鲁海说：“因彼惟‘积雪之士’有深厚的文化底蕴，他的书法、绘画根底深厚，浓墨于少年为始……终生不倦，精益求精、师古不拘古，后市而流畅，悬于堂上，有书香气，越看越神，绝无肤浅匠气之感。”[③]鄢季文认为：“周公至元才高八斗，学富五车，深通三坟五典，广研诸子百家，尤其对崂山之研究，在即墨固属罕见，于神州亦为稀睹。”[④]

王桂云《周至元与〈崂山志〉》[⑤]、《以爱国热情著〈崂山志〉的周至元》[⑥]认为“自学成才的周至元，在乱世中，注重家乡的乡土历史文化资料的考察，以爱国热情坚持不懈地从事地方志事业，曾著《崂山志》八卷，当为记崂山的重要文献，颇著称于时”。并指出“其独到之处，在于突出时代特色。在记述自然地理的基础上，着重收录人文地理。崂山为青岛辖地，建国前，青岛可说是旧中国的一个缩影。曾经德国和日本两个帝国主义的侵占，是志尤重人民反抗侵略的资料记述”。“是志还注重地方特点”，对青岛美丽港口城市，多有描写。总之，“周至元亲自占有一手资料，而纂修的山志，不仅以体例完备而著称，尤以收录反帝爱国资料翔实，并具有教化功用，其爱国之情，在字里行间，随处可见。”

宋亚莉将周至元的一生总结为：总角年华渐喜书、平生性癖耽林泉、久历名山思著书和悬壶济世仁者风四个时期，并指出周至元《崂山志》体现了周至元对崂山深沉的挚爱之情，是作者的寄情之作。还对现存《崂山

① 王集钦：《〈周至元崂山名胜画集〉序》，崂山区档案局崂山区史志办、中国崂山区委党史研究室主办《崂山春秋》第9期，2005年9月。

② 徐立忠：《周至元呕心沥血〈崂山志〉》，《青岛画报》第105期，青岛画报编辑部编辑出版，2005年9月。

③ 鲁海：《积学之士周至元》，《青岛画报》第32期，青岛画报编辑部编辑出版，1998年3月。

④ 周至元：《周至元诗文选》，即墨印刷厂，1999年，第7页。

⑤ 王桂云：《周至元与〈崂山志〉》，《青岛早报》2006年9月27日。

⑥ 王桂云：《以爱国热情著〈崂山志〉的周至元》，《财经日报》2006年8月18日第48版。

志》有两个版本，一个是1993年齐鲁书社公开出版发行的版本，另一个版本是周至元的子女自筹资金，于2007年少量印刷作为内部资料以供研究者使用的，做了具体的说明。并认为："《崂山志》丰富多元的价值与深厚的文化内涵，决定了它在崂山山志史上独一无二的价值，而著《崂山志》耗尽一生心血的周至元，他的生前身后名，也将和崂山长存。"①

张志军认为周至元先生一生钟情于崂山，在数十次游崂山的过程中有苦有乐，苦中作乐，以苦为乐，反映了他浓厚的崂山情结。周至元先生是积极推广和歌颂崂山的学者和诗人，一生中的诗、文、画皆与崂山密不可分。并对周至元与崂山有关的著作有《游崂山指南》、《崂山志》、《周至元诗文选》等，绘画有《周至元崂山名胜画册》等做了介绍。周至元酷爱崂山，他一生交往的人也多是爱崂、游崂之人。②

总之，学者们对周至元及其《崂山志》大多给予了较高的评价，但相关的研究成果并不是很多。

（三）黄宗昌《崂山志》与其他《崂山志》的比较研究

周至元所著《崂山志》在很多方面受到黄宗昌《崂山志》的影响，但这两部《崂山志》在思想倾向、写作风格等方面也有诸多的不同。目前对于二者的比较研究多是粗略性的，不够具体。

史通学指出："周志是黄志之后第二部全面记述崂山的志书。"在志稿体例方面，周志按类分目的处理"合乎志体"。周氏酷爱家乡山水，对崂山景物十分熟悉，"故能言之确确，加以文笔流畅，使志内容与体例方面均超过黄宗昌的《崂山志》，同时也比黄肇颚的《崂山艺文志》要好，黄氏《艺文志》辑录吟咏崂山的诗文笔周至多些，但内容远不如周至全面。"③

鲁海认为："在我国的方志撰修中，早有为'山'立志的传统。我市崂山，迄今有三部《崂山志》问世"，第一部为黄宗昌《崂山志》，"黄宗昌治学严谨，搜集了不少文献资料，但全志比较简单"。第二部为周至元《崂山志》，是周至元多次考察崂山的结果。第三部是青岛史志办1999年完成

① 宋亚莉：《周至元与〈崂山志〉》，《崂山研究》，第二辑，中国海洋大学出版社2007年版。

② 张志军：《周至元与崂山》，《崂山研究》，第二辑，中国海洋大学出版2007年版。

③ 史通学：《对于周氏〈崂山志〉印象》，《青岛画报》1998年总第32期。

的《崂山志》,有三大特点:一是探索了“山志”的编纂新途径;二是比以前的两部《崂山志》内容更丰富、更详尽,全书48万字;三是分类更科学,研究深入。①

刘洵昌认为,黄宗昌《崂山志》“文字雅洁,结构缜密,而且提纲挈领,条理清楚。录有古迹名胜甚多,堪作旅游指南,崂山文献多数赖此志以存”。周至元《崂山志》则“内容丰富、考察详尽、考证准确,文笔优美,是目前公开出版的有关崂山的书籍中最优秀的”。②

李偲源《历代崂山山志书评》一文对历代崂山志书作了简单的评述,认为黄宗昌《崂山志》“文字雅洁,结构严密”,“因其辑存了有关崂山的许多有价值的宝贵史料,而成为今人认识崂山和研究崂山的重要典籍”。并指出黄宗昌在志书中所抒发的感情是“往往是颓废的”。作者同时还对黄宗昌的生平作了简单的介绍,认为黄宗昌正直的人品、愚忠的观念、报国无门的忧愤,使他将这些复杂的情感倾注到这部以山水为内容的《崂山志》中,这与古人“著书立说”的观念一致,但却违背了志书“述而不作”的要求。此外,“其文简赅而近于略”,“也是该志的缺陷所在”。认为周至元《崂山志》“内容丰富,考察详尽,考据准确,层次鲜明、结构紧凑、语言简练”。此外,崂山许多摩崖、碑刻在战乱和“文化大革命”中被毁,而“周至元收录的这些诗歌文稿却为今人研究崂山提供了重要的资料”③。遐迩则以为周至元“豁达的性格、开朗的心胸,使他对于山的感情有别于黄宗昌‘生不逢时、怀才不遇’的消极和无奈,其涌动的文笔甚为优美”④。

综上所述,对于黄宗昌《崂山志》及以周至元《崂山志》为代表的相关续书的研究,已经取得了一定的成绩,但以往的研究中还存在不少问题和不足。首先是对相关的文献材料缺乏必要的系统关注,如以往的研究中几乎没有人注意到《即墨黄氏族谱》及黄宗昌的《崂山名胜志略》、《疏草》

① 鲁海:《三种〈崂山志〉》,《青岛早报》2000年11月3日。

② 刘洵昌:《历代〈崂山志〉概要》,《新崂山》,中共青岛市委办公厅印刷厂印刷,1996年9月,第9期。

③ 李偲源:《历代崂山山志书评》,《崂山研究》(第一辑),中国海洋大学出版社2006年版,第171、172、174页。

④ 遐迩:《崂山春秋》2004年第5期。

三卷《附录》一卷、《山东即墨周氏族谱》等第一手材料，多在材料不足的情况下，忙于下结论。其次，对黄宗昌家世、生平没有进行深入全面的梳理考证，这直接影响到对黄宗昌《崂山志》创作动机和思想倾向的准确把握。再次，只就黄宗昌《崂山志》与周至元《崂山志》相关的问题进行分别探讨，而没有把黄著与周著放在《崂山志》系列中来加以考察，因而对两部《崂山志》价值和意义的理解缺少必要的参照。所有这些都是在下一步的研究中需要加强的。

**五、周至元的《游劳指南》**

周至元（1910—1962），即墨人，名式址（1990 年《山东即墨周氏家谱》作“世址”），又名式坤，字至元，自号伴鹤头陀，晚号懒云。在即墨，黄、周两族与崂山的姻缘最深。周至元之母本是黄氏后裔，黄宗昌《崂山志》和黄肇颚《续崂山志》这两部外家的传世之作，对于周至元无疑产生了直接的影响。因此，周至元在以行医和务农养家之外，将发掘崂山历史文化当作了自己毕生的事业。为此，每年数次游览崂山成了他最大的爱好。在亲身游历的基础上，他先后完成了《游劳指南》、《崂山名胜介绍》（山东人民出版社 1959 年版）、《周至元崂山名胜画集》（《青岛画报》2004 年编辑印制）、《崂山志》（齐鲁书社 1993 年版）等有关崂山史志的著作。

其中，《游劳指南》是周至元最早的一部著作，约完成于 1934 年之前。民国二十三年（1934）即墨黄敦复堂再版黄宗昌《崂山志》时，周至元《游劳指南》被附于书末。《游劳指南》按游山路线对崂山自然景观进行了全面的介绍，与之相配合的还有《名胜题咏》，汇集了从李白到康有为历代诗人题咏崂山的各体诗歌 46 首。由于这一版《崂山志》影响较大，如巴蜀书社 1992 年版《藏外道书》第十九册中的《崂山志》，就是以包含周至元《游劳指南》和《名胜题咏》在内的民国二十三年本加以影印的。这对于《游劳指南》的流传无疑也起到了积极的作用。为方便读者阅读，本书对《游劳指南》也做了详细的注释。

从周至元本人的著述来看，《游崂指南》其实也为他写作《崂山志》做了很好的准备。他以《游崂指南》、《崂山志》为代表的崂山史志著作，可以看作是即墨黄、周两大家族文化长期积淀、相互影响汇流的结晶。《游崂指南》虽然篇幅简短，但直到今天，仍有其不可取代的价值。

**六、本书体例**

本书与笔者的《崂山道教与〈崂山志〉研究》（中国社会科学出版社2010年版）为姊妹篇，本书所做的主要是对黄宗昌《崂山志》及周志元《游崂指南》的校勘、标点和注释。点校和注释均依照一般学术规范处理。遇有歧义，则断以己意，并简要说明理由，一般不做展开论述。有些问题可参考《崂山道教与〈崂山志〉研究》一书中的相关论述。凡个人现阶段无法明断者，则存疑待考，以俟来者。现将全书体例简述如下，以便读者把握。

（一）校勘

1.《崂山志》的各种版本中，以民国二十三年本错误较少，原因是这一版对民国五年本的失误进行了认真的校对，并印有勘误表。故本书以民国二十三年本为底本，主要参校手抄本、嘉庆本和民国五年本。对各种版本的长处择善而从，力求完成一个全新的校勘善本。

2. 校勘记列于每卷卷末，以①、②标出。各参校本分别以“手抄本”、“嘉庆本”、“二十三年本”标出。各本分歧较大者，略加按语说明。

3.《游崂指南》因无其他版本，不再单列校勘记，遇到文字可能有误处，一并在注释中加以说明。

4. 原书中的繁体字、异体字，一般均直接改为通用简体字。为免烦琐，不再另外说明。

（二）标点

《崂山志》旧版多无标点，少数几种标点本，又多有错误，本书根据自己的理解重新标点，并尽可能对以往错讹予以订正。

（三）注释

1. 对书中的难字、僻字，均用现代汉语拼音标注读音，以方便一般读者。

2. 对书中的难解字、词加以必要的解释，除非必要，一般不对整句句意进行解释。

3. 对相关地名、历史人物与典章制度，以正史为据，兼及野史笔记及文人别集，作出简洁、通俗的疏解。

4. 相关诗文作者，凡前面已有简介者，后面不再赘述。

# 《崂山志》校注

## 明史本传

黄宗昌，字长倩，即墨人。天启[1]二年进士。崇祯初，为御史，请斥矫旨[2]伪官，言“先帝宾天[3]在八月二十二日，三殿叙功[4]止先一日，正当帝疾大渐[5]之时，岂能安闲出诏？凡加衔进秩，皆魏氏[6]官也”。得旨，“汰[7]叙功冒滥[8]者。”宗昌争曰：“臣所纠乃矫旨，非冒滥也。冒滥犹可容，矫伪不可贷[9]。”遂列上黄克缵[10]、范济世[11]、霍维华[12]、邵辅忠[13]、吕纯如[14]等六十一人，乞罢免。帝以列名多，不听。寻劾罢逆党尚书张我续[15]、侍郎吕图南[16]、通政使岳骏声[17]、给事中潘士闻[18]、御史王琪[19]。又劾周延儒[20]贪秽数事，帝怒，停奉半年。既而劾温体仁[21]，不纳。

**注释：**

[1]天启：明熹宗朱由校(1604—1627)年号，天启年间为1621至1627年。

[2]矫旨：假托帝王诏命。

[3]先帝宾天：先帝指明熹宗朱由校。宾天，帝王之死，亦泛指尊者之死。据《明史》记载，明熹宗死于天启七年(1627)八月二十二日。

[4]三殿叙功：三殿，明皇宫中的三座宫殿。原名奉天殿、华盖殿、谨身殿，嘉靖三十六年(1557)夏，三殿遭火灾，嘉靖四十一年(1562)重新建成后，改名皇极殿、中极殿、建极殿。据《明史・神宗纪》载，万历二十五年(1597)“夏六月戊寅，皇极、中

极、建极三殿灾”。这次火灾之后，直到天启末，重建工作才完成，《明史·熹宗纪》载，天启六年(1626)九月“皇极殿成”，天启七年八月“中极、建极二殿成”。这里所说“三殿叙功”，即指天启七年皇极、中极、建极三殿重建完工后，对其间有功大臣的封赏。按《东林列传·黄宗昌传》，叙功诏书当作于八月二十一日，即明熹宗驾崩的前一天。

[5]大渐：病危。

[6]魏氏：魏忠贤(1568—1627)，河间肃宁(今属河北)人。宦官，万历时入宫。泰昌元年(1620)熹宗即位，他被任为司礼秉笔太监，后又兼掌东厂。勾结熹宗的乳母客氏，专断国政，政治日益腐败。东林诸人交章弹劾。天启五年(1625)杀东林党人杨涟等，大兴党狱。自称九千岁，下有五虎、五彪、十狗等名目，从内阁六部至四方督抚，都有私党。崇祯即位后，黜职，安置凤阳，旋命逮治，途中惧罪自缢。

[7]汰：淘汰，剔除。

[8]叙功冒滥：叙功，评述、认定各项功绩；冒滥：不合格而滥予任用。

[9]贷：宽恕，饶恕。

[10]黄克缵：字绍夫，晋江人。万历八年(1580)进士。除寿州知州，入为刑部员外郎。历任山东左布政使，迁右副都御史。天启元年(1621)冬，加太子太保。四年十二月，魏忠贤尽逐东林党人，黄克缵被任命为工部尚书。后加太子太师。崇祯元年(1628)，起南京吏部尚书。被弹劾，不就，卒于家。《明史》卷二百五十六有传。

[11]范济世，生卒年不详，河南济源人。万历二十六年(1598)进士，累官至工部左侍郎，理工部右侍郎事。天启六年(1626)十二月迁南京户部尚书，七年(1627)致仕，八月叙功加太子太保。崇祯二年(1629)正月削籍。

[12]霍维华：东光人，万历四十一年(1613)进士。授金坛知县，又升为兵科给事中。天启七年(1627)，升右都御史、兵部尚书，加太子太保。后因事下狱，忧愤而死。《明史》卷三百六有传。

[13]邵辅忠：浙江定海人，万历三十三年(1605)进士，官工部郎中，因病归休。后官复原职。天启五年(1625)，因依附魏忠贤，升兵部尚书。诸奸党攻击正人，多为辅忠所主使。魏忠贤败，阉党余孽，多被贬黜。邵辅忠也被论徒三年，输赎为民。

[14]吕纯如：吴江人，字孟谐，又字益轩，号石湖居士。万历二十九年(1601)进士，天启中，官至兵部侍郎。著有《学古适用篇》九十一卷及《重修慧因寺疏》、《唐太师颜鲁公真卿墓碑记》等文章。

[15]张我续：张国彦之子，魏忠贤死党，曾任川贵总督，户部侍郎，官至户部尚书、

太子太傅(正一品)。张国彦(1525—1598),字熙载,号弘轩,邯郸人。嘉靖进士,曾任万历朝兵部尚书和刑部尚书。

[16]吕图南(1570—1642),泉州南安朴兜人,居晋江。字尔搏,号天池,万历二十六年(1598)进士。曾任浙江道监察御史,南京通政司右参议,左都御史,官至南京户部侍郎。晚年罢归后,家居十余年,年七十三卒。著有《铁宕书史》、《周易四书辑说》、《壁观堂文集》等。

[17]岳骏声(1573—?),浙江嘉兴人,字季有,号石钟,别号啬庵。万历三十八年(1610)进士。魏忠贤党羽,都察院观政,授刑部山东司主事。历官太常寺正卿,通政使加二品服奉,赠刑部尚书。著有《闯宫始末》、《啬庵集》等。

[18]潘士闻:魏忠贤党羽,天启初曾在濮州清丰县任知县,后升工科给事中。

[19]王琪:应为王珙之误。魏忠贤党羽,天启末曾任应天巡按,崇祯初为御史。《明史》卷三百六《阉党传·阎鸣泰传》称:"生祠之建,始于潘汝祯。汝祯巡抚浙江,徇机户请,建祠西湖。六年六月疏闻于朝,诏赐名'普德'。自是,诸方效尤,几遍天下。其年十月,孝陵卫指挥李之才建之南京。七年正月,宣大总督张朴、宣府巡抚秦士文、宣大巡按张素养建之宣府、大同,应天巡抚毛一鹭、巡按王珙建之虎丘。"其中,于天启七年(1527)正月在虎丘建魏忠贤生祠的应天巡按王珙,当即此人。

[20]周延儒(1593—1644),常州府宜兴人,字玉绳,号挹斋。万历四十一年(1613)进士,崇祯初,为礼部右侍郎,迁礼部尚书兼东阁大学士,参机务,为首辅。善伺意旨,甚得崇祯信任,实庸懦无才略。清军逼近畿,自请督师,驻通州不敢战,谎称奏捷。后事泄,崇祯十六年(1643)十二月勒令自尽。

[21]温体仁(1573—1638),浙江乌程人,字长卿,号园峤。万历二十六年(1598)进士,授编修。崇祯初迁礼部尚书,不久兼东阁大学士,入阁辅政。又阴结太监、言官劾周延儒等,遂为首辅。执政八年,排斥异己,迎合帝意,并图谋起用魏忠贤旧党。崇祯十年(1637)被劾去官,逾年卒。

二年冬,巡按[1]湖广。岷王禋洪[2]为校尉彭侍圣[3]及善化王长子企鋀[4]等所弑,参政龚承荐[5]等不以实闻,狱不决者久之。宗昌至,群奸始伏辜[6]。帝责问前诸臣失出罪,宗昌纠承荐等。时体仁、延儒皆已入阁,而永光[7](王永光)意忌,以为不先劾承荐也。镌[8]宗昌四级,宗昌遂归。

十五年，即墨被兵，宗昌率乡人拒守，城全。仲子基[9]中流矢[10]死，其妻周氏[11]及三妾郭氏，二刘氏殉之，谓之“一门五烈”。

**注释：**

[1]巡按：明代有巡按御史，为监察御史赴各地巡视者。其职权颇重，主要负责考核吏治审理大案，知府以下均奉其命，简称巡按。

[2]岷王禋洪：据《明史》卷一百十八列传第六“诸王三”载：“岷庄王楩，(明)太祖第十八子。洪武二十四年(1391)封国岷州。……禋洪为其后裔，天启二年(1622)嗣，崇祯元年(1628)薨。”

[3]彭侍圣：岷王府校尉，与朱企鋀等杀害了岷王禋洪。

[4]企鋀[dòu]：即朱企鋀，明太祖朱元璋十世孙，岷王禋洪的从父。

[5]参政龚承荐：参政，布政使的下属官员，布政使掌管一省政务，参政、参议分守各道，并分管粮储、屯田、军务、驿传、水利、抚名等事，一般是正四品。龚承荐，浙江龙游人，万历四十一年(1613)进士，曾任延平府知府，崇祯二年(1629)为湖广参政。

[6]伏辜：服罪。

[7]永光：即王永光(1560—1638)，大明府长垣人，万历二十年(1592)进士。天启初官至户部尚书，居官清廉，为人强悍阴鸷，不喜东林人士，为御史李应升所论，自引归。魏忠贤窃权，尽逐东林党人，起永光为南京兵部尚书，日以排斥东林为能事。后以其党纳贿事发被罢，崇祯初为吏部尚书。有《冰玉堂集》。

[8]镌：降级，削职。

[9]仲子基：黄宗昌次子。据《即墨县志》卷九“忠节”载：“黄基，字隆生，宗昌次子。诸生也。勇敢善战。崇祯壬午，从宗昌昼夜乘城，风餮雪虐，未尝暂离，发必应弦，殪敌功为最。既乃中矢，贯额犹力战不退，信宿而卒。”

[10]流矢：飞箭或来源不明的箭，也叫“流箭”。

[11]周氏：黄基之妻。《即墨县志》卷九《烈女》：“周氏，黄基妻。都督佥事鸿谟第三女。壬午之变，基守城中流矢死，氏年三十四，死之。妾三人，二刘一郭俱殉，时崇祯十五年(1642)十二月二十九日。”

# 东林列传[1]

黄宗昌，字长倩，山东即墨人。举天启二年进士。为人重名义，不苟为依附。初授雄县[2]知县，时逆党魏忠贤用事，雄近京师，故多中官[3]往来。有忠贤子侄荫锦衣卫指挥者[4]干政，民弗堪，置诸理。左右怵以危辞，宗昌曰："吾奉天子法而以奸容耶！"又中官之党杀人，朝贵多为解，不听。愤曰："是其气焰，足以论死，况又杀人！"终令抵罪。以能调清苑[5]知县，是时逆党势愈张，三辅郡县争建忠贤生祠[6]如恐不及，宗昌言于知府方一藻[7]，故不授工，以稽缓[8]之。及党败，清苑独无祠。初，珰恶宗昌倔强，欲以东林杀之，密使人言于一藻令劾，罢而不果。会熹宗崩，乃已。崇祯元年[9]，擢授山西道监察御史。

**注释：**

[1]《东林列传》：清初陈鼎撰，二十四卷。收顾宪成等一百八十余人的传记。陈鼎，字定九，江苏江阴人。作者费时二十余年，搜集材料，撰《忠烈传》六十余卷，四千六百余则，后为人窃去，乃编此书。以表彰理学尤其是东林学者为主，对人物事迹间有脱漏错误，但搜辑颇详，可补《明史》之不足。

[2]雄县：在河北省中部，大清河中游、白洋淀以北。

[3]中官：宦官。

[4]忠贤子侄荫锦衣卫指挥者：忠贤子侄指魏忠贤侄子魏良卿，据《明史》卷三百五《宦官传·魏忠贤传》载："其年，叙门功，加恩三等，荫都督同知。又荫其族叔魏志德都督佥事，擢傅应星为左都督，且旌其母。而以魏良卿佥书锦衣卫，掌南镇抚司事。"

[5]清苑：县名。在河北省保定市南部，因境内有清苑河而得名。

[6]三辅郡县争建忠贤生祠：据《明史》卷三百五《宦官传·魏忠贤传》载："（天启）六年（1626）二月……浙江巡抚潘汝桢奏请为忠贤建祠。仓场总督薛贞言草场火，以忠贤救，得无害。于是颂功德者相继，诸祠皆至此始矣。"

[7]方一藻：明万历进士，崇祯时曾任兵部尚书。

[8]稽缓：迟延。

[9]崇祯元年：1628 年。

先是，熹宗崩于八月二十二日，三殿成，叙功行赏，于是月二十一日，矫旨加衔者六十一人。宗昌愤之，入台班即具疏言：

权奸大恶，无如矫旨；人臣玷染，无如伪官。矫旨虽细，法所必诛，伪官难贤，千载共弃。逆党弄权窃柄，阴谋叵测，屏除异己，诛锄[1]善良，彼岂一旦而无忌若是，率由怀禄固宠之辈阿谀苟容，尝先意逢迎，遂启其好大喜功之心，因生其矫窃问鼎之渐[2]。如向者宁远报捷，不过敌人解围自去，非能斩将搴旗[3]复有寸土，乃虚张声势命爵论功。即朝臣一毫无与者，皆迁官荫子，锡币赉金[4]，滥至百余人，国家名器，尽为逆党收罗心腹之具。然此距先帝升遐[5]之时，尚有旬日，虽欺罔擅行，犹曰"禁勿之事"，谁敢与知？

至于三殿功成之日，正先帝大渐之时，岂有安闲出诏之理？纵曰弥留[6]一息，不肯以昏乱示人。何不闻此日召我，皇上付托大宝[7]及命大臣申谕军国重务，而乃谆谆以不急之事，加恩于虚縻官爵之人，此薄海内外所不敢信也！今首恶[8]既磔[9]，羽翼当翦[10]，凡加衔升爵诸臣出自魏氏者，皆魏氏官，非我皇上官也！奥援[11]既失，犹戴伪器，以立于堂堂尧舜之朝，此亦良心尽失，不可以为人矣！

又曰：

臣以新进小臣，非不知元气当培，攻击宜缓。第在昔肆虐之时，则宜进保元气之说，以与魏珰抗。在今昌言不讳之日，邪气不尽除，恐元气终不可复。

疏上，奉旨言：“叙功冒滥，久宜澄汰[12]，尽著察核以凭裁夺。”易矫伪为冒滥，则票拟者[13]之舞文也。宗昌再疏，争曰：

臣前指逆党矫旨，多官仰戴伪衔，故举叙功时日彰明较著者言之，非纠冒滥也。谓冒滥者固可诛，即非冒滥者而受赏于此时，是谁赏之耶？亦非纠与殿工无涉者耶？谓无涉者固可诛，即与殿工有涉者而命官于此时，是谁命之耶？盖冒滥之罪犹可宽，矫伪之罪不容逭[14]。臣披肝洒血，以纠大奸阁臣，乃以“冒滥”概之，臣窃疑焉。得毋阁臣素戴逆党，见臣所奏，有隐然心动者耶？否则前日所出之旨，阁臣与逆党表里，故见臣疏，嗫嚅不敢出口耶？否则力庇所切，狐兔之悲[15]耶？不然何判然不侔[16]若是耶？

旨谓：“矫伪冒滥，就中无甚分别。傥知矫伪有人，何妨指出，不必坚争票拟。”宗昌曰：“此奸人广树我敌也。”遂指霍维华、黄克缵等六十一人疏上，阁票果以人数太多，不必概诋置之。宗昌喟然叹曰：“人臣立言论是非，不论多寡，矫伪众，益可忧，乃恨多乎？”由是愈慷慨。建白[17]又纠逆党余孽张我续等五人，又纠智铤[18]等九人，上皆允行，而忌之者众矣。

**注释：**

[1]诛锄：诛灭，诛杀。

[2]渐：征兆，迹象。

[3]斩将搴旗：搴：拔取。拔取敌旗，斩杀敌将，形容勇猛善战。

[4]锡币赉金：锡、赉，赏赐。义为赏赐金银财物。

[5]升遐：帝王死去的婉辞。

[6]弥留：原指久病不愈，后多指病重将死。

[7]大宝：皇帝之位。

[8]首恶：犯罪集团中的首要分子，此指魏忠贤。

[9]磔[zhé]：古代一种酷刑，把肢体分裂。

[10]翦:同“剪”,除掉。

[11]奥援:暗中支持、帮助的力量,有力的靠山。指魏忠贤。

[12]澄汰:犹淘汰。除去不好的或不利的。

[13]票拟者:明清内阁代皇帝批答臣僚章奏,先将拟定之辞书写于票签,附本进呈皇帝裁决,称为“票拟”。清代设军机处后,重要奏章改用奏折,此制遂废。

[14]逭[huàn]:逃避。

[15]狐兔之悲:狐死则兔悲,兔死则狐亦悲。比喻因同类的死亡而感到痛心悲伤。

[16]侔[móu]:相等。

[17]建白:提出建议或陈述主张。

[18]智铤:河北元氏人。受业赵南星,任知县。由魏广微引与魏忠贤相交结,得升御史。遂疏诋南星为首恶。又弹劾罢免礼部侍郎徐光启等,甚得忠贤欢心,加太仆少卿。崇祯初,名列魏党逆案。

二年春,礼部右侍郎周延儒夤缘入阁[1],而礼部尚书温体仁其阴鸷[2]倍于延儒,二人交相妒又交相比也。御史任赞化疏纠体仁,下诏狱[3]。宗昌继纠及延儒,责令回话。疏再上,众谓祸且不测。会皇子生,得免,夺俸半年。既而体仁与钱谦益阁讼事起[4],宗昌疏纠体仁,留中不下。

**注释:**

[1]夤缘入阁:夤缘,攀附,阿上钻营。崇祯二年(1629),周延儒与温体仁勾结,取得了崇祯的信任,由礼部侍郎迁礼部尚书兼东阁大学士,参机务,成为首辅大臣。“夤缘入阁”,即指此。事见《明史》卷二十三《庄烈帝本纪一》。

[2]阴鸷:阴险凶狠。

[3]御史任赞化疏纠体仁:崇祯二年(1629)春,御史任赞化上疏弹劾温体仁“娶娼、受金,夺人产诸不法事”。下诏狱,指崇祯元年(1628)冬,吏科都给事中章允儒为钱谦益鸣冤,崇祯皇帝“叱允儒下诏狱,并切责诸大臣”。二事均见《明史》卷三百八《温体仁传》。

[4]体仁与钱谦益阁讼事：指崇祯元年(1628)冬，崇祯下诏会推阁臣，温体仁与周延儒勾结，借天启二年(1622)浙江科场旧案攻击钱谦益一事。在这场斗争中，崇祯偏信温体仁和周延儒，钱谦益被罢官，周延儒、温体仁相继入阁。此事在《明史》卷三百八《温体仁传》、《明史》卷二百五十一《李标传》、《明史》卷二百五十八《毛羽健传》均有记载。

先是楚岷王为校尉彭侍圣及善化王长子企鉦等所弑，其事隐，莫能白，法司与按抚鞫问[1]三四年莫得要领，乃命中官、驸马各一人前往就讯。次年，命宗昌巡按湖广。方拟会勘，闻遵化失守，巡抚洪如钟[2]提兵入援，宗昌转饷[3]给军移文[4]。郧抚[5]梁应泽[6]督本标兵与洪会，又选武、襄[7]等处民兵为殿，又闻镇篁[8]、曲靖[9]兵素骁劲，以其地远，移驻岳州，严檄督发其兵，尅期[10]以进。两抚既出，抽调空虚，边苗柯陈，俱思蠢动，又多方安辑[11]之。虑师行饷缺，又具启藩王助其不给，又偏檄郡县括新旧赎锾[12]佐之，又察出黔盐私鬻[13]应入官者万金，催漕米[14]二十四万余石，以济军需。自冬徂春，心力毕竭于援师，而题报一无温纶[15]，则当国见忌之故。及勘岷事，尽得其实，复奉旨责问前诸臣失出之罪。宗昌疏纠一道臣、一知府、一同知[16]受贿庇逆。而上以宗昌失纠于先，降四级，调用。忌者意犹未厌，复以清苑逋赋[17]连及宗昌，候讯者十年，会诏蠲逋[18]，乃得释。

**注释：**

[1]鞫问：审讯。

[2]洪如钟：南郑县人，万历四十四年(1616)进士，曾任副都御史，湖广巡抚。

[3]转饷：运送军粮。

[4]移文：旧时文体之一。指行于不相统属的官署间的公文。亦泛指平行文书。

[5]郧抚：郧阳(今湖北郧阳)巡抚，是郧阳提督抚治都御史行台(简称"郧台")的最高长官。郧台建于成化年间(1465—1487)，是一个直属中央的跨地区的省级行政军事机构，并设立湖广行都指挥使司，郧阳巡抚拥有军事职能，加提督官衔。提督

军务,可统兵作战。

[6]梁应泽:明保定府清苑人,字射侯。万历二十三年(1595)进士。授户部主事,历任徽州知府、河南按察副使、都御史巡抚郧阳等。

[7]武、襄:分别指武昌和襄阳。明代,武昌有楚王府,襄阳有襄王府。

[8]镇筸:当为"镇筸[gān]"之误。镇筸地处湖南,原属湘西落后边远地区,镇筸兵自明代就以骁勇善战而闻名。

[9]曲靖:曲靖府,今云南省曲靖市。

[10]尅期:尅为"克"的繁体写法。克期,严格限定期限。尅,亦作剋。

[11]安辑:安定;使安定。

[12]赎锾[huán]:赎罪的银钱。锾为古代重量单位,也是货币单位,一锾等于六两,一说六两半。

[13]私鬻:秘密贩卖。

[14]漕米:漕运米粮。

[15]温纶:皇帝诏令的敬称。

[16]道臣:道员,也称道台。明代省级行政长官布政使下设佐官左、右参政及左、右参议,分管各承宣布政司辖区内部分地区、钱谷等事,无定员,因事添设,各省不等,称分守道;按察使下设佐官副使、佥事,无定员,分管各提刑按察使司辖区内部分地区、刑名等事,称分巡道。分守道与分巡道官员均可称道臣。知府:明太祖洪武九年(1376)改行省为承宣布政使司,布政使司(省)与县之间的行政机构为府,知府为府的行政长官。同知:知府的副职。知府之下,设同知、通判等官员,辅佐知府处理公务,分掌粮税、盐税、江海防务、水利等等。

[17]逋赋:指逃避赋税。

[18]蠲逋:指免除积欠的租税。

十五年冬,即墨被围,率士民登陴[1]固守,子基中流矢死。明年左都御史李邦华[2]荐之,未及用。又明年三月,京师陷,宗昌闻变哀号,将欲南奔,以土贼[3]围城不得出。家居二年,病卒。方仲子基之婴城[4]中镞[5]而死也,妻周氏、妾郭氏、两刘氏,慷慨同殉,一时称为"五烈"。

外史氏[6]曰:先生昌言谔谔[7],以攻逆党,是高杨左魏[8]之后劲也。

使天下知有君子小人之分者,皆先生之力耳!

**注释:**

[1]陴:城上的矮墙,亦称“女墙”。

[2]李邦华:吉水人,字孟暗。万历三十二年(1604)进士,授泾县知县,有异政。万历四十一年(1613),巡按浙江。崇祯元年(1628),任工部右侍郎,总督河道。崇祯十二年(1639),任南京兵部尚书,十五年(1642)冬,掌南京都察院事,俄代刘宗周为左都御史。十七年(1644),李自成攻陷京城前,投缳而死。事见《明史》卷二百六十五《李邦华传》。

[3]土贼:旧时统治者对当地起义农民的蔑称。

[4]婴城:谓环城而守。《战国策·秦策四》:“小黄、济阳婴城,而魏氏服矣。”鲍彪注:“婴,犹萦也,盖二邑环兵自守。”

[5]镞:箭头。

[6]外史氏:陈鼎自号。

[7]昌言谔谔:昌言,正直的、无所忌惮的话;谔谔,直言争辩貌。

[8]高杨左魏:指高攀龙、杨涟、左光斗、魏大中等四位东林党人。高攀龙(1562—1626),明代文学家、政治家,东林八君子之一。初字云从,更字存之,别号景逸。南直隶无锡(今属江苏)人。万历十七年(1589)进士,授行人。因疏论辅臣王锡爵,谪官广东揭阳县典史。后卸职归故里,与顾宪成修复东林书院,讲学其中,世称“高顾”,为东林学派的代表人物。天启元年(1621),入朝为光禄寺少卿,后因弹劾宦官魏忠贤,被削籍为民。天启六年(1626)因锦衣卫追捕东林党人,从容赴水而死。崇祯初年得以昭雪。高攀龙能诗文,著有《高子遗书》十二卷及《周易简说》、《春秋孔义》、《正蒙释》、《二程节录》、《水居诗稿》、《毛诗集注》等。杨涟(1572—1625),字文孺,号大洪,明代湖广应山(今湖北广水)人,著名谏官,“东林前六君子”(杨涟、左光斗、魏大中、袁化中、周朝瑞、顾大章)之一。万历三十五年(1607)进士。历官常熟知县、兵部右给事中、都给事中。天启五年(1625)任左副都御史,因弹劾魏忠贤二十四大罪,被诬陷下狱,受酷刑而死。有《杨大洪集》。左光斗(1575—1625),字遗直,一字共之,号浮丘。明桐城(今安徽枞阳县)人,是史可法的老师。因对抗大宦官魏忠贤,下狱而死。弘光时平反,谥为忠毅。魏大中(1575—1625),字孔时,号廓园,嘉善

(今浙江嘉善县)人。明万历四十四年(1616)进士,历任行人司行人,工、礼、户、吏各科给事中,都给事中等职。自幼家贫,读书砥行,师事谢应祥、高攀龙。为官清廉正直,不计个人安危,多次谏诤,与权臣斗争。后遭魏忠贤阉党诬陷,与杨涟、左光斗同死于狱中,著有《藏密斋集》。

# 序

顾炎武

崂山，在今即墨县东南海上，距城四五十里或八九十里。有大崂、小崂[1]，其峰数十，总名曰崂。《志》[2]言“秦始皇登劳盛山望蓬莱”，因谓此山一名劳盛，而不得其所以立名之义。按《南史》[3]：“明僧绍[4]隐于长广郡[5]之崂山”，则字或从山。又《汉书》[6]“成山”作“盛山”[7]，在今文登县东北，则劳、盛自是两山。古人立言尚简，齐之东偏，三面环海，其斗入海处，南劳而北盛，则尽乎齐东境矣。其山高大深阻，磅礴二三百里，以其僻在海隅，故人迹罕至。凡人之情，以罕为贵，则从而夸之，以为神仙之宅、灵异之府，其说云，吴王夫差[8]登此山，得《灵宝度人经》[9]。考之《春秋传》[10]，吴王伐齐，仅至艾陵[11]，而徐承率舟师自海道入齐，为齐人所败而去[12]，则夫差未尝至此，而于越入吴之日，不知度人之经将焉用之?

**注释：**

[1]大崂、小崂：《山东通志》载：崂山有二，高大者曰大崂，差小者曰小崂。

[2]《志》：这里指《太平寰宇记》，见黄宗昌《崂山志》卷一。

[3]《南史》：唐朝李延寿撰，中国历代官修正史《二十四史》之一，是合南朝宋、齐、梁、陈四代历史为一编的纪传体史书，记事起自南朝宋武帝刘裕永初元年(420)，止于陈后主陈叔宝祯明三年(589)，记述南朝四代一百七十年的历史。

[4]明僧绍：字承烈，平原郡商县(今山东省德州市)人。明经有儒术，南北朝宋元嘉(434—453)中期举秀才。永光元年(465)，镇北府，辟为功曹，不就。“隐长广郡崂山，聚徒立学”。《南史》卷五十有传。

[5]长广郡:东汉建安初置,治长广(今莱阳东),旋废。西晋咸宁三年(277)复置,治不其。辖境相当于今山东青岛崂山、莱西、海阳、即墨、莱阳等地。

[6]《汉书》:又称《前汉书》,东汉史学家班固编撰,是中国第一部纪传体断代史,与《史记》、《后汉书》、《三国志》并称为“前四史”。主要记述了上起汉高祖元年(前206),下至新朝的王莽地皇四年(23),共230年的史事。

[7]“成山”作“盛山”:《史记》中所说的成山,在《汉书》中被称为“盛山”。《史记》卷二十八《封禅书》:“于是始皇遂东游海上,行礼祠名山大川及八神……七曰日主,祠成山。成山斗入海,最居齐东北隅,以迎日出云。”裴骃《史记集解》引韦昭曰:“成山在东莱不夜,斗入海。不夜,古县名。”中华书局1992年版,第1367—1368页;《汉书》卷二十五上《郊祀志上》载:“于是始皇遂东游海上,行礼祠名山川及八神……七曰日主,祠盛山。盛山斗入海,最居齐东北阳,以迎日出云。”颜师古注引韦昭曰:“盛山在东莱不夜县,斗入海也。”颜师古自己解释说:“斗,绝也。盛音成。”《汉书》,中华书局1992年版,第1203页。

[8]吴王夫差:春秋末年吴国国君,吴王阖闾之子。公元前495—前473年在位。夫差十四年(前482),在黄池(今河南封丘西南)与诸侯会盟,与晋争霸,越乘虚攻入吴都。后来越再兴兵攻灭吴国,夫差自杀。

[9]《灵宝度人经》:道教经名,全称《元始无量度人上品妙经》,是道教第一部描绘神仙天界、凡人世界和幽冥鬼界的经书,产生于东晋。故吴王夫差登崂山得《灵宝度人经》之说,绝不可信。

[10]《春秋传》:包括解释《春秋》的《左传》、《公羊传》、《穀梁传》。《春秋》为儒家经典之一,相传孔子依据鲁国史官所编《春秋》加以整理修订而成。

[11]吴王伐齐:《左传》哀公十一年(前484)记载:“五月,公会吴伐齐。甲戌,齐国书帅师及吴战于艾陵,齐师败绩,获齐国书。”《公羊传》、《穀梁传》记载大致相同。其中的艾陵,一说在山东泰安南六十里,一说在莱芜东。杨伯峻以为后一说较准确。杨伯峻《春秋左传注》,中华书局1993年版,第1657页。

[12]徐承:吴大夫。徐承伐齐事见《左传》哀公十年(前485):“徐承帅舟师将自海入齐,齐人败之,吴师乃还。”杨伯峻《春秋左传注》,中华书局1993年版,第1656页。

余游其地,观老君、黄石、王乔[1]诸迹,类皆后人之所托名,而耐冻①、白牡丹花在南方亦是寻常之物，惟山深多生药草，而地暖能发南花。自汉以来，修真守静之流多依于此，此则其可信者。乃自田齐[2]之末，有神仙之论，而秦皇、汉武谓真有此人在穷山巨海之中，于是神仙之祠遍于海上，万乘之驾常在东莱[3]，而劳山之名由此起矣。

夫劳山，皆乱石巉[4]岩，下临大海，逼仄[5]难度，其险处土人犹罕至焉。秦皇登之，是必万人除道，百官扈从，千人拥挽[6]而后上也。五谷不生，环山以外，土皆疏瘠[7]，海滨斥卤[8]，仅有鱼蛤，亦须其时。秦皇登之，是必一郡供张，数县储偫，[9]四民废业，千里驿骚而后上也。于是齐人苦之，而名曰劳山也，其以是？

**注释：**

[1]老君、黄石、王乔：指崂山之老君洞、黄石洞、王乔崮。

[2]田齐：田氏齐国，史称田齐，为田氏代齐后的齐国，是战国七雄之一。前672年，陈完因避难入齐，事齐桓公，为齐国大夫，陈与田古音相近，故古书往往作田。人称“田氏”，田桓子时田氏开始强大，到了田和时流放了齐康公，自立为君，是为田和代齐。前386年周安王承认田和取代了姜齐。

[3]东莱：汉郡国名，今属山东省。辖境在胶莱河以东，岠嵎以北和乳山以东地。

[4]巉[chán]岩：巉，山势高峻。险峻的山岩。

[5]逼仄：狭窄。

[6]拥挽：拥，聚集；挽，牵引，牵拉。

[7]疏瘠：土地不肥沃。

[8]斥卤：含有过多盐碱成分的土地。

[9]储偫[zhì]：亦作“储峙”、“储跱”。储备，这里指存储物资以备秦始皇登山之需。

夫古之圣王劳民而民忘之，秦皇一出游，而劳之名传之千万年，然而致此，则有由矣。《汉志》言：“齐俗夸诈”[1]，自太公[2]、管仲[3]之余，其言霸术，已无遗策。而一二智慧之士倡为迂怪之谈，以耸动天下之听。彼其意,不过欲时君拥篲、[4]辩士诎服[5],以为名高而已,岂知其患之至于此也。

故御史黄君居此山之下,作《崂山志》,未成。其长君朗生[6]修而成之,属[7]余为序。黄君在先朝,抗疏言事,有古人节概,其言盖非夸者。余独考崂山之故,而推其立名之旨,俾[8]后之人有以鉴焉。

昆山顾炎武[9]亭林氏撰

**注释:**

[1]《汉志》:这里指《汉书》。《汉书》卷三十四《韩信传》有"齐夸诈多变"的记载。

[2]太公:即姜太公,本姓姜氏,其先祖尝为四岳,佐禹平水土有功,虞夏之际封于吕,从其封姓,故以吕为氏。名尚,字子牙,号飞熊,也称吕尚,太公望。辅佐周文王、周武王灭殷商,建立周朝。因功勋卓著,被封齐地。是姜齐及齐文化的开创者,也是中国古代的一位影响久远的政治家和军事家。

[3]管仲(前725—前645):名夷吾,字仲。谥敬,被称为管子、管夷吾、管敬仲。春秋时齐国著名的政治家、思想家。齐颍上(颍水之滨)人。出身微贱,后得到齐桓公的重用,辅佐桓公实行了一系列重大的政治和社会改革,以"尊王攘夷"相号召,使齐桓公成为春秋时期第一个霸主。著有《管子》86篇,今存76篇。

[4]拥篲[huì]:拥,抱持;篲,同"彗",扫帚。手拿扫帚,清扫道路,表示对来访者的敬意。这句话的意思是,不过是想让当时的君王迎请他们。

[5]诎[qū]服:屈服。

[6]朗生:即黄坦,黄宗昌之长子,字朗生。据《即墨县志》(同治版)载:"黄坦,字朗生,号惺菴,宗昌长子。崇祯壬午甲申,兵革两薄城下,从父登陴,与士卒同辛苦,其后赈饥荒、葺文庙、胥竭力为之。由副贡令浦江,洁己爱民,以家事去任,囊橐萧然,赖士民资助以归,去既久,怀之不衰。云所著有《秋水居诗稿》,祀名宦。"

[7]属[zhǔ]:古同"嘱",嘱咐,托付。

[8]俾[bǐ]:使。

[9]顾炎武(1613—1628):明朝南直隶苏州府昆山(今江苏省昆山市)人,本名继坤,改名绛,字忠清。明亡后,因仰慕文天祥学生王炎午的为人,改名炎武,字宁人,号

亭林，亦自署蒋山佣，学者尊为亭林先生。学问渊博，于国家典制、郡邑掌故、天文仪象、河漕、兵农及经史百家、音韵训诂之学，都有研究。晚年治经重考证，开清代朴学风气。其学以博学于文，行己有耻为主，合学与行、治学与经世为一。诗多伤时感事之作。著有《日知录》、《天下郡国利病书》、《音学五书》、《亭林诗文集》等。是著名思想家、史学家、语言学家，与黄宗羲、王夫之并称为明末清初三大儒。顾炎武青年时发愤为经世致用之学，曾参加昆山抗清义军，失败后漫游南北。顺治十五年(1658)，他从莱州到即墨，受到即墨名门黄氏家族的接待，游览崂山，结识了曾任饶州知府的莱阳进士张允抡及“复社”中坚人物宋继澄等人。并写下了《劳山歌》、《张饶州允抡山中弹琴》、《不其山》、《安平君祠》、《劳山考》等诗文。本文为受黄坦所托而作。

[校勘记]

①耐冻：民国五年本同，手抄本作耐冬。

# 序

宋继澄

山之有志也，志其盛，与夫山所自有，率皆述其山之得于人者也，而人之得于山者不少概见。崂无志，志之自黄侍御先生，则先生之所自为，俯仰于崂山沧海间者也。先生直谏触奸[1]，退而处潜，风雨晦明，天地之纪，庶其在兹。而先生曰："吾其以白草寒烟发二崂之光乎？"于其中而遭逢，曾不为先生易其居焉，此岂易持之人道哉！惟崂盘结耸峙，收齐鲁之秀，会大海气[2]，蓄而不洩[3]，持地维[4]于永终，而有以获乎？节之所止，其徵动发舒、卓然特立者，造化之形容也。君子比德焉，彼浮而不切之缘，判乎其不相入矣。故先生志之。

海上病叟宋继澄[5]澄岚氏题

**注释：**

[1]触奸：指崇祯初任御史的黄宗昌弹劾周延儒、温体仁等权臣，事见《明史》本传。

[2]"气"上疑脱一"之"字。

[3]洩：即泄，液体、气体排出。

[4]地维：地的四角。古人以为天圆地方，天有九柱支持，地有四维系缀。

[5]宋继澄(1594—1676)：字澄岚，号绿溪，晚年隐居莱阳万柳村，又号万柳居士，自称海上病叟。明莱阳(今山东省莱阳市)人。天启七年(1627)举人，善古文词，文名满海内，与其子宋琏皆为"复社"中坚人物。他是明兵部尚书黄嘉善孙婿，黄培妹夫。明亡后，隐居不仕，居黄宗昌所筑崂山玉蕊楼多年，设教于即墨，教授生徒，讲

学著书。与即墨之黄姓、蓝姓诸望族之文人结诗社,朝夕吟咏。清康熙五年(1666)受即墨“黄培文字狱”的株连,险遭不测,幸免于难。卒于康熙十五年(1676),墓在万柳村。著有《四书正义》、《诗经正义》、《万柳文集》一卷、《丙戌集》十六卷。

# 序

## 张允抡

山之高深，以人为高深者也。无人，则山不灵。然而人之自立于两间者，岂为山重乎？人伦之责，其忧方大，与山为缘，岂其本怀？顾天下无失己之人伦。道消道长，时不我与，出不可以为出，而处以当之，此固有深山中之人道耳。嗟夫！君子不幸而与山为缘，犹幸而得不愧于两间，则舒惨啸歌，亦安在不可一日百年哉！此志之不可以已也。吾悲夫先生处晦而困心，衡虑不得一伸，乃作山志。其亦重有憾也夫！

张允抡[1]并叔氏题

**注释：**

[1]张允抡(1609—1678)：字并叔，号季栎，别号栎里子，明莱阳人。崇祯七年(1634)进士，曾任户部主事，后授江西饶州知府。崇祯十五年(1642)辞官。明亡后，归里不仕，授徒自给。后受即墨进士、明御史黄宗昌之邀与宋继澄在崂山玉蕊楼、张村等处设馆教书十余年。卒于康熙十七年(1678)，墓在莱阳城东南宗格庄北山。张允抡工诗善琴能文，尤爱山水，曾遍游崂山名胜，其《栎里子游崂山记》收有游记十三篇，诗七十余首，对崂山的人文景观和自然景观记载甚详，所记年代有据可查者，上起清顺治六年(1649)，下迄康熙十四年(1675)。《栎里子游崂山记》于乾隆四十一年(1776)刊印，现尚存有孤本。并著有《希范堂集》、《廉吏高士传》二卷、《栎里子集》十五卷。

# 自　序

嗟！余今之日，乃为《崂山志》也。由今思昔，余乃为崂山中人矣。崂山何取于余，而实逼处此乎？余不敏，不见容于世，不获驰驱王事，上报天子，及于今也。崂山乃容余乎？春非我春，秋非我秋，环视天下，独有崂山耳。嗟乎！时所在，命所在也；命所在，性所在也。人道不昧，其崂山之力乎？余无足重于崂，而崂为余有，则崂所自立于斯世、斯人之会者，因缘不偶，是安可忘哉！志所见，志所闻。崂无心也，心乎崂者，其恍然于所见、所闻之外乎？

山史氏[1]黄宗昌自题

**注释：**

[1]山史氏：黄宗昌自号。

# 崂山志

## 总　目

即墨黄宗昌长倩甫[1]著　男坦朗生甫续

### 考　古

征所自始也。有天地即有此山，而以见诸经传者为足征，则所自始也。

### 本　志

志其发于中者也，感慨寄之矣。嗟乎！非敢慨世也，实自慨也。

### 名胜　附宫观建置

山所自有也。而因事触物，则人道在。斯与山相得，固不在形象中矣。

### 栖　隐

贤人君子之俯仰，在是也与？为无妄，山之气类可知矣。

### 仙　释

惟其远于尘纷也，故修养者入而有成；彼逐于外而神不守，则好名之误哉！

## 物　产

造化之德，丰于其本者也。氤氲不息而品物流行，则美利之源得也。

## 别　墅

性情所托寄也。旷然相遇，非类弗孚[2]。一丘一壑，而其人之生平，千古如在者。

## 游　观

登临凭眺，若有知遇，而知遇在《栖隐》、《别墅》，而不在《游观》也。过而问焉，而忘焉者之多也。况崂居东偏，而车辙罕至乎？取其题咏，以识山之所得耳。

附录　王御赤[3]大节，盖《志》成而有其事，因溯其游太平宫，遗行可风，故传以终之。嗟夫！君子而遇非常，患不得死所耳。巍矣！崂山正气固在天壤哉！

**注释：**

[1]甫：中国古代对男子的美称，多用于表字之后。

[2]孚[fú]：相应，符合。

[3]王御赤：即《崂山志》卷末之王曦如。

# 崂山志卷一

## 考　古

世有代变，山无古今，而可以古今言者，览已事[1]而知著，其以闻见为纪者也。崂处地东偏，当山尽海会之交，足迹所不及者盖多。其驾而来者，非有异遭[2]，必有殊行。而士之超然自脱者，往往入其中而得其所以自命，盖山之足以成物类，有然耳。作《考古》第一。

《齐记》[3]云："泰山虽云高，不如东海劳。"夫屈大①岳之尊，而与劳计长量短且逊美焉。劳之称，所从来矣。夫其镇东溟，砥狂澜，三齐灵秀，盘结起伏，委蛇奔腾，而归宿于此，宜其大哉！尝稽采编辑，《寰宇记》[4]言："秦皇②登劳盛山望蓬莱。"《汉书》言："逢③萌[5]养志劳山。"《独异志》[6]："王旻请于高密牢山合炼。"[7]《神仙传》[8]有："乐正子长[9]遇仙人于劳山中。"李太白诗云："我昔东海上，劳山餐紫霞。"[10]苏子瞻《盖公堂记》、《问养生篇》俱载劳山。[11]法显《佛国记》："自广州西北行，求岸，昼夜十二日，界长广郡劳山南岸④。问人，答言为青州属。"[12]劳之名，见于秦汉唐宋以及异域，在在而有。而劳之大，不以名也。夫秦皇、汉武所使求神仙迹，弃天下大计，终身想望而不得一见者；劳之服气知道士，且比肩至。此其所得于高山流水者，天地之逸气也。然则蓬莱、方丈[13]皆幻，而劳山其著矣。

## 注释：

[1]已事：往事。

[2]异遭：异常的遭遇。

[3]《齐记》：记述齐地之山川丘陵、贤哲旧事的著作，已佚，作者不详。据相关史料记载，东晋十六国时南燕青州（今山东省青州市）人晏谟著有《齐地记》；晋人伏琛著有《三齐略记》、《齐地记》或《齐记》；另据《隋书》卷五十八《杜台卿传》及《北史》卷五十五《杜弼传》载，杜台卿（杜弼之子）撰有《齐记》二十卷；司马贞《史记索隐》称解道彪（时代不详）著有《齐记》；《宋史》卷二百四《艺文志三》称，宋人张朏有《齐记》。此处《齐记》所指不可考。

[4]《寰宇记》：即《太平寰宇记》，乐史（930—1007）撰。书成于宋太宗太平兴国年间（976—983），是一部地理总志，共百卷。沿用唐朝分天下为十道的区划，记载了各地自前代至宋初的州县沿革、山川形势、人情风俗、交通、人物姓氏、土特产等。引用了历代史书、地志、文集、碑刻等典籍约二百种。由于所引诸书今多已散佚，故《太平寰宇记》的记载，极为珍贵。该书有清光绪金陵书局刻本传世，其缺佚部分据日本藏宋刻残本收入《古逸丛书》。

[5]逢萌，生活于西汉末东汉初，字子康，北海都昌人也。家贫，曾任都昌县亭长。后至长安求学，通《春秋经》。王莽当政，解冠挂东都城门，携家浮海，客于辽东。东汉光武帝刘秀即位后，隐居琅邪劳山，养志修道，人皆化其德。其事见《后汉书》卷八十三《逸民列传·逢萌传》。

[6]独异志：唐人李亢撰（《崇文总目》作李元），李亢生平事迹不详。唐代开成五年（840）在坊州撰书《唐修秦文公庙记》，此前任夏州节度掌书记。咸通六年（865）为明州刺史，曾撰《五龙堂记》。《独异志》在《崇文总目》、《新唐书·艺文志》、《通志·艺文略》、《宋史·艺文志》皆作十卷，原书散佚，传世明抄本与《稗海》本均为三卷，为后人根据残文重编。中华书局1983年曾出校点本（与《宣室志》合为一册）。书中所录皆“世事之独异”者。上至远古三皇五帝，下至近世隋唐，总括古今，是一部逸事兼志怪的小说集。书中除记述唐代流传的奇闻异事外，主要是对唐以前的各种各样的传说作了记载，起到了保存文献的作用。其中有些故事，在未发现新的古佚书之前，出处可以说是最早的，如女娲兄妹结为夫妇事，乐昌公主破镜重圆事等，均为后世民俗学家、小说戏曲家所取资。

[7]此条所记不见于今本《独异志》，当是作者误记，或出自散佚部分。王旻事本

出自唐代牛肃《纪闻》,该书称王旻为太和先生,是一位得道者。天宝初年,有人向唐玄宗推荐王旻,下诏征之,“至则于内道场安置。学通内外,长于佛教。帝与贵妃杨氏旦夕礼谒,拜于床下,访以道术,旻随事教之。然大约在于修身俭约,慈心为本,以帝不好释典,旻每以释教引之,广陈报应,以开其志。帝亦雅信之。……天宝六年,南岳道者李遐周,恐其恋京不出,乃宣言曰:‘吾将为帝师,授以秘篆。’帝因令所在求之。七年冬而遐周至,与旻相见,请曰:‘王生恋世乐,不能出耶?可以行矣。’于是劝旻令出。旻乃请于高密牢山合炼,玄宗许之,因改牢山为辅唐山。”牛肃《纪闻》原书也已佚,王旻事迹见于《太平广记》卷七十二《道术二》。

[8]《神仙传》,道教典籍。东晋葛洪撰,十卷。今本《神仙传》全书共录仙人八十四位,除容成公、彭祖二人外,皆为《列仙传》所未收。他书所引《神仙传》著录仙人数多超出今本,故现代学者多以为葛洪原书已佚,今本为后人所辑录。

[9]葛洪《神仙传》卷二曰:“乐子长者,齐人也。少好道,因到霍林山,遇仙人,授以服巨胜赤松散方,仙人告之曰:‘蛇服此药,化为龙,人服此药,老成童。又能升云上下,改人形容,崇气益精,起死养生。子能行之,可以度世。’子长服之,年一百八十岁,色如少女。妻子九人,皆服其药,老者返少,小者不老。乃入海,登劳盛山而仙去也。”这里所说乐正子长当即《神仙传》的乐子长。本书卷五《仙释》也作“乐正子长”。

[10]李太白:唐诗人李白(701—762),字太白,号青莲居士。自称祖籍陇西成纪(今甘肃天水秦安县)。有《李太白集》。这里所引的两句出自其《寄王屋山人孟大融》,诗曰:“我昔东海上,劳山餐紫霞。亲见安期公,食枣大如瓜。中年谒汉主,不惬还归家。朱颜谢春辉,白发见生涯。所期就金液,飞步登云车。愿随夫子天坛上,闲与仙人扫落花。”

[11]苏子瞻:苏轼(1037—1101),字子瞻,号东坡居士,眉州眉山(今四川眉山)人,北宋著名文学家、书画家。盖公为西汉初年胶西人,长于黄老之学,曹参为齐相时曾师事之,用其清净无为之法而齐大治。苏轼为登州太守时,建盖公堂,并写了《盖公堂记》,文中说:“胶西东并海,南放于九仙,北属之牢山,其中多隐君子,可闻而不可见,可见而不可致”,见《苏轼文集》第二册,中华书局 1986 年版,第 346 页;《问养生篇》为苏轼向吴子问养生的记录,其转述吴子的话中,有“吾尝自牢山浮海达于淮”,见《苏轼文集》第五册,中华书局 1986 年版,第 1982 页。

[12]法显:东晋高僧,本姓龚,平阳武阳(今山西临汾市西南)人。东晋义熙七年(411)八月,法显从狮子国(今斯里兰卡)循海路回国,遇风抵崂山南岸栲栳岛登陆。

并在不其城内翻译了部分佛经，在登陆处创建了石佛寺。著有《涅槃义记》、《佛国记》，与沙门智嵩等译《涅槃》诸经十余部。作者此处是对《佛国记》的撮述。《佛国记》写了法显随商船向广州航行时，遇到大暴雨，迷失了方向，走了七十余日后，粮食与淡水所剩无几，原文接着有："西北行求岸，昼夜十二日，到长广郡界牢山南岸。……得两猎人即将归，令法显译语问之。……又问：'此是何国？'答言：'此青州长广郡界，统属晋家。'

[13]蓬莱、方丈：古代传说东海中神山，为神仙所居。《史记·秦始皇本纪》："齐人徐市上书言：海中有三神山，名曰蓬莱、方丈、瀛洲。"

山史氏曰：子瞻为胶守，[1]劳山近在部中，日日所见，又从劳山下渡海达淮[2]，独不一蹑[3]其上，何也？以子瞻之高怀逸趣，足迹所至便抉幽奇，而于劳山，日在目中，足不一至，中必有故。子瞻，蜀人也。渠家青城、巫峡、峨眉、剑阁之胜[4]，生平曾不留念，顾拳拳[5]于虎林、阳羡、蕲黄、赤壁[6]之间。足知此老胸怀，乐疏荡而惮嶙峋，宜乎劳⑤山不能要其一至也。又惜此老未登嶙峋耳，登则嶙峋未始不如疏荡，人亦未始不以境而移其习者，人与山俱不相遇也。慨夫！

**注释：**

[1]子瞻为胶守：宋哲宗元年(1086)苏轼曾任登州(今山东文登)太守。

[2]渡海达淮：见前引《问养生篇》苏轼转述吴子的话，其实是作者误将吴子的话当作了苏轼的。

[3]蹑[niè]：踩，踏，登。

[4]青城：青城山，在四川成都市都江堰市西南。巫峡：因巫山而得名，长江三峡之一。西起重庆市巫山县城东面的大宁河口，东迄湖北省巴东县官渡口，绵延四十公里余。峨眉，峨眉山，位于四川省乐山市峨眉山市境内 。剑阁，又称剑门关、剑阁关，位于四川盆地北部，剑阁县城南，大剑山和小剑山之间。

[5]拳拳：诚恳、深切的样子。

[6]虎林：虎林即武林，是浙江杭州市西灵隐、天竺诸山的总称。阳羡：古县名，秦置，治所在今江苏宜兴南，六朝时移治今宜兴，隋改义兴县。蕲黄：湖北长江以北，

罗田黄冈以东地带。赤壁:在黄冈县城西北江滨,一名赤壁矶。山形截然如壁,而有赤色,故名。苏轼贬谪黄州时曾多次游览赤壁矶,作有前后《赤壁记》及《念奴娇·大江东去》等名作。

[校勘记]

①“大”,民国五年本同,手抄本作“太”。按武当山在明代曾被封为“太岳”,而“大岳之尊”一般多指泰山。当作“大”。

②“秦皇”,手抄本作“秦始皇”;民国五年本作“秦皇”。

③“逢”,民国五年本同,手抄本作“逄”。按《后汉书》卷八十三《逸民列传·逢萌传》记载,逢萌生活于西汉末东汉初,隐居劳山,养志修道。故应为“逢萌”。“逄”为“逢”的异体字。

④“界长广郡劳山南岸”,民国五年本同。手抄本作“界长广郡南岸”,无“劳山”二字。

⑤“劳”,民国五年本同,手抄本作“崂”。

# 崂山志卷二

## 本　志

物必有所衷与！为忧乐焉，扬诩其中而尽其才。性情之用，以类从也。大造无私愿，强就而茂对[1]者，各正其本。则山川草木，其荣落消长之故，为我挹取[2]，不亦多乎？作《本志》第二。

崂山居地一隅，而环处者海，则地气归宿于此也。惟其然，故通人大都，士常不与之遇，惟潜晦自命者，往往得而有之。不与之遇，势所限也；得而有之，性所孚也。天下惟①势所限者，必有其性所自孚之处。然则贤不肖[3]，固有其类矣。虽通人大都士不与之遇，而天地之灵秀自若，此崂山之所以为崂山也。

崂山之大也，不待琢而光相发者，天地自有之美。旷然心目，各得其所得，此固良工所不能施其巧，而寒暑不能易其色者也。吾取其朴质，其文其秀可餐②，君子居之。

天下具自然之美，足以③挹取者，率见④前止耳。有其美而增加为多，此以外为悦，失其自然者也，崂无是也。深山穷谷，处崚嶒[4]而无虞[5]乎艰危，何所[6]容吾修饰？高下从心，移步而形生，造化之理，殆有不可执一境以求之者，奚假人工哉？故纷华靡丽，崂无取耳。

**注释：**

[1]茂对："先王以茂对时育万物"的省称，语出《周易·无妄》之《象》辞："天下雷行，物与无妄。先王以茂对时育万物。"王弼注称："茂，盛也。物皆不敢妄，然后万物乃得各全其性，对时育物，莫盛于斯也。"孔颖达疏曰："茂，盛也。对，当也。言先王以此无妄盛事，当其无妄之时，育养万物也。"意思是说，天下雷行，万物震动而皆不敢虚妄，故能逢此盛时良机，全其本性，各尽其能，生长发育。

[2]挹[yì]取：挹，舀，把液体盛出来；挹取，汲取，获得。

[3]不肖：原意是子不似父。后来称不孝之子为不肖。这里与"贤"相对，指平庸没有出息的人。

[4]崚嶒：高峻突兀貌。

[5]虞：忧虑，担心。

[6]何所：何处。

山以静为德，崂无富贵气，而理大物丰，取精为多，则德产之致也。故物之所钟，滋于本，成于末，可以养元，可以厚终⑤者，多得之收敛固藏中，而发于性所自定，命所自立之地。然则枯槁寂寞，其与人之相成，何如哉！

事必求悦乎耳目，则乱之者至矣。斯以知因缘附会之足以丧身也。崂无所事夫雕文镂刻，故妇人女子之迹不至，而励志持行托足者，无以惑于他途。盖孤洁而不杂一膴靡[1]，为得天地之正气焉。是可以观矣。

嗟乎！君子岂求异人哉？处泥途而不污，如是而已。吾观崂之中，缁羽[2]虽分，庸流[3]杂处，若无足语，而知道者时入其中，未有识之者，犹是平常循习[4]耳。而操持质对，乃在日星河岳之间。士贵自立也，庸流虽多，乌能染人乎？

论曰：心之所向，凝结专一而不可陵夺者，志也。行之不得，则发于言，至言不可以直达，而委蛇运会，或托物以形之。诚有大不得已于中，古今人往往于⑥此要[5]之。其志也，百世可知。侍御先生[6]之志崂山，岂为崂山发哉？所悲愤、忧伤于天时人事中者，不可以口，故即山中茂对以⑦抒写之，而义自见。《本志》之所以作也。嗟夫！君子有怀，发言不苟，观全志而知先生之持纪于崂山者,《春秋》之义[7]也。

**注释:**

[1]膴靡:膴[wǔ],美,厚;靡,华丽、细腻。此指华美奢丽。

[2]缁羽:缁,黑色僧服,亦指僧侣。羽,本指鸟类或昆虫的翅膀,神仙家与道教以为得道者可以飞升,故称仙人或道士为羽人,亦以羽士、羽衣作为道士的代称。缁羽,指僧人和道士。

[3]庸流:平庸之辈。

[4]循习:因循沿袭。

[5]要[yāo]:求取,探求。

[6]侍御先生:指黄宗昌。

[7]《春秋》之义:由孔子修订的鲁国史书《春秋》,是我国第一部编年体史书。因其在谨严简洁的记事中,寓有道德评判的微言大义,故后人把春秋之义或春秋大义作为史书具有这一特点的代称。这里是说黄宗昌的《崂山志》具备与《春秋》相似的特点。

**[校勘记]**

①“惟”,民国五年本同,手抄本作“为”。

②“其文其秀可餐”,民国五年本同;手抄本为“其文秀可餐”。

③“以”,民国五年本同,手抄本作“人”。

④“见”,民国五年本同,手抄本作“现”。

⑤“终”,民国五年本同,手抄本作“生”。

⑥“于”,民国五年本、手抄本作“如”。

⑦“以”,民国五年本同,手抄本作“一”。

# 崂山志卷三

## 名　胜

物之贵乎著者①，为其得于②天者，有以发其光，斯贵之。而大文不饰③，大德不见[1]，大玉必璞[2]，又何以称焉？光不在人，耻所以眩④之者也。夫天地自有之良，岂以有所藉⑤资为名称哉？而或则以事不出于增加，名弗著也。夫名山大泽，岂其待人后兴乎？崂之盛也，高与为高，大与为大，朴与为朴，秀与为秀。幽倩夷险，入其中而静观不妄，具⑥自有之色象。即一域⑦而造物之蕴，足证俯仰[3]。况山海所会，气大而力举，贞斯安焉，为难变哉！[4]志名胜第三。⑧

驯虎山⑨[5]　县志[6]载不其[7]令童恢[8]驯虎于此。

王乔崮[9]

**注释：**

[1]见：同"现"。

[2]璞：蕴藏有玉的石头，也指未雕琢的玉。

[3]俯仰：举动，举止。

[4]贞斯安焉，为难变哉：贞，正也。斯，连词，就。安，安放，设置。焉，语气词，无实义。这两句的意思是说，天地之正气，或者说崂山得之于天的高、大、朴、秀之气就

被放置在这里。这种“天地自有之良”,要想人为地改变是很难的。

[5]驯虎山:在即墨市南十里。因不其令童恢曾驯虎于此而得名。事见《后汉书》卷七十六《循吏传·童恢传》。

[6]县志:指《即墨县志》。

[7]不其:古县名,设于西汉,因山为名。治所在今山东青岛市崂山西北,北齐废,隋开皇十六年(596)复置,同年并入即墨。晋及南朝刘宋时曾为长广郡治所。

[8]童恢:字汉宗,东汉琅琊姑幕(今山东省诸城市)人。曾任不其县令。政绩卓著,牢狱连年无囚。后擢升丹阳太守。童恢去世后,不其百姓建童公祠,年年祭祀。

[9]王乔崮:位于华楼峰和高架崮之东。王乔即王子乔,《列仙传》:“王子乔者,周灵王太子晋也,好吹笙,作凤凰鸣,游伊、洛之间。”相传王子乔曾在此崮顶吹笙遨游,故名。元代礼部尚书王思诚有《王乔崮》七言绝句:“仙子吹笙何处游,碧天明月几千秋。谁知万叠崂峰顶,犹有遗址在上头。”崂山有两个王乔崮,另一个王乔崮在崂山水库北岸,位于惜福镇东南4.7公里处,该崮属三标山支脉,明代永乐年间因有王、乔二姓避战乱于该处,故名。

**黄石宫**[1] 小径崎岖,自下而上凡三级,下、中、上分焉。径颇狭,当径者,洞也。人从洞中出入,过洞为下黄石。庙前古柏伟甚,土半封,饶幽倩⑩而少宽平。绝壁下有黄石洞,洞石色黄,其所得名者也,非有圯⑪桥老人[2]也。折而上,而东,而北,为中黄石,千寻[3]石壁,峰峦回环,下有泉清冽,大旱不涸。再北上里许,为上黄石,老君堂在焉。居高而俯视者,可以审所处矣。⑫

**华阴** 华楼之阴也。黄石在其北,四山环列,伏而处者,非其人弗乎。胶西赵公[4]卜筑[5]于此,名其楼曰“皆山”。及高文忠[6]建节启、祯,耻与宦官同事,退而山居。赵重之,以华阴授。文忠忧心国事,会山泽之气,以正志蒙难,无愧青史者,得于华阴之潜操为多也。

**华楼**[7] 胜地多,拔其最者八,皆天成者也。自华阴南踰[8]白沙河[9],陟崚嶒[10],折而西,历级缘萝,不可以车。毕登,有石似楼,是以名之。松石错出,群峰左右列,阔然而大,幽然而深,巉然而峻,夷然而坦。碑书“海上名山第一”,信不诬。

## 注释:

[1]黄石宫:又名黄石洞。明万历版《即墨志》卷二称“在华楼迤北五里许”。建于元代,祀三清。明代崔道人成道于此,清代光绪年间倾圮[pǐ]。

[2]圯[yí]桥老人:圯桥,古桥名。在今江苏睢宁县北古下邳城东南小沂水上。相传秦末张良与黄石公相遇的圯上就在这里。老人,指黄石公。

[3]寻:古代长度单位,八尺为一寻。

[4]赵公:明代胶州人赵任,曾任大理寺评事,晚年在华阴建别墅,名皆山楼。

[5]卜筑:择地建筑居所。

[6]高文忠:高弘图(1583—1645),字研文,号硁斋,明代山东胶州(今山东省胶州市)人,万历三十八年(1610)进士。天启初年任御史,因正直敢言,为魏忠贤所排挤,一度归休闲居。崇祯即位,再度起用为御史。五年(1632),迁工部右侍郎,因耻与宦官共事,七上疏乞休,被罢黜在家,十年不起。明崇祯五年(1632)至十六年(1643)的十年间,高弘图被罢黜闲居期间,曾游崂山,热爱华楼一带的美景,正值赵任年老思归故里胶州,故将他的皆山楼赠给了高弘图,高更名为太古堂。崇祯十六年(1643),朝廷以南京兵部右侍郎,再次起用高弘图,不久迁户部尚书,又改礼部尚书兼东阁大学士。为马士英、阮大铖所排斥,同年十月,四疏乞休获准。流寓会稽(今浙江绍兴)。顺治二年(1645),清军破杭州,高弘图携一幼孙逃入一野寺中,绝食九日,卒于会稽之竹园。有《太古堂集》,《明史》卷二百七十四有传。

[7]华楼:即华楼山。位于青岛市崂山区北宅镇毕家村西,海拔350米,因山巅的“华楼石”而得名。该山是古时西进崂山的主道,土地富饶。隋唐时,山上建有玄元殿。至元代,刘志坚弃家入道,在碧落岩下结庐修行,留下了众多的道家心得及语录石刻。刘志坚死后,其门人于元泰定二年(1325)建起华楼宫,文人雅士趋之若鹜。元代礼部尚书王思诚,明代蓝田、陈沂、邹善等,皆留下了诸多题刻,使该山及黄石洞成为崂山摩崖石刻最密集的胜地。

[8]踰:同“逾”,越过。

[9]白沙河:发源于崂山巨峰海拔千米的天乙泉,是青岛地区水位最高的河流,号称“青岛天河”。全长32公里,跨崂山和城阳两区流入胶州湾。

[10]崚嶒[líng céng]:高耸突兀。

**高架崮**[1]　远望华楼侧，数峰冲霄，此其一，所谓近天尺五者也。

**梳洗楼**　上干云，下绝壑，无着手足处。有刘道人者登焉，道其上有洞，供一石像，得玉盏，持之下。邑令[2]取而去，贪人见小失大，类如是夫。⑬

**翠屏岩**[3]　有古柏四五树⑭，根生石外，不假土壤而虬[4]然立，曾不改柯易叶，天所厚以贞坚之气者，固无待于丰美之区，而挺生千古矣！⑮

**凌烟崮**[5]　峭然壁立，径偏侧，攀援乃得渡，恐不及持则失足，游人惮之。上有石塔，下有洞，为元使臣刘志坚[6]修道处，其遗蜕在焉。天启辛酉[7]，雨，大洞石崩。蜕见，肤发宛然无损。人相传为道人死不朽，抑知人之所以不朽者，岂发肤也耶！⑯

**玉女盆**　巅有窪处如盆，水盈其中，不涸。自邑中少年携妓浴之，水遂绝。物之洁，死不受污，奈何其甘心安之？悲夫！⑰

**天液泉**　与玉女盆并列者也。石上出泉，大如盂，不溢亦不竭，好事者彻去⑱水，夜复盈。君子之盎然于天地间者，岂人所得而损益之哉！

**注释：**

[1]高架崮：也称“高家崮”，华楼景区内最高的一座山峰，海拔 407 米。是一花岗岩石崮，东壁高大陡险，西壁有长达 100 米的“一线天”景观，顶部较为平坦。据说明代永乐年间，“永乐扫北”时，有一高姓人家为避难，在山顶上筑室居住，因此得名。

[2]邑令：指即墨县令。

[3]翠屏岩：翠屏岩在华楼宫后右上方，峭崖壁立，高宽各约 20 米，石色苍翠斑斓，如张起一幅锦屏。岩上有明代文人、山东参政陈沂书写真、草字体的“翠屏岩”各三字。东有明代蔡叔逵镌草书“东海胜游”四字。岩下有一形如卵壳的圆洞，名“玉皇洞”，高深各 2 米，洞壁光滑，洞内原供奉石雕玉皇像一尊，为元朝达鲁花赤监造。洞内石壁左上方镌有《蓝田题记》，其文为：“莱州府同知南津陈栋登州道指挥平山王住同游北泉蓝田题”，为明代刻石。金代举人、即墨人朱仲明有《玉皇洞》七言绝句：“石窍崆峒透上方，云封紫翠郁苍苍。谁开混沌烟霞洞，呼吸阴阳纳晚凉。”洞前有一块草地，相传是玉皇殿旧址。从翠屏岩北上，岩石上有 4 小洞，洞中都曾有塑像，名

“七真洞”、“三阳洞”。再西上有虎啸峰、凭虚石、玉女盆等名胜。与玉女盆并列有天液泉，又名天眼泉，泉水经年不涸。明代嘉靖年间进士、山东提学邹善游此处时留有《翠屏岩》诗：“白云罩翠屏，望望静如削。坐久谈忘归，崖头松子落。”

[4]虬[qiú]：古代传说中的有角的龙，后用来形容盘曲、卷曲的样子。

[5]凌烟崮：凌烟崮位于华楼峰之西，在华楼宫西北上方，与华表峰东西遥遥相对。大石垒叠在峰顶，如人工筑成的平台，四周陡峭，危不易登。人从峰东窄径西去，数十步便到路尽头。石壁上有人凿脚窝五六处，须手攀脚蹬始能登上，下临深渊，偶一失慎，便会粉身碎骨。崮顶为一平台，台上有大石，上凿一洞，洞旁有砖砌坟墓，名“老师父坟”。崮南侧有石洞，埋葬着元代道士刘志坚的骨骸，洞上镌“灵烟坚固，永丘之坟”，侧畔直刻四行字：“云岩子，刘志坚，永丘门，三阳洞。”崮前石壁上刻有长诗一首，附近石刻多为元代遗迹。凌烟崮又称“灵烟崮”，元代朱铎有《灵烟崮》七绝一首：“峻槛怪石锁山烟，飞渡此间不老仙。传得祖师衣钵在，不知寒尽不知年。”

[6]刘志坚(1240—1305)：博州人。原为英王掌管鹰坊，元世祖至元八年(1271)弃家入道，至崂山为华山派道士，号云岩子。他的功绩主要是主持创建了华楼宫，但因不通文墨，在道教理论与宗派方面的建树不多。元泰定三年(1326)，集贤学士赵世延撰有《云岩子道行碑》，碑文今存。

[7]天启辛酉：明熹宗天启元年(1621)。

**南天门**[1] 在华楼前。砥石[2]如台，乔松之荫人，大如屋。居高而平崖特出，坐卧其中，东南望巨峰诸胜，迥然[3]心目。嗟乎！阊阖[4]谒帝，奈高悬何？昔者已矣！可胜号泣！⑲

**白鹤峪**[5] 吾仪庭[6]所尝啸歌于此也。自华阴而南，经黑⑳牛石，委折入两山夹涧，水从中出，千章之木与巨石累累错而立。涧以石萦[7]㉑，亦以石阻，阻愈萦㉒也。水来急，不得直下，激而成声，盈涧上下，折而得诸澎湃中者，高下远近与俱深矣。峪之南有削壁，望若屏。巅头悬泉，自上而下，如匹练，曰“天落水”。水落成潭，清冽可自鉴也。仪庭㉓癸未成进士，归尝悒悒[8]，恐置身无所，入白鹤峪，曰：“庶几[9]㉔老此乎？”作镜岩楼，读陶诗，临颜楷，断余事以自励。㉕惜吾不获见其所终，而崂山之魄力相成，固有如是者。㉖

**注释：**

[1]南天门：在华楼宫前，为华楼宫之南的一座名峰。石崖向南突出，上平如台，大可一亩，东西南三面皆临深壑。处其上，北看华楼山，西南望石门山，南观五龙山，东眺梳洗楼，秀峰环列，如展画屏。独东南一面，露一缺口，远远望去，巨峰一带重峦叠嶂，似千万枝剑戟，高插云端，景色尤奇。台偏北，有大石矗立如屏，石旁苍松，虬曲多姿，石前有明代即墨知县许铤所立"胜览"碑一座。另有明代山东提学邹善"最乐处"等题刻。南天门巨石侧有一人工开凿之小洞，因洞中曾供奉过王重阳，故称"重阳洞"，洞北有明代诗文刻石。明代周姓即墨县丞有《南天门》诗："千重紫气拥天关，不驾长虹不可攀。识得丹头无著相，天门只合在人间。"

[2]砥石：磨石。

[3]迥然：形容差别很大。

[4]阊阖：传说中的天门，亦指皇宫的正门。

[5]白鹤峪：又名白鹤涧、鹁鸽峪，是一处小幽谷，位于华楼山西北。四面岩壁环耸，东南削壁若屏，有一悬泉自高处泻下，如素练挂于天空，名"天落水"。水落成潭，名"白鹤潭"。潭清似镜，清冽甘美。明代即墨进士黄宗庠有《白鹤峪》诗："山深泉愈响，石险路难穷。屋隐千林表，烟生一径中。湿云归洞白，霜叶等花红。何用清尘虑，萧萧满涧风。"

[6]仪庭：即黄宗庠，字我周，号仪庭，山东即墨人。明末进士，性恬淡，不乐仕进，曾在白鹤峪筑镜岩楼居之，自号镜岩居士。有诗集行世。

[7]萦：绕。

[8]悒悒[yì yì]：忧愁不安的样子。指心里郁闷，不快乐。

[9]庶几：或许可以，表示希望或推测。

**石门山**[1]

**中心崮**[2]　孤峰高入云中，西来诸峰未有凌其上者。

**那罗崮**　两石相罗，周可数百围，即其山之顶也。游人自西北转而东、而南，倚石力登始上，顶平如砥。东有两峰壁立万仞，相距丈许，光如磨砻[3]，裁肪截玉可相喻。横担两石条，宽不盈尺，厚半之，亦如磨砻者，方如井口，天成也。

**华阳书院**[4] 从南天门右出，南下，万树森立，据山之半，抱而不脱。少司寇蓝公㉗[5]见忌于小人，乞休归，号“大崂山人”。建置于此，以识不得已而去朝廷，励后人，思所以尽臣道者。

**松风口**[6]

**烂柯桥**[7]

**大崂观**[8] 从此东南入九水，无人家居。止两山夹涧，水曲折出，游人穿石渡涧，石或直来，或旁受；或近，或远。远则以杖力跃过，骑不得入。

**注释：**

[1]石门山：位于即墨县城南约40里，华楼山西南，海拔570米，山巅有两峰，对峙如门，故名。天气将阴时，云气缭绕峰头，景色极为迷人。山势险峻，不易攀登，其最高峰为中心崮，卓立如椎，旁有那罗崮磐石相叠，从那罗崮的西北，转东再南，倚石方能登上形如平台的山顶。山上还有皇姑洞（又名黄崮洞）、仙姑坟、仙人桥、千花顶等名胜。山南麓为石门庵，后倚危峰，前临陡涧，极为幽静。清代即墨文人杨还吉有《雨中望石门》诗：“微雨丝丝杨柳风，石门烟雾有无中。呼童急扫藤萝径，雨里山光更不同。”

[2]中心崮：石门山最高峰。

[3]磨砻[lóng]：亦作“磨垄”，磨石。

[4]华阳书院：位于华楼山前华阳山的南麓，占地一亩余，背崖俯溪，东西排建两幢木砖结构平房，各3间，取名紫云阁、文昌阁。为明代即墨人蓝章所建，其子蓝田增修。蓝氏后人多就读于此，约在清道光年间始废。

[5]少司寇蓝公：蓝章（1453—1525），字文绣，即墨人，明成化二十年（1484）进士，曾任贵州道御史，陕西巡按，弹劾不避权贵。后上疏乞休归，筑别墅于华楼之阳，号大崂山人。著有《大崂山人遗稿》。

[6]松风口：在华楼山，元代王思诚品题的华楼十四景之一。位于南天门东约三里一处峡口。因万松森列，两山夹峙，故名。明代即墨县县丞周璠《松风口》诗曰：“悬崖古树尽虬龙，行到仙坛别有风。一片涛声天上落，袭人犹觉翠蒙蒙。”

[7]烂柯桥：华楼山松风口西夕阳涧前的一座石桥，元代王思诚品题的华楼十四

景之一。

[8]大崂观:位于大崂村东,后环白沙河,前对芙蓉峰,土地平旷,竹木清幽。建于元代,又名真武庙,祀真武、老君。明代万历年间重修,正殿三间,院宇整洁,环境清幽。观左有一片竹林,林北河中有龙潭湾,湾中产仙胎鱼,味极鲜美。清代文人王卓如《宿大劳观》诗云:"斜阳下西岭,炊烟远弄景。道人知客来,伫立久延颈。山深天易暝,连床人尚醒。万籁寂无闻,泠然一声磬。""文化大革命"初期,观内神像、文物、庙碑全部被毁,后为工商总局青岛干校使用,现辟为观光游览场所。

**一水**[1] 大石累累万状,当涧横斜卧。人寻其易履者,转折渡之,水涌来触石,激而声闻震谷。人对语,非大呼,则水声夺耳不能听。谓群声不足乱人乎?有定力者,虽纷至,不扰矣。㉘

**二水** 叠石排空,如壁立,如蹲踞,如十人坐至百人坐,错落涧中。或径其上,或㉙回环㉚乃得过。前行者数武[2],后即不见。秀壁在侧,清流潇洒,幽潜之入人[3],可以忘归。

**三水** 绝壁东向,苍翠袭人。下有深潭大二亩许,潭水清澈。壁上花草,俯视潭中皆可指数。潭之旁,数十大石横列如桥可渡,而下有水声。不湍不激,悠然入耳,真足涤人烦襟,此造化自有之施设㉛也。

**四水**[4]

**五水** 峭壁危岩,青翠夺目。自然之文,非可袭取。于高下相承中,若有樵踪者,意将有人居近也。

**六水** 山愈险,水愈急,响若惊㉜雷。其北一峰高入云,是人迹所不至者。

**七水** 于溪曲径㉝折中,始见有错而居者三四舍,儿童见人至,皆惊避去,习见之误人如是。㉞

**八水**

**九水** 有庵可止,庵之西山为先古洞。从庵之东南行,有内九水[5]。游人不知深入,多失之。其山之崒嵂[6],路之㉟延斜,较外水为甚。攀危岩,跻邃谷,扪萝探棘,乃得尽游兴。

过一水、二水、三水[7]，为鹰窠河[8]。峭壁高不可极，其上乃多鹳[9]鸟㊱，人莫能患之也。鹳有黑、白二种，上飞凌云㊲，下食苍松，伏卵哺雏，坦无避㊳忌。游人发石众动㊴，鹳居其㊵上，若不见不闻者，其亦有所恃哉！然吾恐徒恃其高，将有不可恃者矣。㊶

**注释：**

[1]一水：白沙河源出崂山巨峰天乙泉，河水经山脚而折流，有九折；人行河畔小路，转折处须涉水而过，亦九涉；每涉一次为一水，故称九水。九水又分内九水、外九水（内九水和外九水合称北九水）和南九水三路，其中以北九水的景观最为著名。北九水为白沙河上游，有内外之分，自大崂观至太和观为"外九水"，自太和观至鱼鳞口为"内九水"。这里的"一水"，是外九水的"一水"，又称菊湾，南有玉笋峰，北有黑虎山，两山相夹，中为大涧，涧底巨石交错，姿态万千。以下从"二水"到"九水"，是从下游上溯，详参本书后所附周至元《游崂指南·北九水胜迹》中关于"外九水"的介绍。除特殊情况外，不再一一注释。

[2]武：古以六尺为步，半步为武。

[3]幽潜之入人：幽潜，深水。这里指二水深幽之美令人赏心悦目。

[4]四水：四水有南北两峡对峙如门，名天梯峡，水自峡涧中涌出，银花四溅，声荡幽谷。三水建水库后，此峡已沉身库中，仅可见露出的对峙石壁。

[5]内九水：崂山白沙河上游自太和观至鱼鳞口为"内九水"。

[6]崒嵂[zú lǜ]：崒，高峻而危险；嵂，山高峻貌。崒嵂，高峻。

[7]过一水、二水、三水：这里指内九水而言。

[8]鹰窠河：即内九水的内三水。其东北岩峭水急，流水破峡飞泻，形成马尾状的短瀑，名"马尾瀑"。这一带林木茂盛，有很多鹳鸟，当地人称之为山鹰子，这条涧溪也称为"鹰窠河"。黄公渚《崂山纪游百咏》其十二曰："鹰窠河畔日昏黄，九水分流入下方。破庙无僧集蝙蝠，阅人佛亦厌津梁。"

[9]鹳[guàn]：水鸟名，羽毛灰白色或黑色，嘴长而直，形似白鹤，生活在江、湖、池沼的近旁，捕食鱼虾等。

**风口石屋**[1]

**圈子裏**[2]　四面㊷皆绝壁，西入东出，水从中流。游人叫号如瓮中音。乳泉在壁，乳下滴，以手承之，饮若甘露也㊸。

**滴水檐**　大石横涧中，水为石阻，不得下，壅[3]为深潭。潭满水溢，则从石面分流，共数十道，垂如檐也。㊹

**玉鳞口**[4]　周回峭壁如月城[5]，人从西北入，东南壁高处，数丈之上有石门，瀑布从中下如海立。壁半空，石凹如㊺盆，水落其中。既盈，复从盆中出，落地成潭，深不可测。去瀑布可二十步，巨石岌嶪[6]。游人居石㊻上，或遇回风一射瀑布，则水且扑面来，亦奇观哉！

**牡丹窑**　有花似玉兰，考诸谱，所谓木兰者是。玉兰先花后叶，此则叶先，花瓣十二出，白且香。喜阴恶阳，生山后，易㊼植之，见日即枯。性之不可拂[7]，夫物亦然，欲强而从人，何㊽哉！

其自西南山势，以溯巨峰诸胜，则派相属[8]者，女姑、浮山、石屋、小崂，统纪所在也[9]。入其中，而本末终始㊾，君子审之。

**女姑山**[10]　去墨城四十里，大海在东南，而环山至者，居女姑西。女姑，其东岸也。《汉书》：不其有太乙仙祠㊿九，此其一，武帝所建明堂遗址在焉。[11]

**注释：**

[1]风口石屋：即内八水。南为“冷翠谷”，故又名“冷翠峡”，俗名“风口石屋”。峡谷涵幽，终年不见日光。

[2]圈子里：在风口石屋东，又名金华谷。因处于内八水“大龙门”、“二龙门”之间，山峰弯曲似弓，翠嶂环抱如城，壁上镌有“月城”二字，四面皆绝壁，故俗名圈子里。

[3]壅[yōng]：堵塞。

[4]玉鳞口：即鱼鳞口，是内九水的尽处。

[5]月城：即圈子里。

[6]岌嶪[jí yè]：高峻貌。

[7]拂：违，违背。

[8]相属[xiāng zhǔ]:相连接。

[9]"女姑"两句:亦即女姑、浮山、石屋、小崂等山峰均为巨峰支脉。

[10]女姑山:女姑山位于即墨县城西南约40里,胶州湾东岸,海拔59.2米,相传汉武帝曾在山上建有"明堂",是崂山著名的景点之一。清朝杨士钫有诗《女姑山》:"女姑山北海重围,一带清寒压板扉。人坐空堂燃柏子,打窗风雨夜来归。"女姑山与浮山、石屋、小崂皆巨峰支脉。

[11]此处为节引,《汉书》卷二十八上《地理志上》原文曰:"不其,有太一、仙人祠九所,及明堂,武帝所起。"太乙,亦作"太一",道家之"道"的别称,指宇宙万物的本原、本体。此指天神名。武帝,即汉武帝;明堂,古代天子宣明政教的地方,凡朝会及祭祀、庆赏、选士、养老、教学等大典,均于其中举行。

**浮山**[1] 倚危峰,面大海。登其巅,古迹岛其对处者。俯视海色与日光相起伏,濒海诸峰,若浮而出也。先大父[2]未遇时,尝肄业[3]于此。阶前有银杏四,大而丰,不记年所。大父日倚徙[4]焉,曰:"其贞其洁,期无负此树耳!"嗟余不敏,敢忘所自哉!

**石屋门**[5] 大如城门,宽深过之[6]。度其中,可坐二十人。东北一窟,探之无际。又东百步许,如㉛有"石老人",高二丈余,孤立滩头,锐下而丰上,一孔居中,透明如半月然。

**小崂山**[7] 形如覆盆,群山耸峙,而此独小。小而得统,岂所尊重者,固不在人所㉜夸示间耶!

**烟游涧**[8] 巨峰尚远,此其门户也。

**砖塔岭**[9] 自下而上至岭,甫[10]八里许。其风物遂与下方殊,长林苍崖,幽然绝尘矣。

**风口**[11]

**束住岭**[12] 巨峰正脉,至此为左右两涧之水束住也。由此上至铁瓦殿,皆长堤,乔松异草夹道生。潺潺者,两涧水也。应接耳目间,不俟[13]涤荡而逸气自生。乃知天人之界[14],止此一息耳[15]。旧染污俗[16],可不慎哉!㉝

**注释:**

[1]浮山:是崂山向青岛市区延伸的支脉,主峰海拔三百多米,南临大海,九峰排列,峻峭秀拔,有“浮山九点”的美誉。

[2]大父:祖父。这里指黄宗昌祖父黄作孚。黄作孚(约1516—1586),字汝从,号讱斋,明嘉靖三十二年(1553)进士。曾任高平知县,因不附严嵩,被罢。

[3]肄业:古人称修习课业为肄业。

[4]倚徙:徘徊,走来走去。

[5]石屋门:在浮山东二十里午山南麓、石老人村之西南濒海处。

[6]宽深过之:宽度和深度超过城门的长度。

[7]小崂山:位于沙子口街道西约2公里处,为崂山午山支脉的一个山头,南北走向,主峰烟台顶,海拔269米。小崂山山腰以下土地肥沃,阡陌纵横,山顶则岩石险峻,林木葳蕤。早在1700多年前的晋太安二年(303),渤海的朱泰武、羌公烈等人就曾来此游览,并刻石为记,这些文字至今仍清晰可辨。山顶有一巨大土堆,俗名“公主坟”,传为古代一位公主和她所骑的白马葬身之处,另有一说是当地抗倭英雄王虎的衣冠冢。

[8]烟游涧:即烟云涧。此处常有海雾弥漫,犹如云烟,故名。是旧时游巨峰的正南门户,两山相夹,岩石苍秀,山径曲折,绿树浓荫,涧水潺潺,景色宜人。清代雍正年间即墨文人范九皋有《烟云涧》诗:“涧路何重重,烟云锁碧峰。黄精初煮夜,红蕊正凌冬。绝壁看栖鹤,深山数晓钟。不知尘世外,多少羽人踪。”

[9]砖塔岭:位于流清河上游的蟹子夹山东南,由烟云涧沿涧底北上2公里即可到达。岭上旧有砖塔一座。岭东有洞,大如屋,上镌“金壁洞”三字,因洞壁石呈黄色而得名。离此洞不远,还有“银壁洞”,洞上也有题刻,但字迹已漫漶不清。

[10]甫:刚刚,才。

[11]风口:在砖塔岭北,又名风岸。

[12]束住岭:周至元《崂山志》卷二《形胜志》:“束住岭,为巨峰正脉。岭下有两道涧水,左右前来汇合,好像岭被涧水束住,故名。”

[13]俟[sì]:等待。

[14]天人之界:界,隔,隔开。指天上人间或仙凡的分界。

[15]止此一息:息,消除。这两句是说仙凡之间的差别,到这里消除了。这是以另一种方式赞美这一带美如仙界。

[16]旧染污俗:语出《尚书·胤征》:"旧染污俗,咸与惟新。"污俗,恶习,不好的习惯。指以往染上的不好的习气。

**铁瓦殿**[1]　为下巨峰[2]。居高而山不厌高,层峦叠嶂,如出云端。乔松之布其上者,若虬龙,若车盖,皆根从石隙出。夜半仰见星斗,较下方若大。岂真与天近耶?天之高,谁可量度?谓天近者,妄意窥天者也。[54]

**老君洞**[3]　缘梯乃得上,乳泉下滴不竭。

**白云洞**[4]　去铁瓦殿东可二里,泉自壁上落,响声如涨,伏流不知所往,来有声,去无形,异哉!人以其异而称之,君子置弗论,慎所趋也。[55]

**金刚崮**[5]　在老君洞南,其上有峰曰"灵旗峰[6]",再西北上曰"卦峰",再上则中巨峰之白云庵也[7]。履愈高,心愈平,目愈旷,神愈敛,君子所以慎身名也。[56]自庵东[57]东上[58]二里为慈光洞[8],壁穷径绝,上有隙,梯而出,俯视海光,如在足下矣。洞左一窦[9]如龛[10]然,明而洁,居其中,可自鉴也。从隙下寻径,三四里为自然碑[11],穹窿[12]削直,本修额短,造化无心而呈象道固如是。碑之上有七星楼、新月峰,回顾灵旗、金刚诸峰,当于杖底得之。然仰面巨峰之巅,犹在天上也。天下事不可自恃为已至,恃其有余乃得不足,其勿取自为限也。陟而谋诸杖,径愈险,策愈力,安可量哉![59]

**注释:**

[1]铁瓦殿:在崂山巨峰之下,东住岭上。始建时代不详。因殿顶覆铁瓦而得名。后脊青山,面临大海,是崂山地势最高的殿宇。清康熙年间(1661—1722)毁于大火。

[2]下巨峰:在铁瓦殿一带。清代孙凤云《游崂续纪》:"(距白云洞)里许铁瓦殿,是为下巨峰。"蓝水《崂山志·名胜》也把巨峰分为下巨峰(铁瓦殿一带)、中巨峰(慈光洞一带)、上巨峰(崂顶)。

[3]老君洞:在铁瓦殿上方,又名"犹龙洞",是一座天然的叠架石洞,洞内供奉太上老君及道教"南五祖"、"北七真"。明代隆庆二年(1568),山东提学邹善来游崂山,

嫌老君洞之名称不够雅致,同游即墨知县杨方升取《史记》中"吾今日见老子,其犹龙也"的记载,更名为"犹龙洞"。洞前有一巨石,上镌刻"鳌老龙苍"四字。

[4]白云洞:崂山白云洞有二:一是位于崂山区王哥庄街道办事处雕龙嘴社区西山的白云洞,它背山面海,风景秀丽,海拔380米,属崂山全真道教金山派庙宇。蓝水所著《崂山古今谈·白云洞》中说:"清建,在海拔四百米楼门峰之阳。余脉东走南转结成大仙、二仙上。"周至元《崂山志》也说:"(白云洞)在大仙山巅,背倚危岩,前临深涧,二仙山峙其东,望海门矗其西,东南俯视大海,气象万千。洞系三巨石结架所成,深广可丈许,供玉皇于其中。……洞额镌白云洞三字,是日照尹琅若题。"二是位于崂山巨峰上的白云洞,明代蓝田称其"甲于巨峰"。周至元《崂山志》:"(巨峰白云洞)在铁瓦殿东二里,俗名避牛石屋。势甚穹敞,有暗泉落石隙间,潺潺有声。"这里指的是后者。

[5]金刚崮:位于铁瓦殿西企鹅峰南,直插青天,恰似一威猛金刚傲立群峰之中,故得名。

[6]灵旗峰:原名"仙台峰",位于巨峰东南,秀削而薄,如旗展开,故名。又因山顶有三小峰东西排列,俗名"三层崮子"。蓝水《崂山古今谈》称:"灵旗峰,又名仙台峰,在巨峰左侧,其高仅次于巨峰。"

[7]白云庵:一说即铁瓦殿,但铁瓦殿在下巨峰,白云庵在中巨峰,二者当有别。

[8]慈光洞:是一花岗岩天然石洞,呈卵形,洞中可坐数人,洞上刻有明代著名僧人憨山大师手书的"慈光洞"三字。憨山来崂山后曾在洞附近的白云庵修驻近一年,其间在洞口题刻洞名,并题七绝一首,镌刻于洞壁上。

[9]窦:孔穴。

[10]龛[kǎn]:供奉神像的石室。

[11]自然碑:位于比高崮之南,是从南麓登巨峰的必经之地。该碑是崛起于山半的一块巨石,宽约7米,高约40米,顶端前突如碑盖,碑面平削,上望时,见此石傲然耸立在苍翠的群峰层峦中,俨然是一座巨碑,堪称鬼斧神工,是崂山的名石之一。明代文人曹臣《劳山周游记》中说:"三、四里许,为自然碑,直削千尺,本修额短,俨若天质之妙,因笑秦皇汉武,何不于此勒功德而遂失之也!"周至元有诗赞曰:"岿岿丰碑矗,树来不计年。凿应施鬼斧,题尚待飞仙。苔篆蝌文古,云浸螭额鲜。秦皇空一世,不敢勒铭篇。"

[12]穹窿[qióng lóng]:本指天的形状中间高四周下垂的样子,这里指自然碑碑

额中间隆起成拱形。

幕云崮[1]美人峰[2]皆不可登。过此以往,非斩荆披棘而上,则步无能移。再二里许,乃可蹑巅之趾。苟气竭而无余勇可鼓,则亦已耳。行百里而九十止焉,志士所不居。少息而力振之,至矣,⑩是则所谓上巨峰者也。周回四顾,六合[3]以内远近毕具,千里若足下耳。大者可以为小,高者可以为卑,前之所历,乌足恃哉!乃知拘方[4]而不能容一物,皆未见天地之大者也。试与之登峰造极,一睇视[5]焉,而恍然失矣!

其自白云庵左折而东南下,山形如群仙聚者,会仙山也,巨峰之支出者也。从山左下而复上,约三四里为响云峰[6],峰为秀出者。沿而南为云门峰。两峰拔地,中阙为门,烟云出没,阴晴时易。人从云门中过,幽然出尘。登其上者,或以为巨峰虽高,不如此之大雅逸群也。峰之下为碧天洞,洞口有泉,岩石覆之,如防尘垢者⑪。前一峰为跃龙峰,所谓浴盆者也。大池在巅,深莫测,风来浪涌,人不敢近。从左壑悬削处探级下,手有所攀,后⑫移足。一足履级定,然后一足再移而下。四肢之劳,无敢委谢者,非然则殆矣。夫人处险则思慎,亦知居平之当慎乎?天下之遗人患害者,未有不始于居平而发于所易忽者也。苟谨持焉,当无是耳。⑬

**注释:**

[1]幕云崮:在美人峰下,巨石嶙峋,势如跃舞。

[2]美人峰:即"比高崮",环绕崂山巨峰的山峰之一。海拔 1083 米,相对高度约 100 米,山体笔直陡立,顶部比较平坦。从西侧看,好像比巨峰还要高,大有与巨峰试比高的气势,故而得名。该崮又像一位亭亭玉立的窈窕淑女,面向巨峰含情凝望,因此还被称为"美人峰"。

[3]六合:上下和东西南北四方,即天地四方,泛指天下或宇宙。

[4]拘方:拘泥刻板。

[5]睇视:细看。

[6]响云峰:位于天门峰之西,俗称摩头崮。山峰顶上形似两锥尖直插天际。

**先天庵**　居天门峰[1]、海门涧之交,是齐道人[2]藏修处。庵左为[64]贮月潭,自海门涧,水曲折流,巨石交锁,潭为多,悉数之不尽。其著者为龙窟,幽潜渊深,居绝壁下,据石探之,莫得其中含。过此,则属[65]上清胜地矣。

劳之东南,与海绣错[3][66]者也,东南名胜虽多,而人所仰止,尝在不其山[4]。盖昔者[67]郑康成先生[5]传经于此,故迹在焉。欲即山以得先生之所以栖息俯仰者,而旷然千古也。先生食贫山居,负笈[6]虽众,所谓书院,不过茅茨[7]修洁耳,岂能至今存?而人之宗先生者,不以茅茨也。即无故迹,而先生之精气自在山川间,其人不妄,有相与为遇者矣。昔有书带草、篆叶楸,先生之泽也。宦斯土者,重其名,时来物色。土人苦之,灭其传矣。以名得灭,慎之哉!嗟乎!余不敏,不能屈志于时相,思先生之所守,在山泽而不以山泽也,窃自励焉。[68]循先生旧迹[69],卜筑于兹,曰"玉蕊楼"[8]。俯临三标、蟾石[9],数十涧之水汇流于前,屏风、黄石、滴水、环石、豹虎、梁子、铁旗峙于[70]左,[10]长松修竹非以自娱,近先生故址,聊取衷耳。

**注释:**

[1]天门峰:一名云门峰,又称南天门。从流清河入海处,沿天门涧向东北攀登,约行5公里便到此处。山口两峰,拔地直上,绝壁悬空,高数十丈,对峙如门,故名。崖石镌有"南天门"三个大字,是邱处机手书。明代进士陈沂有《南天门》诗:"望入天门十二重,暖(一作夐)然飞雾半虚空。千寻不假钩梯上,一窍惟容箭括通。风气荡摩鹏翮外,日光摇漾海波中。欲求阊阖无人问,但拟形云是帝宫。"崂山叫南天门的地方有三处,一处在华楼宫的南边,一处在神清宫的南边,而天门峰的南天门最大最高。

[2]齐道人:即齐本守,字养真,号金辉,又号逍遥子,浙江杭州钱塘县人,明万历年间,与其师白不夜云游至崂山,爱先天庵之清幽,留住于此修行,是崂山道教金辉派创始人。齐道人居先天庵二十余年,亲手增建殿宇三间及两廊配房,对先天庵的扩建作出了重要的贡献。万历三十年(1602)去世,被敕封为上元普济道化真君。齐本守

所创的金辉派,与孙玄清所创金山派和徐复阳所创鹤山派,共同为崂山道教赢得了“全真道教天下第二丛林”(《山东通志》)的称号。

[3]绣错:色彩错杂如绣。

[4]不其山:即铁旗山,位于崂山西北部,在三标山之西。《汉书·武帝纪》中有“太始四年(前93),夏四月,幸不其”的记载,据已故近代考古学家王献唐考证,在原始社会末期,山周围聚居着“不族”和“其族”两个小部落,故名。因山巅岩石排列似城堞,又名石城山。此山虽不高大,亦无殊丽景色,但因东汉经学家郑康成曾在山中设帐授徒,并有百福庵和玉蕊楼等古遗址,知名度颇高。

[5]郑康成先生:即郑玄(127—200),字康成,北海高密(今山东高密县)人,东汉经学家。郑玄对两汉传统的今古文经学进行了全面的整合改造,创立郑氏学,对当时及后世产生了深远而巨大的影响,是中国学术史上的一位伟人。东汉末年郑玄曾在不其山讲学,康成书院在不其山东麓的书院村。

[6]负笈:笈,即书箱;负笈,即背着书箱。古人到外地读书,一般是要带着书箱去的,故“负笈”又借指到外地求学。

[7]茅茨[cí]:茅草盖的屋顶。亦指茅屋,或简陋的居室。

[8]玉蕊楼:在书院村南1公里,为黄宗昌所建,是崂山著名的古建筑,现已不存。黄宗昌为官正直,晚年因慕郑康成之学识和为人,在康成书院附近筑玉蕊楼隐居。康熙年间,即墨人纪润《劳山记》称该楼为“吾邑第一山庄”。黄宗昌有《玉蕊楼》七言绝句:“四山蓊荟玉嶙峋,中有危楼耸出新。十亩长松半亩竹,康成书院北为邻。”并在此撰写了《崂山志》。

[9]三标、蟾石:三标山、蟾石峰。后者即下文所说“蟾石诸峰”。

[10]屏风,疑指翠屏岩。明万历《即墨志》称:“在华楼之右,玉皇洞之上,天生白石如屏。”黄石,黄石宫。明万历《即墨志》称:“在华楼迤北五里许。”滴水,滴水檐,见本书卷三。坏石,山名,具体位置待考。豹虎:豹虎山,今名抱虎山,位于书院水库西,百福庵南。梁子,山名,具体位置待考。铁旗,铁旗山,又作铁骑山。周至元《游崂指南》:“自崖裹村曲折西上登不其山口,口之北为铁旗山。”清同治《即墨志》称:“不其山,县东南二十里,一名铁旗山。”

东岸则邋遢石[1]也,石形依山临水,周可数十丈,相传张三丰[2]升仙于此,三丰⑪有邋遢之号,因以名石,或有然者。⑫循涧东南有孤⑬峰特起,万松环集，巨石结其巅，巍然立(74)者，为潜虬峰，高才数丈，而蟾石诸峰之高大者，或数倍，或数十倍，去此或三四里，或十数里，皆侍立谨严，无敢欹侧[3](75)，此以知尊贵所在，不以势之大小论也。(76)

**三标山**[4]　其南峰垒石成洞，可容数百人。循隙左右，各成窟穴，数百人三月之粮，可输而纳之。缘隙东北上，平衍[5]可列屋(77)宇。面南长二丈，东五倍过之，后倚石壁，参天不可攀陟[6]。以洞为关，一夫当之，必无渡越之虞，洵避兵善地也。其北麓有白榕庵，邑俊士孙介庵所布置者，环山上下夹涧，左右皆树，乔松为多，巨石缘松出者，横斜突兀，或踞或伏，或立或卧，或一人坐至十人坐。高者平者，巉者削者，在山者，在涧者，当路者，当门者，累累若环列者，若天与幽深之致，以待人之孚契[7]者。庵据高台，面西，涧所环也。台下竹千竿，门左一老藤下垂，缘而入，茅屋轩然[8]，无障塞。自外来者，绕涧数折，从松弯觅径，乃达庵前。

**注释：**

[1]邋遢石：位于崂山书院水库上游的河边，面积大约有三十多平方米，呈二三十度斜倚在河边山坡上，清澈的溪水贴石而过。据传张三丰曾经在这块石头上练功，日复一日，石头顶面被磨得平整光滑。明曹臣《劳山周游记》中载："二十里至不其山，入谷沿涧五里许，抵宿邋遢石之玉蕊楼。石据涧流之左，云张三丰所至，故名。"

[2]张三丰：《明史》卷二百九十九《方伎传》："张三丰，辽东懿州人，名全一，一名君宝，三丰其号也。以其不饰边幅，又号张邋遢。颀而伟，龟形鹤背，大耳圆目，须髯如戟。寒暑惟一衲一蓑，所啖，升斗辄尽，或数日一食，或数月不食。尽经目不忘，游处无恒，或云能一日千里。善嬉谐，旁若无人。尝游武当诸岩壑，语人曰：'此山异日必大兴。'时五龙、南岩、紫霄俱毁于兵，三丰与其徒去荆榛，辟瓦砾，创草庐居之，已而舍去。太祖故闻其名，洪武二十四年遣使觅之，不得。"《明史》卷九十八《艺文志三》著录有张三丰《金丹直指》一卷，《金丹秘旨》一卷。

[3]欹[qī]侧：倾斜；歪斜。

[4]三标山：位于崂山西麓，属崂山四大山系之一，山势挺拔，奇石林立，植被茂密，潭深流急。原始生态良好，宛然一处天然的山水画廊。山顶有三峰秀立，南、北、

中一字并列,远望似3个梭镖,矗立云天,故名。蓝田《三标山》曰:“三峰海上接云平,洞里丹经不识名。东望仙舟悲汉武,西邻书舍忆康成。崎岖百转泉流绕,苍翠千重夜气生。多病年来忘百虑,独立林壑未忘情。”

[5]平衍[yǎn]:地势平坦宽广。

[6]攀陟[zhì]:攀登。

[7]孚[fú]契:符合,相合。

[8]轩然:高,高昂。

三标之南为慧山、劈石口、锥儿崮、纱帽崮、笔架山⑱,三标之北为峡口。又北为起仙台,延北而东,其山水环抱,苍然古柏下者,醒睡庵[1]也。又东为豹山,其上嶙峋特出,较群峰独尊。折而东而南为上庄[2],环翠而迎阳,有亭焉,有堂焉,逸而得安,其蕴欲出,吾家昱伯[3]居之。峙其东者,鹤山[4]也。大海当麓,若砥洪涛、锁群峰者,元徐复阳[5]入而修持,得力于⑲此。

**金蟾洞**[6]　居山之顶⑳,一石盘曲如蟾,其色黄。

**滚龙洞**[7]　在金蟾下,一石窦狭甚,须侧身伏石上,展转而入。一龛高敞,可坐数人。㉑

**小蓬莱**　与鹤山对处,微东。海水西入数里,则鹤山其北岸也。自鹤山西,海潮所不及之地,趋而南,东折,其从入之径,南岸亦有海水来,盖身入海际者,将二里也。山不高而石径周回,岩峦苍翠,荫长松,探巨津,偃仰焉而得其所得,存乎其与人之相托者也。建阁[8]于前,考诸今昔,在周则周之德也,在蓝则蓝之德也[9]。地之阅人,遂因以盛衰。夫岂不可从一不变哉!盛名之无足恃于㉒是。㉓

**注释:**

[1]睡醒庵:位于鳌山卫街道南部大龙嘴村北隅,为崂山道教“九宫八观七十二庵”之一。地理位置优越,后有豹山、鹰嘴山、围子山等群峰依托,前有自山谷左右而下的两条河环绕,山环水抱,风景优美。

[2]上庄:本书卷七有《上庄管见》。

[3]昱伯:黄宗晓,字昱伯,黄作圣之孙,黄宗昌同辈兄弟,曾任潞安经历,后隐居上庄。

[4]鹤山:位于即墨市鳌山卫,东临黄海,是崂山北部支脉,主峰海拔223米,因东峰有巨石形似仙鹤而得名。鹤山道教文化源远流长,有遇真宫、老君炉、摸钱涧、升仙台、聚仙门等道教古迹。自然景观有水鸣天梯、击掌鹤鸣、滚龙洞、一线天等。鹤山风光主要是石奇,山石属火成岩,在一定的地质年代沉睡海底,由于海浪的长期冲刷,一旦露出海面,就呈现出千姿百态的洞岩奇观。

[5]徐复阳:据《太清宫志》记载,徐复阳,字光明,号太和,又号通灵子,山东掖县人。明成化十二年(1476)二月十四日生,幼年双目失明,后为鹤山遇真庵邱长春门下徒孙李来先道士收养。经修炼,双目复明,后创立鹤山派。明嘉靖三十五年(1556)五月二十日去世,被敕封为中元永寿太和真君。本书卷五《仙释》有传,但稍有不同,“太和”作“太和子”,“李来先”作“李灵仙”。

[6]金蟾洞:鹤山遇真庵北有一石崮,高约10米,形似栖鹤梳羽,其上另有一石形似青蛙,翘首东望,注视远方。崮下有洞,洞口西南向阳,洞外西壁镌“造化窝”三字。此洞又名“仙鹤洞”或“金蟾洞”。洞中一席之地,石壁光滑,清新幽雅。

[7]滚龙洞:在鹤山山顶,巨石偃仰,中虚而成。洞高仅半米多,石底光洁,清凉爽幽,人需辗转匍匐才得过,故名。

[8]阁,指紫霞阁,在小蓬莱山前平地,明代万历年间即墨贡生周如锦所建。阁前有石坊,石坊门额上刻有“小蓬莱”三字,石柱上刻有李白“我昔东海上,劳山餐紫霞”的诗句。阁名和周如锦的《紫霞阁文集》均由此得名。

[9]“在周则周之德也”两句:蓝再茂,字青初,号雨苍,为诸生时倜傥尚气节,崇祯二年(1629)选贡生,任南皮县(今河北省沧州市南皮县)知县,为官清廉,颇有政绩。回归故里后,购得紫霞阁,隐居终身。同治版《即墨志》有传。黄宗昌与蓝再茂为连襟,因酒后致隙,故此处“在周则周之德,在蓝则蓝之德”,对蓝再茂颇有微词。

**丰[84]山** 有绿石,山脉入海。石发见在海滩中,大潮既退,石始出。入而选胜,秉鉴者先得,修剔[85]涤荡,石之知遇也[86]。而丰山其蕴盛德于知遇者哉!其见而识之,遗而弃之,或不遇于此遇于彼,其因缘亦自有不可必者,天下事大约如此耳。[87]

**上苑**　所谓太平宫[1]者也。宫东一峰深秀突⑱出,悬崖高数千仞,为狮子峰。崖侧有三石,结架如户,万松处其上。松梢石出,蹑蹬而进,数回乃造其峰。海涛冲激,直至峰下,千里一瞬,殆不足喻。宾日者于此得纵观焉,所见不同,其春秋阴晴异也。峰北下为仙人桥,大涧之水自西来,东流入海。当入宫之路,有天生巨石,累累连贯,上平如桥,下⑲从石罅[2]中过。水阔如涧,长可二丈。涧上下皆异草长松,人在桥上坐,旷然四宇,茫无可系,水声在耳,若荡尘襟。去桥北有洞,曰白龙洞。宫之西南有犹龙洞,洞旁一石曰眠龙石,长欹[3]如龙形。洞祀老子,故以犹龙⑳名耳。

**那罗延山**[4]　其高入云,顶有巨石,层叠若城门然。崂㉑山皆浑朴,而此独有玲珑通秀之形见于巅,岂君子而以明哲为上与?㉒

**华严庵**[5]　余以那罗延窟西方哲人所㉓演教处,慨古迹无存,卜筑于斯。拓而大之,不使前有盛㉔事后无征焉。余之不聪敬,而殆于时,亦或潜息其中乎?志未竟而毁于兵,天之不使有成,即此可睹。上人慈霑[6],真诚人也,可与图终。吾老矣,坦其继之。

**华严洞**　南对那罗延窟。洞东向,石壁万仞,沧海在足下,沐日浴月之胜,举目得之。

**注释:**

[1]太平宫:初名太平兴国院,又称上苑。系宋太祖为华盖真人刘若拙敕建道场,金明昌年间(1190—1195)重修。整个建筑呈"品"字形,由正殿和两个偏殿组成,正殿名三清殿,供奉妈祖,东西偏殿为三官殿和真武殿,分别供奉关圣和文昌帝君。太平宫坐落在崂山东部上苑山北麓、仰口湾畔,负山面海,景色绮丽,有奇峰异石,古木幽洞,又经全面修建,现为崂山的主要游览区之一。

[2]罅[xià]:裂缝。

[3]欹[qī]:同"攲",倾斜不正。

[4]那罗延山:因那罗延窟得名。东南麓即华严寺,西为挂月峰,东为狮子岩,岩下为望海楼(又名观日台),高敞可以宾日。

[5]华严庵:即华严寺。位于崂山东麓返岭后村西那罗延山半腰,为崂山规模最

大、也是现存唯一佛寺。几经兴废，历史悠久。清初重建后，整体建筑宏伟典雅，为崂山古代建筑艺术之最。占地面积4000米，建筑面积2500平方米，房屋120余间。整个庙宇依山势修建，为"阶梯式"院落，布局严谨，宏伟而典雅。正北为大殿，系斗拱单檐雕甍歇山式建筑。内供释迦牟尼塑像，东西两廊为禅堂。由大殿侧门再拾级而上，又一院落，是为后殿，内供观音。侧为祖堂，供本寺第一代住持慈霑大师。东北角有西式小楼五间，小院内植桂花、牡丹，十分幽雅。抗日战争时期国民党青岛市政府曾设在这里。

[6]慈霑：僧人，俗姓李，观阳(今山东省海阳市)人，生于明万历十六年(1588)。崇祯十四年(1641)黄宗昌迎其至即墨，居准提庵。清顺治九年(1652)，黄宗昌之子黄坦建成崂山华严庵后，慈霑遂任第一代方丈，为临济派第四代传人。慈霑居崂山20年，于康熙十一年(1672)去世，年84岁。慈霑生平"不为苟得，不募缘，不蓄幼童，以非礼来者若罔闻见，居即墨共30余年，未尝见有忌色嗔语"。华严寺前路西有一塔院，院中的一座砖塔下埋葬着慈霑大师。本书卷五《仙释》中黄坦所续"仙释补"有传。

**那罗延窟**[1]　距华严庵五里，天然巨石结为窟，门向北开，周围约十余丈，高如之。窟中四壁完好，底石光且平，一气浑成，俨然石阁也。后壁有薄石架出，可丈许，如阁之覆板，结为龛，可供法坐⑮。其窟之圆窦冲天，径可丈余，引光入焉，俾无昏昧。古哲人说法，意其在此也⑯。窟西⑰有大石可数亩，中有池曰"天池"。蒲生满池，天即亢旱，诸河皆涸，蒲独茂。

**钓龙矶**[2]　在那罗延山东⑱。矶东临大海，其⑲西峰峦秀拔，南北延亘六⑳七里。秋深红叶在山，令人依依其中，不欲去。

**窑货堤**[3]　山之东偏皆削壁，无可援手处。一径南北约里余，宽不及二尺，下即大海。人并行不得，樵者往来毫无惮焉。习其危者以为平，故艰苦中亦自有得也。

**黄山**　沿路皆大石错落，忽峭壁，忽坐矶，苍松杂出其间，折而愈蓄[4]。即山阴道[5]中，未必尽如此之天造也。

**青山**　松石之折而成路者，与黄山同。而上清、下清两宫近矣。则山容可餐，似尤愈也。

**注释：**

[1]那罗延窟：位于那罗延山的北坡，是一处天然的花岗岩石洞，四面石壁光滑如削，地面平整如刮。石壁上方凸出一方薄石，形状极似佛龛。洞顶部有一浑圆而光滑的洞孔直通天空，白天阳光可照到洞内。据传，此洞原无孔，那罗延佛在成佛前带着徒弟在此洞修炼，当他修炼成佛后，凭着巨大的法力将洞顶冲开一个圆孔升天而去，留下这个通天的圆洞。在梵语中，“那罗延”是“金刚坚牢”的意思，而此窟由花岗构成，与梵文的那罗延名实相符，因此僧侣们称此窟为“世界第二大窟”。据《憨山大师年谱疏》记载，明代高僧憨山在五台山修行时，从《华严经》上看到有关那罗延窟的记载，遂不远千里来到崂山，在此窟坐禅修行两年余，原来想在窟旁建寺，后因地域限制，不宜扩展，更觉得建筑材料运输、施工等多方面都有困难，才易地太清宫处建海印寺，由此引起了一场长达16年的僧道之争官司。此窟结构独特，被誉为“崂山十二景”之一。

[2]钓龙矶：在崂山东部沿海的王哥庄街道办事处驻地东南6.5公里处，有一山海奇观——“雕龙嘴”。只见海岸一岬角深入海中，悬崖下插大海，石岩颜色赤黄，遥望形似龙头。海水烘托一大圆石悬空探出，似骊龙颚下珠，此石即“钓龙矶”。危岩顶部有两棵(其中一棵1949年前被砍)古朴树，像两根龙须。每遇潮来，此处洪涛波荡摇摇欲飞，云雾缭绕，远看犹如巨龙在戏珠。雄居此石西的村庄由此取名为“雕龙嘴村”。

[3]窑货堤：位于现王哥庄街道返岭村前，地势险要，以前曾是码头。明人张允抡《游崂东境记》中说：“石壁千尺，下浸海，阻南北之路，凿壁开道，仅可通人。”1928年修建由雕龙嘴至太清宫的“东海路”时，窑货堤被凿去。

[4]蕃[fán]：逐渐增多，茂盛。

[5]山阴道：山阴，今浙江绍兴。山阴道指今绍兴市西南郊外一带，以风景优美著称。《世说新语·言语二》：“王子敬云：‘从山阴道上行，山川自相映发，使人应接不暇。若秋冬之际，尤难为怀。’”

**上清宫**[1]　山峰峻极，群岫[2]蜿蜒，完密而宏阔，藏聚不露，栖真者于此得静力焉。宫前两银杏树，大可荫数十人，深潜中物候若自为有余者。宫旁有石洞，有朝真桥、迎仙桥。洞跨二桥上，息机之士，宜其入而不出也。

**明霞洞**[3]　上如厦石之环列，若堵户牖[4]，皆天成也。佛宇僧舍居左右，有石壁，缘石磴数百级乃上，观海色[101]清澈，恍度越天际矣！

**玄**[102]**真洞**　明霞高矣，玄[103]真居其巅，则又高也。

**宝珠山**[5]

**注释：**

［1］上清宫：在崂山东南部、太清宫西北。此宫原在山上，名崂山庙，因与太清宫（俗称下宫）对称，又简称上宫，是崂山的主要道观。宋太祖建隆元年（960）。太祖赐封刘若拙为“华盖真人”，并为他修建太清宫、上清宫和“上苑”（即今太平宫）。上清宫后毁于山洪，元代大德年间（1297—1307），道士李志明再次重建，后历代屡有修缮。分前后两进庭院，前院门内东西各植古银杏一棵，枝叶繁茂，后院为正殿和东西配殿及道舍。正殿祀玉皇大帝像，配殿奉全真七子塑像。宫西北岩上刻有丘处机及明陈沂等人诗词与题字，岩下石间有一清泉，名“圣水泉”。宫前石桥名“朝真”，宫西石桥曰“迎仙”。宫外不远处有丘处机的“衣冠冢”。1982 年 12 月，被列为青岛市市级文物保护单位。

［2］岫［xiù］：山峰。

［3］明霞洞：位于崂山南部玄武峰腰，系一天然石洞，为巨石崩落叠架而成，原为上清宫的一处别院。始建于金大定年间（1162），起初巨石下面有一天然洞穴，当朝晖初露，夕阳欲坠时，霞光千变万化，有“明霞散绮”之称。洞额刻“明霞洞”三字，为清代书法家王埱所书，元代道士李志明曾于洞内修道。清康熙年间（1662—1772）遭天雷击，多半隐入地下，而成今形。洞前平崖如台，三峰环列，前对大海，周围松若虬龙，风光旖旎，是观景佳处。朝旭晚霞，在此眺望，变幻无穷。“明霞散绮”是崂山胜景之一。

［4］户牖［yǒu］：门窗。古建筑中室与堂之间的窗子。古院落由外而内的次序是门、庭、堂、室。进了门是庭，庭后是堂，堂后是室。室门叫“户”，室和堂之间有窗子叫“牖”，室的北面还有一个窗子叫“向”。上古的“窗”专指开在屋顶上的天窗，开在

墙壁上的窗叫“牖”。后泛指窗。

[5]宝珠山:在太清、上清两宫之间,峰峦奇秀。山下即是以著名的太清宫为核心的太清风景游览区。宝珠山的七座山峰从东、北、西三面环抱着这一临海谷地,形成了特殊的地理环境。宝珠山南面是太清湾,因有暖湿气流不时从海上送来,使这里形成了亚热带气候环境,故有“崂山小江南”之称。

**南天门**　山口二峰相峙入云中,故名。览胜者较之华楼,各有取尔。

**下清宫**[1]　三面高山,巨海[104]当前,地势大矣。憨山[2]之考卜,为可以广僧寮[3]、演[105]大乘[4],未尝计及人情顺逆之故[106],卒亦无成,法力之不足恃也。何不端其本以居之耶?[107]下清宫之南皆海,无所适出。自青山而南,径踰峻岭者再,道不受足,以杖之力达试金滩。滩出石,色如墨,[5]光泽可供[108],就所具之形,大小相成。[6]比德者于此观,携取焉[7]。再南为晒钱石,再南为酒矼糟[8][109]。山尽矣,一峰复起,峻甚。径陂侧,从西偏而南,旋下,周围皆巨浸[110]也。及滨,则八仙墩在焉,所谓根纳海而首覆之者,悬崖[111]也。大石周布[9],五色纷披,面平可坐,则其墩矣。洪涛澎湃,居其中能自镇定者,君子也。自峰北东下,有石塔在山巘[10],直探海中,人不能至。舟行自下视之,是所谓张仙塔[11]也。岂非东海奇观哉?嗟乎!山不深不幽,谷不峻不秀,物不藏不著,行不徐不力。无卤莽,无半途,正志而决于所向,岂其危险之足虞乎?

山史氏曰:名实之际,人所易淆也。役末而忘本,徒浮慕焉,此人心之所以失,而因缘附会者之窃声而至也。劳[112]之名胜非袭取,盖实有诸己[113]者也。君子而切反身之思,触类相感,即一时物理,亦皆有性情之助焉。况以崂之大而造化之蕴体无不具乎?嗟乎!由今而观,人伦之外无世道,出处之外无人伦。[114]《考槃》寤歌,[12]斯文在兹,君子之求自尽于二崂间者,夫岂虚声而已哉!

**注释:**

[1]下清宫:即太清宫,始建于西汉武帝建元元年(前140)。位于崂山南麓老君

峰下,三面环山,前濒面海,四季葱茏赛江南。为崂山道教祖庭,是崂山最大的道观,仅次于北京的白云观,称为全真道“天下第二丛林”。占地3万平方米,建筑面积约2500平方米,共有房舍150余间。宫内有三官殿、三清殿、三皇殿3座殿堂。太清宫曾以“太清水月”之誉列崂山十二景之一。其中的三皇殿院内有两株古柏,传说为汉代所植。

[2]憨山(1546—1623):明代僧人,学者。本姓蔡,名德清,字澄印,以号行,全椒(今安徽全椒县)人。19岁出家修习《华严经》,后云游四方,在崂山建海印寺,任住持。万历二十三年(1595)坐私造寺院罪,发配广东雷州充军,十余年始归。在广东时,住曹溪宝林寺,大兴禅宗。主张佛教各宗并重,禅净双修,释、道、儒三教一致。与莲池、紫柏、蕅益并称明代四大高僧。著有《法华经通义》、《圆觉经直解》等。又注《老子》、《庄子》、《中庸》等。

[3]僧寮:僧人住的小屋。

[4]大乘:大乘佛教的简称。与小乘佛教相对的佛教派别,公元1世纪左右形成于印度,而后传播至中亚、中国、日本、朝鲜、越南等地,是北传佛教的主流。大乘思想根源于某些早期部派,但有许多理论创造,如不仅讲人无我,而且讲法无我;强调菩萨理想胜过阿罗汉;宣称人皆具菩提心,皆可以成佛;倡导慈悲,强调解救他人和普度众生等等。

[5]试金滩所出之黑石,即试金石。在古代,主要是通过在试金石上刻画,来鉴别黄金真伪和成色的。黄金在试金石上刻画后留下黄金粉末的颜色,矿物学上称为条痕色,以矿物粉末的颜色来区别矿物的方法被称为“条痕色鉴定法”。试金石颜色愈深,磨得愈光滑、平整,刻画出来的条痕就愈清楚。用试金石鉴别黄金成色,是根据条痕的反射率和色泽的差别来判定的。故有“平看色,斜看光”的口诀。用做试金石的石块大都是坚硬的黑色硅质岩石,如硅质岩、燧石岩等。

[6]“光泽可供”以下几句:供,提供某种条件给人利用。大意是说,这里所出产的试金石经黄金刻画后留下的条痕,不仅色泽清楚,可供鉴别各种黄金,而且有各种类型,可以根据黄金和黄金饰品的形状,选择与之大小相应的试金石。

[7]“比德者于此观”两句:德行可与之(试金石)比拟的人,才能在此地见到并“携取”试金石。

[8]酒矼槽:即酒缸槽,崂山象形石之一,位于晒钱石南。周至元《崂山志》记载名称由来:“外突中洼,象槽之形。”

[9]周布:遍布。

[10]崦[yān]:古代常用来指日落的地方,如"日薄崦崦",后泛指山。这里的山崦指山坳。

[11]张仙塔:在崂山头覆宇峰北侧东坡上,相传为张三丰所筑,故名。原先旁边有耐冬,为张三丰从海岛移栽植。旁边的耐冬在清朝光绪年间已枯死。其下有张三丰当年修炼的仙窑遗址,悬于峭壁之上,非人能近。憨山大师有诗:"屹立千寻险,山尧一径通。坐观丹峤外,遥映白云中。泽隐鱼龙稳,波涵世外空。到来堪寄足,促必问崆峒。"

[12]《考槃》寤歌:《考槃》为《诗经·卫风》篇名。《毛诗序》谓此诗系刺卫庄公"不能继先公之业,使贤者退而群处"。其第二章曰:"考槃在阿,硕人之薖。独寐寤歌,永矢弗过。"作者在此取"贤者退而群处"之意,表达了对朝廷不用贤人的不满。

**附宫观建置**

**太平宫** 在上苑,华盖真人刘若拙道场,宋初敕建。

**上清宫** 在明霞洞下,宋建,即云嵓子[1]修真处。

**下清宫** 在天门峰北海滨。

**华楼宫** 在王乔崮下,元太定二年(1325)[2]建。

**黄石宫** 有上宫、下宫。在华楼迤北十里许山之巅,元时建。

**遇真庵**[3]⑮ 在鹤山,元时建。元塑左袵之制犹存,明⑯徐复阳成道之所。

**聚仙宫**[4] 在⑰南天门下二十里,元时建。

**迎真观**[5] 在柳子口,元至大三年(1310)建。

**通真宫**[6] 在山北[7],皇庆二年(1313)建。

**寓仙宫**[8] 在[9],元至元二十一年(1284)建。

**百福庵**[10] 在不起⑱山[11]东⑲麓,宋宣和年(1119—1125)建。

**注释:**

[1]云嵓子:即元代道人刘志坚。"嵓",古同"岩"。

[2]太定:当作泰定。

[3]遇真庵:位于即墨市鳌山卫镇西南鹤山,为崂山古老道观之一,建于宋代。元代至正二十年(1360)重修,分三殿,下祀真武,中祀老君,上祀玉皇,明代永乐及正统年间又屡经修葺。丘长春曾栖于此,现留有刻石。徐复阳亦在此处修真养性,据传其墓在鹤山滚龙洞下。

[4]聚仙宫:又名寒寨观、韩寨观。位于崂山区沙子口镇幸福村东。创建于元代泰定三年(1326)。该宫由著名道士李志明、王志真创建,元代学士张起岩撰写《聚仙宫碑》碑文。该宫旧有玉皇、真武、三清诸殿,后来只存真武殿。1956 年被拆除。

[5]迎真观:迎真观又名东庵、月子口庙、迎仙观、迎真宫。位于城阳区夏庄镇崂山水库南岸。创建于元代至大三年(1310)。清代《即墨县志》记其名为迎真宫,原有大殿 1 座、厢房 2 栋、送生殿 1 栋,观前银杏、古柏各 1 株,围可合抱。1958 年建崂山水库时被拆除。

[6]通真宫:又名童公祠。位于城阳区惜福镇傅家埠村南。创建于元代皇庆二年(1313)。传为东汉末年始建,为不其县令童公之祠。元代皇庆二年由全真道华山派改为道观,元代延祐中期和清代康熙年间皆重修过。“文化大革命”初期,该宫之塑像、供器、文物被毁,现仅存房屋。

[7]“在”字后当有缺字。

[8]寓仙宫:又名三官庙。位于城阳区流亭镇邱家女姑村。创建于元代至元二十一年(1284)。因历年失修,1949 年前已倾圮。

[9]“在”字后当有缺字。

[10]百福庵:又名百佛庵,位于城阳区惜福镇院后村东。创建于宋代宣和年间(1119—1125),是崂山古老道观之一。初创时建筑简陋,内供菩萨,信奉佛教,名百佛庵。清初改奉道教,属马山龙门派,又称外山派。前院建倒座殿,内祀菩萨,中殿祀三官,后院为玉皇殿。现为青岛市文物保护单位。

[11]不起山,即不其山。

**延寿宫**[1]

**神清宫**[2]

**大崂观**[120]

**石门庵**　在石门山。

**天仙宫**[3]

**先天庵**[4]　在天门峰下，海门涧上。白道人所建，齐[121]道人成道之所。

**驱虎庵**[5]　在下宫左，下临大海。今废。

**圣水庵**[6]　在三标山西南麓，元时建。

**斗母宫**[7]　在明霞洞。

**白云庵**　在巨峰南麓，今为玉皇殿。

**石佛庵**[8]　在烟游[122]涧海滨，宋建。

**慧炬院**[9]　在凤凰山下。[123]

**注释：**

[1]延寿宫：位于崂山西麓，白沙河旁，仙家寨村内，明末建，祀玉皇。

[2]神清宫：位于崂山西麓大崂村南，建于宋代。为崂山古老道观之一，元、明两代均曾重修，至清代康熙中期和民国十二年(1923)又加修葺。宫中祀三清，后为玉皇阁，东厢为精舍，西厢为救苦殿，有长春洞、自然碑、摘星台、会仙台诸名胜，丘处机来崂山时曾居此。1939年该宫遭日军烧毁，1943年又被日军轰炸，庙舍全毁。

[3]天仙宫：位于崂山之天柱山西麓，又称仙人宫、天仙观，北宋末年创建，祀玉皇、老君。明代天顺年间曾重修，有天仙洞，相传为丘长春趺坐处。

[4]先天庵：又名天门后。位于崂山区沙子口镇南天门东北涧。据传为元代至正年间(1341—1370)丘处机所建，明天启年间(1621—1627)曾重修。黄宗昌这里说的白道人即齐本守之师白不夜，明万历年间来崂山。齐道人即齐本守，他曾历经21年之劳苦，于天启年间亲自为先天庵增建殿宇3间及两廊配房，内祀玉皇。1943年该庵被日军轰炸为废墟。

[5]驱虎庵：位于崂山太清宫东南侧钓鱼台以北，后唐同光二年(924)刘若拙初到崂山时，在此筑茅庵修炼，是时山中多虎狼出没常伤山民，刘若拙勇力搏杀虎狼，为民除害，山民联合赠匾为“驱虎狼庵”，简称驱虎庵。刘若拙入主太清宫，及晚年居鳌山后，渐废。明代曾修缮，中期废圮。

[6]圣水庵：位于崂山区王哥庄镇三标山西南，已久废。

[7]斗母宫：明霞洞的主要建筑之一，位于明霞洞左侧，道教全真金山派的开山

祖庭,也是明霞洞最早的一座建筑。清代乾隆(1736—1795)末年,因山洪暴发,斗母宫被塌下来的巨石砸毁,此后再也未修复。

[8]石佛庵:又名潮海院、白佛寺。位于崂山区沙子口镇栲栳岛村东。相传创建于南北朝初期(或以为唐代或宋代修建),明万历年间曾重修。该寺曾为崂山三大古老寺院之一,早年间规模宏伟,内祀如来。1939 年时,房屋尚完好,住持为海静和尚,有僧 20 人。至 1959 年时该寺仍有僧 4 人。“文化大革命”中,该寺神像、供器、经卷、文物、庙碑等全被捣毁焚烧,房屋被拆除。现其遗址仍存 4 株数人方可合抱的银杏树。

[9]慧炬院:又名石竹庵。位于城阳区夏庄镇崂山水库北岸。创建年代无考。隋代开皇二年(582)重修,元代大德年间再次重修。是崂山古老寺院之一,明代万历二十八年(1600)海印寺被拆毁后,其经卷、供器、文物等移存此处。清同治年间,又将倒塌的庙堂改建为三间佛爷庙。1939 年时尚完好,住持为道士韩信奎,有僧 2 人。1966 年被拆除,现仅存庙址、碑座各一。

## [校勘记]

①“者”,民国五年本同,手抄本、嘉庆本作“也”。

②“于”字后,嘉庆本有一“其”字。

③“饰”,手抄本、民国五年本同。嘉庆本作“俙”,误。

④“眩”:手抄本、嘉庆本作“炫”,民国五年本作“眩”。

⑤“藉”,民国五年本同,手抄本、嘉庆本作“借”。

⑥“具”,民国五年本同,手抄本、嘉庆本作“其”。

⑦“域”,嘉庆本、民国五年本同,手抄本作“隅”。

⑧“志名胜第三”,手抄本、民国五年本同,嘉庆本无此句。

⑨“驯”,手抄本、民国五年本同,嘉庆本作“训”。据嘉庆本记载:训虎山又名驯虎山。另外,嘉庆本于卷首在“驯虎山”之前增加了“天井山”:“墨城东十里,井在山巅,深不可测,方各丈余,四围巨石壁立,每旱,祷雨辄应。”

⑩“倩”,手抄本、民国五年本同,嘉庆本作“清”。

⑪“圯”,嘉庆本、民国五年本同。手抄本作“圮”,误。

⑫“居高而俯视者，可以审所处矣。”手抄本、民国五年本同，嘉庆本无此句。

⑬“贪人见小失大，类如是夫。”手抄本、民国五年本同，嘉庆本无此句。

⑭“树”，民国五年本同，手抄本、嘉庆本作“株”。

⑮“天所厚以贞坚之气者，固无待于丰美之区，而挺生千古矣！”手抄本、民国五年本同，嘉庆本无此数句。又“贞坚”，手抄本作“坚贞”。

⑯“人相传为道人死不朽，抑知人之所以不朽者，岂发肤也耶！”手抄本、民国五年本同，嘉庆本无此句。

⑰“物之洁，死不受污，奈何其甘心安之？悲夫！”手抄本、民国五年本同，嘉庆本无此句。

⑱“彻去”，手抄本、民国五年本同，嘉庆本作“撤其”。

⑲“嗟乎”以下数句，手抄本、民国五年本同，嘉庆本无。

⑳“黑”，手抄本，民国五年本同、嘉庆本均作“墨”。

㉑“萦”，手抄本、民国五年本同，嘉庆本作“荣”。

㉒“萦”，手抄本、民国五年本同，嘉庆本作“荣”。

㉓“仪庭”，手抄本、民国五年本同，嘉庆本作“仪庭名宗庠”。

㉔“几”，民国五年本同，手抄本、嘉庆本作“终”。

㉕“断余事以自励”，手抄本、民国五年本同，嘉庆本“励”字下多一“云”字。

㉖“惜吾不获见其所终，而崂山之魄力相成，固有如是者。”手抄本、民国五年本同，嘉庆本无此句。

㉗“蓝公”，手抄本、民国五年本同，嘉庆本作“蓝公章”。

㉘“谓群声之足乱人乎？有定力者，虽纷至，不扰矣。”手抄本、民国五年本同，嘉庆本无此数句。

㉙“或”，手抄本、民国五年本同，嘉庆本无此字。

㉚“环”，嘉庆本、民国五年本同，手抄本作“翔”。

㉛“施设”，手抄本、民国五年本同，嘉庆本作“设施”。

㉜“惊”，手抄本、民国五年本同，嘉庆本作“震”。

㉝“曲径”，手抄本、民国五年本同，嘉庆本作“径曲”。

㉞“习见之误人如是”，手抄本、民国五年本同，嘉庆本无此句。

㉟“之”，手抄本、民国五年本同，嘉庆本作“亦”。

㊱“鸟”，民国五年本、嘉庆本同，手抄本作“为”。

㊲“云”，手抄本、民国五年本同，嘉庆本作“霄”。

㊳“避”，民国五年本同，手抄本、嘉庆本无此字。

㊴“众动”，手抄本、民国五年本同，嘉庆本作“动众”。按：当作“动众”。

㊵“其”，手抄本、民国五年本同，嘉庆本无此字。

㊶“其亦有所恃”以下数句，手抄本、民国五年本同，嘉庆本无。

㊷“面”，手抄本、民国五年本同，嘉庆本作“山”。

㊸“也”，民国五年本、嘉庆本同，手抄本作“焉”。

㊹“垂如檐也”，手抄本、民国五年本同，嘉庆本作“下垂如檐”。

㊺“如”，民国五年本同，手抄本、嘉庆本作“若”。

㊻“石”，民国五年本、嘉庆本同，手抄本作“其”。

㊼“易”，手抄本、民国五年本同，嘉庆本作“移”。按当作“移”。

㊽“欲强而从人何”，手抄本、民国五年本同，嘉庆本无此句。

㊾“终始”，民国五年本同，手抄本、嘉庆本作“始终”。

㊿“祠”，手抄本、民国五年本同，嘉庆本为“寺”。

51“如”，民国五年本同，手抄本、嘉庆本无此字。

52“所”，手抄本、民国五年本同，嘉庆本无此字。

53“乃知”以下几句，手抄本、民国五年本同，嘉庆本无。

54“天之高”以下几句，手抄本、民国五年本同，嘉庆本无。

55“人以其异”以下几句，手抄本、民国五年本同，嘉庆本无。

56“履愈高，心愈平，目愈旷，神愈敛，君子所以慎身名也。”手抄本、民国五年本同，嘉庆本无此句。

57“东”，民国五年本、嘉庆本同，手抄本无此字。

⑱“东上”，手抄本、民国五年本同，嘉庆本无此二字。

⑲“天下事”以下句，手抄本、民国五年本同，嘉庆本无。

⑳“苟气竭而无余勇可鼓，则亦已耳。行百里而九十止焉，志士所不居。少息而力振之，至矣。”手抄本、民国五年本同，嘉庆本无此句。“鼓”，民国五年本同，手抄本作“贾”。

㉑“者”，民国五年本、嘉庆本同，手抄本作“然”。

㉒“后”，民国五年本、嘉庆本同，手抄本作“然后”。

㉓“夫人处”以下至“当无是耳”数句，手抄本、民国五年本同，嘉庆本无。

㉔“庵左为”，手抄本、民国五年本同，嘉庆本无此三字。

㉕“属”，民国五年本同，手抄本无此字，嘉庆本作“为”。

㉖“绣错”，民国五年本、嘉庆本同，手抄本作“错绣”。

㉗“者”，手抄本、民国五年本同，嘉庆本无此字。

㉘“嗟乎”以下数句，手抄本、民国五年本同，嘉庆本无。

㉙“循先生旧迹”，手抄本、民国五年本同，嘉庆本“循”上多一“余”字。

㉚“于”，民国五年本、嘉庆本同，手抄本无此字。

㉛“升仙于此，三丰”，手抄本、民国五年本同，嘉庆本无此六字。

㉜“或有然者”，手抄本、民国五年本同，嘉庆本无此四字。

㉝“孤”，手抄本、民国五年本同，嘉庆本无此字。

㉞“立”，手抄本、民国五年本同，嘉庆本无此字。

㉟“侧”，手抄本、民国五年本同，嘉庆本作“侧者”。

㊱“此以知尊贵所在，不以势之大小论也”，手抄本、民国五年本同，嘉庆本无此二句。

㊲“屋”，民国五年本同，手抄本、嘉庆本作“室”。

㊳“三标之南为慧山、劈石口、锥儿崮、纱帽崮、笔架山”，民国五年本、嘉庆本同，手抄本无此句。

㊴“于”，手抄本、民国五年本同，嘉庆本作“在”。

⑧0“顶”，手抄本、民国五年本同，嘉庆本作“巅”。

⑧1嘉庆本在此后还有：“豹山之北为天柱山，嶙峋特出，较群峰独尊。又东北为鳌脚石，折而东南为高山，三面皆海滩，出文石者也。其西北为四社山，温泉在焉。鹤山之南为”，手抄本、民国五年本无。

⑧2“于”，民国五年本、手抄本作“如”。

⑧3“偃仰焉而得其所得”至“盛名之无足恃于是”一段，手抄本、民国五年本同，嘉庆本无此段，但在“探巨津”三字后有“亦东南之奥区也”。

⑧4“丰”，民国五年本、嘉庆本同，手抄本作“峰”。嘉庆本又云：“丰山，一名峰山。”

⑧5“剔”，民国五年本同，手抄本、嘉庆本作“扬”。

⑧6“石之知遇也”，手抄本、民国五年本同，嘉庆本作“亦石之知遇也”。

⑧7“而丰山其蕴盛德于知遇者哉”以下数句，民国五年本同，嘉庆本无。手抄本无最后一句“天下事大约如此耳”，其余同。

⑧8“突”，民国五年本、嘉庆本同，手抄本作“独”。

⑧9“下”，民国五年本、嘉庆本同，手抄本作“水”。

⑨0“犹龙”，民国五年本同，嘉庆本、手抄本作“龙”。

⑨1“崂”，手抄本、民国五年本同，嘉庆本作“劳”。

⑨2“见于巅，岂君子而以明哲为上与”，手抄本、民国五年本同，嘉庆本此二句。

⑨3“所”，手抄本、民国五年本同，嘉庆本无此字。

⑨4“盛”，手抄本、民国五年本同，嘉庆本作“胜”。

⑨5“坐”，民国五年本同，手抄本、嘉庆本作“座”。

⑨6“也”，民国五年本同，手抄本作“耶”，嘉庆本作“邪”。

⑨7“西”，手抄本、民国五年本同，嘉庆本作“南”。

⑨8“在那罗延山东”，手抄本、民国五年本同，嘉庆本无。

⑨9“矶东临大海，其西”，民国五年本、嘉庆本同，手抄本作“矶之西”。

⑩0“六”，民国五年本、嘉庆本同，手抄本作“五”。

⑩①“色”,手抄本、民国五年本同,嘉庆本作“水”。

⑩②“玄”,手抄本、民国五年本同,嘉庆本作“元”。

⑩③“玄”,手抄本、民国五年本同,嘉庆本作“元”。

⑩④“海”,手抄本、民国五年本同,嘉庆本作“津”。

⑩⑤“演”,手抄本、民国五年本同,嘉庆本作“衍”。

⑩⑥“未尝计及人情顺逆之故”,手抄本、民国五年本同,嘉庆本无。

⑩⑦“法力之不足恃也。何不端其本以居之耶”,手抄本、民国五年本同,嘉庆本无。

⑩⑧“供”,民国五年本、嘉庆本同,手抄本作“鉴”。

⑩⑨“酒矼糟”,民国五年本同,嘉庆本作“酒矼槽”,手抄本作“酒缸槽”。

⑪⓪“浸”,手抄本、民国五年本同,嘉庆本作“津”。

⑪①“悬崖”,民国五年本、嘉庆本同,手抄本无此二字。

⑪②“劳”,民国五年本同,手抄本、嘉庆本作“崂”。

⑪③“己”,手抄本、民国五年本同。嘉庆本作“巳”,误。

⑪④“由今而观,人伦之外无世道,出处之外无人伦”,手抄本、民国五年本同,嘉庆本无。

⑪⑤“遇真庵”,手抄本、民国五年本同,嘉庆本作“通真宫”。按:嘉庆本下有“通真宫在山北,皇庆二年建”,此处应为“遇真庵”。

⑪⑥“明”,民国五年本、嘉庆本同,手抄本无此字。

⑪⑦“在”,手抄本、民国五年本同,嘉庆本无此字。

⑪⑧“起”,民国五年本、手抄本、嘉庆本均作“其”。按:“起”当为“其”之误。

⑪⑨“东”,手抄本、民国五年本同,嘉庆本作“西”。

⑫⓪“大崂观”,手抄本、民国五年本同,嘉庆本作“大劳观”。

⑫①“齐”,手抄本、民国五年本同,嘉庆本作“亝”。按:“亝”,古同“齐”。

⑫②“游”,手抄本、民国五年本同,嘉庆本作“云”。

⑫③嘉庆本此下尚有六条:1.《通志》:“劳山在即墨东六十里滨海,山

有二，一高大曰大劳，其南差小曰小劳。二山相连，高二十五里，周围八十里。"2. "《岙记》：'泰山虽云高，不如东海劳。'"3. "又名牢盛山，秦始皇登牢盛山望蓬莱是已。"4. "相传春秋时吴王夫差尝登此，得《灵宝度人经》文。"5. "《神仙传》：'乐正子长遇仙于劳山。'"6. "《一统志》：'逢萌归自辽东，养志修道此山。'"

# 崂山志卷四

## 栖隐

枯槁①寂寞[1],人所难处也。君子以信心者往焉[2],故挂瓢洗耳[3],去而不返,岂好异哉?盖诚有富不如贫,贵不如贱,以决耻于荣辱间者,乐此而不疲也[4]。崂当地之东偏[5],空谷之音[6],士所徜徉[7]而托足者尝②不及,而乡[8]有君子,含章尽志,罔不栖迟矣!悲夫!黄农虞夏[9],独寐寤歌[10],其不可解于中者,诚难告人。亦曰:"俯仰深山[11],天地之纪[12],庶力持③在斯耳,岂徒洁身而已乎[13]?"志《栖隐》第四。

**注释:**

[1]枯槁寂寞:枯槁,同"枯槁",本义指草木枯萎,引申为穷困。穷困而默默无闻。

[2]"君子"句:意为君子以安于枯槁寂寞生活的信心出世隐居。

[3]挂瓢洗耳:挂瓢,《太平御览》卷七六二引汉蔡邕《琴操》:"许由无杯器,常以手捧水。人以一瓢遗之,由操饮毕,以瓢挂树。风吹树,瓢动,历历有声。由以为烦扰,遂取捐之。"洗耳,晋皇甫谧《高士传·许由》:"尧让天下于许由……由于是遁耕于中岳颍水之阳,箕山之下,终身无经天下色。尧又召为九州长,由不欲闻之,洗耳于颍水滨。""挂瓢洗耳",指隐居或隐者傲世。

[4]"盖诚有富不如贫"以下几句:盖,发语词。决,同"抉",选择,挑选。意为确实有自认为富不如贫、贵不如贱,而在世俗的富贵、贫贱等荣辱之间,选择以前者为耻

辱,乐于贫贱,不觉厌倦的人。

[5]东偏:最东面。崂山东临大海,是神州大地最东边的陆地。

[6]空谷之音:即空谷足音,空旷的山谷里听到的人的脚步声,比喻十分难得、可贵。

[7]徜徉:闲游,安闲自在地步行。也作倘佯。

[8]乡:此指即墨本地。

[9]黄农虞夏:黄,指黄帝。农,指神农氏炎帝。虞,远古部落名,即有虞氏,相传舜为该部落的领袖;夏:部落名,即夏后氏,相传禹为该部落的领袖,其子启建立了我国历史上第一个王朝夏朝。

[10]独寐寤歌:语出《诗经·卫风·考槃》二章:“考槃在阿,硕人之薖。独寐寤歌,永矢弗过。”寐:睡着。寤,睡醒。独寐寤歌,独自睡、醒,独自高歌。指隐士自由自在、拘无束地生活。

[11]俯仰深山:俯仰,一举一动。俯仰深山,在这里指隐居生活。

[12]天地之纪:天地四时运行的规律。这里指人世间的伦常道德秩序。

[13]“庶力持”两句:意为隐居崂山,不仅仅是为洁身自好,也是通过在山中独善其身,来维系世间伦常。

逢④萌,字子康,北海都昌人。家贫,初为亭长,掷楯[1]叹曰:“丈夫安能为人役哉!”已而,闻王莽[2]杀其子,萌谓所知曰:“三纲[3]绝矣!不去,祸将及。”即挂冠东都门[4],携家浮海,客于辽东。光武即位[5],乃还琅琊之崂山[6],养志修道,人化其德。后累征,皆不出。

**注释:**

[1]楯:通“盾”,盾牌。亭长主捕盗贼,故执盾。

[2]王莽(前45—23):新王朝的建立者。公元8—23年在位。字巨君,魏郡元城(今河北大名东)人,原籍东平陵(今章丘西北)。元始五年(5)毒死汉平帝,初始元年(8)称帝,改国号为新,年号始建国。宣布推行新政,史称“王莽改制”。王莽统治的末期,天下大乱,新莽地皇四年(23),更始军攻入长安,王莽死于乱军之中。王莽共在位16年,而新朝也成为中国历史上很短命的朝代之一。

[3]三纲:封建社会中三种主要的道德关系。《白虎通·三纲六纪》:“三纲者,何谓也?君臣、父子、夫妇也。”

[4]挂冠东都门:挂冠,辞官。《后汉书》卷八十三《逸民列传·逢萌传》作“解冠”,引申为辞官;东都门,后改为青门,长安东郭城北头第一门。

[5]光武:即汉光武帝刘秀(前6—57),东汉王朝的开国皇帝,公元25—57年在位。本为西汉皇族,西汉末年大乱中加入绿林起义,以恢复汉家制度为号,取得了部分地方武装势力的支持,力量逐渐壮大,最后统一全国,建立了东汉王朝。

[6]琅琊:郡名。秦置,治所在琅琊(今山东省胶南市西北)。西汉移至东武(今诸城)。辖境相当于今山东半岛东南部。

郑玄,字康成,北海高密人。少为乡啬夫,[1]不乐,遂造太学受业,师事京兆第五元⑤,[2]通《京氏易》、[3]《公羊春秋》、[4]《三统历》、[5]⑥《九章算术》,[6]又从东郡张恭⑦祖受《周官》、[7]《礼记》、[8]《左氏春秋》、[9]《韩诗》、[10]《古文尚书》,[11]以为山东无足问者,乃西入关,事扶风马融。[12]融素高贵,玄在门下三年,不得见。乃使高业弟子传受⑧玄,玄虚心寻诵,不少倦。会融集诸生考论图纬,闻玄善算,乃召见。玄因质诸疑义,问毕辞归。融曰:“郑生今去,吾道东矣!”家贫,客耕东莱,教授于不其山,负笈从者数百人。无何,经党锢[13],遂隐。及禁解,大将军何进[14]闻其贤,辟之,玄辞焉。州郡以进命也,迫胁甚。玄不得已,就道。至则为设几杖[15],礼甚优。玄以幅巾[16]见,一夕,逃去。北海相孔融[17]深敬玄,屣履[18]造门,告高密令为玄特立一乡曰:“郑公乡”,大其门曰:“通德门”。终玄之身,凡三辟[19],皆不就。

山史氏曰:人杰地灵,地以人存者也。其所存者,在人则人为重耳,可不务与?不其山下,昔有康成书院,有草生,大如薤[20],叶长尺余,坚劲异常草,人谓是康成书带草也。康成食贫,方客耕,岂有书院之可成?为此室者,亦后之君子识不朽耳。草生出类而以书带名之,亦其义也。嗟乎!二者于今,迹灭苗绝矣!过而问之者,犹物色于荒烟白露中。天下之足系人思者,岂以地以物哉!

## 注释:

[1]乡啬夫:汉代基层小吏,掌听讼收赋税。

[2]京兆第五元:《后汉书》卷三十五《郑玄传》作“京兆第五元先”,此处当脱一“先”字。

[3]《京氏易》:指京房开创的西汉今文易学“京氏学”。京房(前77—前37),西汉学者,本姓李,字君明,东郡顿丘(今河南清丰西南)人。京房的《易》学得之于焦延寿。焦延寿讲《易》,喜推灾异,以自然灾害解释卦象,推衍人事。京房深得焦氏《易》学“真谛”,把焦延寿以灾异讲《易》的做法推向极端,以之干政,使《易》学的这一流派在当时声名显赫,对后世影响极大,以致人们把这一流派称之为今文《易》学“京氏学”。京房著作今存《京氏易传》三卷。

[4]《公羊春秋》:即《春秋公羊传》,又称《公羊传》,是《春秋三传》之一,儒家今文经学的重要典籍。上起鲁隐公元年,止于鲁哀公十四年,与《春秋》起讫时间相同。相传其作者为子夏的弟子,战国时齐人公羊高。起初只是口说流传,西汉景帝时,传至玄孙公羊寿,由公羊寿与胡母生(字子都,一作胡毋生)一起将《春秋公羊传》“著于竹帛”。《公羊传》有东汉何休撰《春秋公羊解诂》、唐朝徐彦作《公羊传疏》、清朝陈立撰《公羊义疏》。《公羊传》重视阐释《春秋》之“微言大义”,不重历史事实的解释,其史料价值低于《左传》。从经学的角度看,《公羊传》的主要精神是宣扬儒家拨乱反正、大义灭亲,对乱臣贼子无情镇压的思想,为强化中央专制集权和“大一统”服务。是。

[5]三统历:汉武帝年间,邓平在秦以来的《颛顼历》的基础上,造《太初历》。西汉末年,刘歆等人修订《太初历》而更名为《三统历》。《三统历》不仅系统阐述了邓平的八十一分法,而且补充了很多原来简略的天文知识和上古以来天文文献的考证,成为《汉书·律历志》历法部分的蓝本。其具体内容有造历的理论,节气、朔望、月食及五星等的常数和运算推步方法及基本恒星的距离等。包含了现代天文年历的基本内容,被认为是世界上最早的天文年历的雏形。

[6]《九章算术》:《九章算术》是中国古代数学专著,上承先秦数学发展的源流,进入汉朝后又经许多学者的整理、删补和修订,大约于东汉初年(公元1世纪下半叶)最后成书,它标志着中国古代数学体系的形成。后世的数学家,大都是从《九章算术》开始学习和研究数学知识的,唐宋两代都由国家明文规定为教科书。1084年,北宋朝廷进行刊刻,这是世界上最早的印刷本数学专著。《九章算术》共收有246个数

学问题，分为方田、粟米、衰分、少广、商功、均输、盈不足、方程、勾股等九章，是世界上最早系统叙述了分数运算的著作。其中盈不足的算法更是一项令人惊奇的创造，“方程”章还在世界数学史上首次阐述了负数及其加减运算法则。该书在隋唐时期就已传入朝鲜、日本，现已被译成日、俄、德、英、法等多种文字。

[7]《周官》：即《周礼》，儒家经典之一，是周朝后期根据周代曾有过的官制加工整理的记载王朝设官分职的书。汉代原称《周官》，又称《周官经》，西汉末刘歆始称《周礼》。全书6篇分载天、地、春、夏、秋、冬六官，其中冬官部分在汉代发现时已缺，当时取《考工记》抵充。共有官376职，每一官职有不少属员，合计数万人。该书的作者，古文经学家认为是周公，今文经学家认为出于战国，也有人指为西汉末年刘歆所伪造。近人从周秦铜器铭文所载官制，参证该书中政治、经济制度和学术思想，定为战国时作品。

[8]《礼记》是战国至秦汉年间儒家学者解释说明经书《仪礼》的文章选集，是一部儒家思想的资料汇编。《礼记》的作者不止一人，写作时间也有先有后，其中多数篇章可能是孔子的七十二弟子及其学生们的作品，还兼收先秦的其他典籍。《礼记》的编定者是西汉礼学家戴德和他的侄子戴圣。戴德选编的八十五篇本叫《大戴礼记》，在后来的流传过程中若断若续，到唐代只剩下了三十九篇。戴圣选编的四十九篇本叫《小戴礼记》，即我们今天见到的《礼记》。东汉末年，著名学者郑玄为《小戴礼记》作了出色的注解，后来这个本子便盛行不衰，并由解说经文的著作逐渐成为经典，到唐代被列为“九经”之一，到宋代被列入“十三经”之中，成为士人必读之书。《礼记》的内容主要是记载和论述先秦的礼制、礼意，解释《仪礼》，记录孔子和弟子等的问答，记述修身做人的准则。其内容广博，门类庞杂，涉及政治、法律、道德、哲学、历史、祭祀、文艺、日常生活、历法、地理等诸多方面，集中体现了先秦儒家的政治、哲学和伦理思想，是研究先秦社会的重要资料。

[9]《左氏春秋》：即《左传》，原名《左氏春秋》，汉代改称《春秋左氏传》，简称《左传》。是我国现存第一部较为完备的、有关春秋时期各诸侯国的政治、经济、军事、外交、文化等方面情况的编年体史书。其作者，旧说以为是孔子的同代人鲁国史官左丘明，清代有的学者认为系刘歆改编，近人认为是战国初年人根据各诸侯国史编成。该书所记史实比《春秋》多出13年，征引大量古代史实，多用事实解释《春秋》，同《公羊传》、《穀梁传》以义理解经有很大不同。因而补充并丰富了《春秋》的内容，大大提高了《左传》的史料价值。与《公羊传》、《穀梁传》合称“春秋三传”，是儒家重要的经典

之一。

[10]《韩诗》:汉初燕人韩婴所传授的《诗经》。西汉初传《诗》者有鲁、齐、韩、毛四家。"韩诗"创立者韩婴,文帝时为博士官,推诗人之意而作《内外传》数万言。西晋时,"韩诗"虽存, 无传者;南宋以后《内传》亡失,仅存《外传》。今本《韩诗外传》已非原书,有一部分已经后人修改。《诗》今文学派之一,与鲁诗、齐诗并称三家诗。

[11]《古文尚书》:汉武帝时在孔子故宅夹壁中发现的《尚书》文本和东晋梅赜所献的伪《古文尚书》,均称为《古文尚书》,此处指前者。《尚书》是我国第一部上古历史文献集。战国时总称为《书》,汉人改称《尚书》,意即"上古帝王之书"(《论衡·正说篇》)。《尚书》的真伪、聚散,极其复杂曲折。汉人传说先秦时《书》有100篇,其中《虞夏书》20篇,《商书》、《周书》各40篇,每篇有序,题孔子所编。《史记·孔子世家》也说到孔子修《书》。但近代学者多以为《尚书》编定于战国时期。秦始皇焚书之后,《书》多残缺。今存《书序》,为《史记》所引,约出于战国儒生之手。汉初,《尚书》存29篇,为秦博士伏生所传,用汉时隶书抄写,被称为《今文尚书》。西汉前期,相传鲁恭王拆孔子故宅一段墙壁,发现另一部《尚书》,是用先秦六国时字体书写的,所以称《古文尚书》,它比《今文尚书》多16篇,孔安国读后献于皇家。因未列于学官,《古文尚书》未能流布。东晋元帝时,豫章内史梅颐献伪《古文尚书》及孔安国《尚书传》。这部《古文尚书》比《今文尚书》多出25篇,又从《今文尚书》中多分出5篇,而当时今文本中的《秦誓》篇已佚,所以伪古文与今文合共58篇。唐太宗时,孔颖达奉诏撰《尚书正义》,就是用古今文真伪混合的本子。南宋朱熹以后,对其中真伪颇有疑义。明代梅鷟作《尚书考异》,清代阎若璩著《古文尚书疏证》等,才将《古文尚书》和孔安国《尚书传》乃属伪造的性质断实。

[12]马融(79—166):东汉经学家,文学家。字季长,右扶风茂陵(今陕西兴平东北)人。曾任校书郎、议郎、南郡太守等职。从挚恂学。遍注《周易》、《尚书》、《毛诗》、《三礼》、《论语》、《孝经》,使古文经学达到纯熟的境地。生徒常有千余人,郑玄、卢植都出自其门下。

[13]党锢:指东汉著名的党锢之祸。东汉中叶以后,外戚与宦官的争权夺利愈演愈烈。桓帝时期,以李膺、陈蕃为首的官僚集团,与以郭泰为首的太学生联合起来,结成朋党,猛烈抨击宦官的黑暗统治。宦官依靠皇权,两次向党人发动大规模和残酷迫害活动,史称"党锢之祸"。第一次党锢之祸发生在延熙九年(166),李膺、范滂等二百余人被逮捕,第二年,汉桓帝迫于舆论压力,释放了党人,但把李膺等人遣送还

乡,“禁锢终身”,不得做官和参加政治活动。三年后,即公元168年,桓帝死,灵帝继位,宦官再次大兴党狱,李膺、杜密、范滂等一百多人惨死在狱中,禁锢六七百人,拘捕了太学生一千多人。党人五服内亲属以及门生故吏凡有官职的全部免官禁锢。史称第二次党锢之祸。党锢之祸持续近20年,直到汉灵帝中平元年(184)才解禁。经过这场浩劫,天下儒生几乎被一网打尽。《后汉书·郑玄列传》卷三十五所载“及党事起,乃与同郡孙嵩等四十余人俱被禁锢,遂隐休经业,杜门不出”,与本书中的“经党锢”都是指郑玄在党锢之祸中也是被禁锢的对象之一。

[14]何进(?—189):东汉南阳宛县(今河南南阳)人,字遂高。因其妹妹为灵帝皇后,得任大将军。灵帝死后,他立少帝,把持朝政,后与袁绍等合谋诛宦官,事泄,为宦官所杀。

[15]几杖:即坐几和手杖,皆老者所用,古常用为敬老者之物,《礼记·曲礼》中记载:“大夫七十而致事,若不得谢,则必赐之几杖。”《史记·淮南衡山列传》:“元朔三年,上赐淮南王几杖,不朝。”按中国传统,被授“几杖”是一件极为荣耀之事。这里为郑玄设几杖,是表示极为尊重的意思。

[16]幅巾:是指用一块帛巾束首,一种表示儒雅的装束。幅巾之名早见于《后汉书·郑玄传》:“玄不受朝服,而以幅巾见。”《三国志·魏志·武帝纪》亦有记载,裴松之注引《傅子》:“汉末王公多委王服,以幅巾为雅。”这种厌弃冠冕公服,以幅巾束首的风气,到魏晋时期仍十分流行。这里是指郑玄不穿官服,以素装见官,表达了他不以“官”为念的志向。

[17]孔融(153—208):字文举,汉末鲁国人,孔子的二十世孙。父亲孔宙,做过太山都尉。孔融少时成名,几次辞谢了州郡的辟举,于灵帝时“辟司徒杨赐府”(《后汉书·孔融传》),开始步入仕途。因出任北海(东汉郡国名,治所在今山东昌乐西)相,颇有政声,时人又称他为“孔北海”。建安年间,孔融先后担任将作大匠、少府、太中大夫等职。这时曹操专权,他与曹操政治上颇有分歧,每多乖忤,终于在建安十三年(208)被曹操所杀。孔融是东汉末年一代名儒,继蔡邕为文章宗师,亦长于诗歌,也是建安七子之一。

[18]屣履[xǐ lǚ]:拖着鞋子走路。多形容匆匆忙忙的样子。这里是描述孔融想见郑玄的急迫心情。

[19]辟[bì]:指君主征召授予官职。

[20]薤[xiè]:多年生草本植物,地下有鳞茎,叶子细长,花紫色,伞形花序,鳞茎

可以吃,原产中国。

公沙穆,字文乂[1],北海胶东人。习《韩诗》、《公羊春秋》,尤锐意《河》、《洛》推步之学。[2]隐东莱山,富人王仲以千金与穆为赀[3],曰:“富贵在天,得之有命。”游太学与吴祐定交杵臼之下,世谓之“杵臼交”,[4]后举孝廉,[5]为从事,[6]迁缯相。[7]缯侯刘敞[8]多不法,穆开譬之,转⑨弘农令,有善政。

南北朝杨愔,清河人,避难东莱。初为齐高欢右丞,从兄[9]幼卿为岐州刺史,以直言见诛,愔闻之,惧,弃衣冠于水滨,若已沉者,变姓名,自称刘士安。因东入田横岛[10],以讲学为业,海隅之士谓之刘先生。⑩

**注释:**

[1]乂[yì]:有才德。

[2]《河》、《洛》推步之学:《河》,《河图》;《洛》,《洛书》。古人称推算历法为“推步”,推步之学即历算学。

[3]赀[zī]:同“资”,钱财,费用。

[4]杵臼交:《后汉书》卷六十四《吴祐传》曰:“公沙穆来游太学,无粮资,乃变服客佣,为吴祐赁舂。祐与语,大惊,遂与共定交于杵臼之间。”后人称交友不嫌贫贱为“杵臼交”。

[5]孝廉:汉代选拔官吏实行的察举制科目之一。孝廉是孝顺父母、办事廉正的意思。实际上察举多为世族大家垄断,互相吹捧,弄虚作假,当时有童谣讽刺:“举秀才,不知书;举孝廉,父别居。”

[6]从事:汉代刺史佐吏,可由刺史自行聘任。

[7]缯相:缯,汉代侯国,据《后汉书》卷二十一《郡国三》记载,东汉时属琅邪国,是琅邪十三城之一,在今山东省临沂东北。相,汉代诸侯国的实际执政者,地位相当于郡太守。

[8]刘敞:当时汉宗室,光武帝郭皇后所生东海恭王刘强之后。

[9]从兄:远古、中古时期的人所常用的亲属称谓,根据共祖父与否,可分为两类,同曾祖父不同祖父而年长于己者,称为“从祖兄”,略同后世之再从兄;同祖父不

同父而年长于己者，称为“从父兄”，略同今之堂兄。二者在书面语中都称为从兄。

[10]田横岛：在山东即墨东北海中，相传西汉初齐王田横率部属500人逃亡于此，故名。

## 栖隐补

张允抡，莱阳人，字并叔，号季栎，别号栎里先生。肃慎自持，发言不苟，行无旁顾，尤慎交，长者也。就而与言，浮夸者至，则敛容退。崇祯甲戌[1]⑪成进士，由二甲[2]入户曹[3]。税课崇文门，自矢清白，虽纤尘不染。事竣，计羡[4]金二千，悉封输上府。在朝卓然独立，不意为比附。

**注释：**

[1]崇祯甲戌：崇祯七年(1634)。

[2]二甲：源自我国始于隋唐的科举考试制度，自宋太平兴国八年始，进士殿试后分一甲、二甲、三甲三等，合称三甲。清沿明制，进士分为三甲，头甲三人，即状元、榜眼和探花，称“进士及第”；二甲若干(清朝时一般为七人)，称“进士出身”；三甲称“同进士出身”。世人统称录取者为“进士”。

[3]户曹：古代分科办事的官署，一般是掌管民户、祠祀、农桑等。

[4]羡[xiàn]：有余，余剩。

出守饶州，[1]饶故抗顽，多逋赋，[2]或为先生难之。先生曰：“是独不可相与为理耶？为天子守一郡，安在不可行吾学？”至则察旧例之不便民者，条悉具议。为民请命，屡经驳复，不少退。曰：“苟释累于民，虽朝叱而暮请，吾无惮也。”治饶四年，挂壁一胡床[3]耳。及其归也，橐[4]无长物。在仕籍十年，先田茅屋不使尺寸增益，仆隶三四人，甲申[5]山居，复遣去。晨夕樵汲[6]，独一老仆在。常自操作，曰：“是固吾贫士家风也。”素爱崂山，为其深僻，足寄啸歌，思一托足焉。遂与万柳夫子、晓园子约，[7]三就讲席于墨，而先生且居邋遢石、玉蕊楼，几十年不去。凡游崂选胜即命诸笔，亦不多示人，曰："吾甚畏乎名之著耳！"在官著《希范堂集》，在山著《廉吏高士传》，皆以自命。年七十疾笃，命具道服幅巾，语其子曰："吾乃今得正而毙矣！"

**注释：**

[1]饶州：今江西省上饶市鄱阳县。

[2]逋[bū]赋：拖欠赋税。

[3]胡床：古时一种可以折叠的轻便坐具，又称交床。

[4]橐[tuó]：口袋。

[5]甲申：崇祯十七年(1644)，明王朝亡于这一年。

[6]樵汲：打柴汲水。

[7]万柳夫子：宋继澄，字澄岚，号渌溪，又号万柳居士，晚年自称海上病叟，明莱阳(今山东省莱阳市)人。天启七年(1627)举人，善古文词，文名满海内，与其子宋琏皆为"复社"中坚人物，并以莱阳为中心组织了海滨复社。宋继澄为明兵部尚书黄嘉善之孙婿，明亡后，隐居不仕，设教于即墨，居黄宗昌在崂山修筑的玉蕊楼多年，与即墨之黄姓、蓝姓诸望族之文人结诗社，朝夕吟咏，曾为黄宗昌《崂山志》作序。著有《万柳文集》等。晓园子，宋继澄之子宋琏，字晓园。

秋水居士曰：并叔先生孤洁自律，喜疏旷[1]而行端严。与人处，淡而永，初对之若拘方者，久之而得其安闲，又久之而得其高远。其仪度然耳。余奉教数年，未尝见有毫发沾滞[2]。盖天与深山之器消融于气化中者也。余慕先生贤于古人多矣！故补述其略，为时不淑[3]而思以自立者法。

论曰：入山惟恐不深，非必山之深也，有与为深者也。有与为深，凡山皆深矣。故一丘一壑，君子居之，大莫大焉。此其心性与物理相为屈伸，其所自命，在山川之外者也。康成之不其山，栎里之玉蕊楼，山何尝深？而人⑫之寄托，自不在寻常步伍中。以此知人之确然于俯仰间者，虽造物不能限，而况山乎！

**注释：**

[1]疏旷：豪放，豁达。

[2]沾滞：拘执而不通达。

[3]不淑：不善，不良。这里指时代动乱。

[校勘记]

①“枯稿”，民国五年本、手抄本皆做“枯槁”。

②“尝”，民国五年本同，手抄本作“常”。

③“持”，民国五年本同，手抄本作“维持”。

④“逄”，民国五年本同，手抄本作“逢”。

⑤“元”，民国五年本同，手抄本作“伦”，误。

⑥“三统历”，民国五年本同。手抄本作“三统志”，误。

⑦“恭”，民国五年本同，手抄本作“公”，误。

⑧“受”，民国五年本同，手抄本作“授”。

⑨“转”，民国五年本同，手抄本作“迁”。

⑩“南北朝杨愔”至“海隅之士谓之刘先生”一段，民国五年本同，手抄本无。

⑪“戌”：民国五年本同，手抄本作“戍”，误。按：此处应为“戌”，张允抡是1634年中进士，此年为“崇祯甲戌”。

⑫“人”，民国五年本同，手抄本作“两人”。

# 崂山志卷五

## 仙释

道本于人事者也，静观动察，学贵实践而崇尚虚无，反经者所不道。夫其等天地于逆旅[1]，眇光阴为过隙，此亦有所托而逃焉者。崂山处东南隅，又半在海，胜地名岩外，多人迹所不至，故修炼家[2]时有也。彼函关望气[3]，葱岭遗迹[4]，生各有地，地各有人，不得谓古今之不相及耳。志《仙释》第五。

**乐正子长**　不知何许人，尝遇仙于崂山，授以巨胜赤散方，服之，年过百八十，颜如童。入崂深处，不知所终。

**宋华盖真人**[5]　姓刘，蜀人，寓居崂。丹颜皓首，不自知其年。衣敝衣取掩形耳，不冠不履，冬不炉，夏不扇。一夕，端坐化去，神色自若，其徒择地葬之，墓在高真宫[6]前。

**注释：**

[1]逆旅：客舍、旅馆。

[2]修炼家：从事修道、炼气、炼丹等活动的人。

[3]函关望气：《史记》卷六十三《老子韩非列传》："老子修道德，其学以自隐无名为务。居周久之，见周之衰，乃遂去。至关，关令尹喜曰：'子将隐矣，强为我著书。'

于是老子乃著书上下篇，言道德之意五千余言而去，莫知其所终。”西汉刘向《列仙传》：“关令尹喜者，周大夫也。善内学，常服精华，隐德修行，时人莫知。老子西游，喜先见其气，知有真人当过，物色而遮之，果得老子。老子亦知其奇，为著书授之。后与老子俱游流沙，化胡，服苣胜实，莫知其所终。”这里以“函关望气”借指有道教异术者。

[4]葱岭遗迹：葱岭，古代对今帕米尔高原及昆仑山、喀喇昆仑山西部诸山的统称。为古代东方和西方陆路交通的要道，也是自汉武帝以来开辟的丝绸之路的必经之地。中国古代赴西天取经的僧人，多沿丝绸之路越过葱岭而进入印度。“葱岭遗迹”，在这里指僧人取经求法的遗迹。

[5]华盖真人：即刘若拙，生于五代后唐同光二年(924)，五代时自四川来到崂山，建驱虎庵，潜心修炼。宋建隆元年(960)，他得到宋太祖的召见，被敕封为“华盖真人”。宋太宗淳化三年(992)逝于即墨。《即墨志》卷九《杂志·仙流》中有传。

[6]高真宫：同治版《即墨县志》载：“高真宫在东门外以北，晋太安元年(302)建”，现已改建为东关小学。庙前有道士刘若拙墓，系市级保护文物。

**元丘长春**[1]　名处机，栖霞人，自号长春子。为儿时，有相者谓其：“异日当为神仙宗伯。”[2]年十九，为全真学。云游访道劳①山，见其奇秀，改名鳌山，以为栖真处。元太祖[3]尝召见，每言：“欲一天下，必在不嗜杀人。”又言：“为治在敬天勤民，长生在清心寡欲。”尝祷雨及退荧惑[4]，皆有验。一日，天大云雷，太液池[5]岸北水入东湖，声闻数里，池遂涸，北口高岸亦崩。处机曰：“山其摧乎？池其涸乎？吾将与之俱乎？”遂卒，年八十，元加赠“长春丘真人”。

山史氏曰：大哉！长春子之言也，其有古直臣之风矣！夫“一大②下必在不嗜杀人”，圣世王佐不过如是。元廷臣未有能言之者，而出诸羽士[6]之口，曰：“敬天勤民”、“清心寡欲”，亦足破泛海采药、求服食者之惑，羽士也乎哉！嗟乎！世不明道，未深察其本末，见缁羽则非之曰：“吾恶其乱道也，害治也。”而不知当途之乱道害治滋甚，胡不思所以辟之与？

**李志明**[7]　王重阳[8]之派孙。元大德[9]初，杖履东来，以清虚为体，明道为宗。见上清宫就圮[10]③，叹曰：“东海名山，仙师遗迹，岂容泯灭？

非天不畀人,[11]人自弃耳!"与其徒除荆榛,辟土鸠工,重理殿宇,居上清一纪,复块处明霞洞二十五年。年八十,步履轻健,度弟子几[12]五百人,后不知所终。

**注释:**

[1]丘长春:丘处机(1148—1227),字通密,号长春子,登州栖霞人。19岁时,在宁海拜王重阳为师而出家为全真道士。王重阳去世后,他潜修于龙门山,形成龙门派。成吉思汗召见于雪山,尊为神仙,拜为大宗师,总领道教。丘处机去世后,元世祖忽必略褒赠"长春演道主教真人封号",世号长春真人。著有《摄生消息论》、《大丹直指》等。北京白云观有丘处机遗骨埋葬处。

[2]宗伯:本为官名,在周代为六卿之一,掌宗庙祭祀,后世因称礼部尚书为大宗伯,礼部侍郎为少宗伯。后引申为文章学问受人尊敬的大师。这里的"神仙宗伯",借指道教首领或大师。

[3]元太祖:即成吉思汗(1162—1227),名铁木真。古代蒙古首领,军事家和政治家。元朝建立后被追尊为"元太祖"。

[4]荧惑:古指火星。因隐现不定,令人迷惑,故名。古人认为,荧惑星出现时,预示着悖乱、疾病、死丧、饥饿、战争等灾难的发生。

[5]太液池:金贞元元年(1153)完颜亮(即海陵王)正式迁都北京,改辽南京为金中都,并修建了太液池,又叫同乐园。在园内,辟治了瑶池、蓬瀛、柳庄、杏村等名胜。元代时,太液池是现在北海与中海的总称。

[6]羽士:道士的别称。

[7]李志明:号隐真子,全真道王重阳之徒孙。元大德元年(1297)应云岩子刘志坚之邀请来崂山,曾与其徒重修上清宫。元泰定三年(1326),又创建聚仙宫。晚年后独居崂山明霞洞,被敕封为"通玄弘教洞微大师"。

[8]王重阳(1113—1170),全真道士,全真道的创立者。原名中孚,字允卿,后更名嘉,字知明,号重阳子,陕西咸阳人。元世祖封为"全真开化真君"。著有《重阳全真集》、《教化集》、《立教十五论》等。

[9]元大德:元成宗年号,1297至1307年。

[10]圮[pǐ]:同"圯",坍塌,倒塌。

[11]畀[bì]:给予,赋予。

[12]几:表示非常接近,相当于“几乎”、“差不多”。

**云岩子** 姓刘,名志坚,博州[1]人,倜傥有材干。少事元永昌王[2],掌鹰坊,凡王命多任之,故有刘使臣之称。尝梦见④一须⑤翁曰:“奚为不速去也?”又梦至一境,山水幽深,心自⑥异之。忽悟,弃家入道,师事东平郭至空。郭曰:“闻汝善养鹰,夫学道亦若是矣,锻⑦去野性,久之调服,自然合道。”遂唯[3]而笃行,辞郭而东至崂山。私喜曰:“机缘在是矣。”即山麓南阿为椽[4],虎狼旁午,[5]人咸为危之,曰:“独不惧乎?”曰:“与物无竞,何忧何惧?”岁余,徙入深涧,巅有大树,始面涧背树趺坐,[6]倦则稍依⑧树。既而移身面树背涧,夜深,忽坠涧下,竟无所损。素未尝知⑨书,直述口号曰:“三十三上抛家计,纵横自在无拘系。来到崂山下苦功,十年得个真气力。”凡一言一行,必践其实。诚则必明,颇知休咎[7]。一日语众曰:“尔曹勉旃[8]善自修,吾将逝矣!当有声震,有鹿来。”门人请后嘱,答曰:“师真秘语,俱在方策,尔曹曾未一窥。我生平口⑩以⑪实心行实事,尚何言哉!”栉[9]沐端坐,至夜,月白风清,果声震,鹿至,悠然而逝,年六十六。门人葬华楼之凌烟崮,今有墓在焉。

**徐复阳** 号太和子,尝师李灵仙,得密传。元元统间[10]隐居鹤山,锻⑫炼功成,阳神静出。顺帝[11]召见,赐锦烂[12]⑬之衣,所著有《近仙客词》,遂⑭仙去。

**注释:**

[1]博州:隋代开皇十六年(596)置,治所在聊城(今山东省聊城市东北)。

[2]元永昌王:元太宗窝阔台的孙子、阔端的第三子只必帖木儿。阔端当时坐镇凉州,他的三子镇守永昌,元世祖至元九年(1272)十一月,只必帖木儿所筑新城被赐名永昌府,他也被称为“永昌王”。

[3]唯:本义为急速应答声。这里指答应按郭至空的指点去修炼。

[4]椽[chuán]:放在檩上以支撑屋顶材料并承屋瓦的圆木。这里指代房屋。

[5]旁午:亦作“旁迕”。交错,纷繁。这里指虎狼出没频繁。

[6]趺[fū]坐:跏趺坐的略称。佛教中修禅者的坐法,即双足交叠而坐。

[7]休咎:吉凶。《尚书·洪范》有“休征”、“咎征”,即吉兆、凶兆。

[8]勉旃[miǎn zhān]:努力。多于劝勉时用之。旃,语助词,之焉的合音字。

[9]栉[zhì]:梳头发。

[10]元统间:元顺帝年号,1333年至1335年。

[11]顺帝:孛儿只斤·妥懽帖睦尔(1320—1370),元朝最后一位皇帝,也是北元第一位皇帝。北元庙号为惠宗,谥号宣仁普孝皇帝。之所以又叫元顺帝,是因为1368年,明军进攻大都时,元惠宗仅带部分家眷逃往上都,后又逃至应昌,因为没有进行大规模的抵抗,“大明皇帝(指明太祖)以帝知顺天命退避而去,特加其号曰顺帝”(《元史》卷四十七《顺帝纪》)。元惠宗建立的北元政权曾两次反攻,都未成功。1370年,元惠宗病逝于应昌。

[12]烂:明亮,光明,色彩绚丽。

**明永乐间有张⑮三丰者** 尝自青州[1]云门来,于崂山下居之,居民苏现礼敬焉。邑中初无耐冬花,三丰⑯自海岛携出一本,植现庭前,虽隆冬严雪,叶色愈翠。正月即花,蕃[2]艳可爱。今近二百年,柯[3]干大小如初,或分其蘖[4]株别植,未有能生者。又有张仙塔、邋遢石,皆其历迹。

**齐道人者** 青之寿光[5]人,性僻耽静。来海上,穷二崂之区尽,而南两峰矗立者为南天门,中有庵曰先天庵,松萝宛转,幽胜绝尘,道人依之。缄默自持,喜焚洒,蓝缕蓬跣。[6]日啖穛秕[7]一撮,所余粒悉炊之,以果游方之腹,意于于[8]甚适也。为庵重新[9],帝宇三楹[10],廊厢倍之,皆躬亲⑰拮据。[11]其苦行,人所不堪。比有取庵左林木者,众难之,道人救解焉。赠以所伐之木,使去。天启辛酉[12]冬,有老尼可九十,冻若就死状,来求宿,众不纳,且挥之。道人曰:“老人亦有性命,此可避,谁当不避?”因呼与处,略无忌焉。后尼屡显异迹,山居者乃皆⑱知非凡人,寻亦不知其所往。壬戌[13]春正月,道人忽语众曰:“吾世缘已尽,将从此逝矣!”恍失所在,羽众觅之,至八仙墩,则衲履在焉。墩之下,汪洋东溟[14]也。人谓道人水解[15]云。

**崔道人** 修真黄石宫，避人。与其徒结茅古迹岛，自耕食。岛在山南海中百余里，常为蟒穴。崔始居而蟒来，以头塞户，瞪目三日。崔语之曰：“有宿怨⑲当食找⑳，无则久居此何为？”旋去，隐不复见。世传其事，谓㉑道力足以胜之也。

**注释：**

[1]青州：即今山东省青州市。

[2]蕃[fán]：茂盛。

[3]柯：草木的枝茎。

[4]蘖：[niè]树木的嫩芽。

[5]寿光：今山东省潍坊市寿光县。

[6]蓝缕：蓝缕，形容衣服破烂。蓬跣[xiǎn]：蓬，头发蓬乱；跣，赤足。

[7]穅秕[kāng bǐ]：穅同“糠”，秕，瘪谷。指粗劣的食粮。

[8]于于：自得舒徐的样子。

[9]重新：再次装修使面貌一新。明李贽有《栖霞寺重新佛殿劝化文》。

[10]楹[yíng]：量词，古代计算房屋的单位，一说一列为一楹；一说一间为一楹。

[11]拮[jié]据：辛苦操作。

[12]天启辛酉：天启元年(1621)。

[13]壬戌：天启二年(1622)。

[14]东溟[míng]：东海。

[15]水解：道教尸解的方式之一，指托寄于水而蜕形仙去。

**憨山** 名德清，南京报恩寺[1]僧。幼多宿慧[2]，十岁时与其母问答，即有“可惜一生辛苦到头罢休”之语。令习举子业[3]，经书子史，入目能通。长于词赋，然非其志，弃而从事空门，专心参究[4]，遂博明宗旨，其所领悟，即毫无住著[5]。尝于净头[6]识妙峰[7]，相期同游，妙峰果不凡。再期之，则先去矣。越二年，出游至京师，一时贤士大夫乐与之游，见妙峰，遂相与俱去。入五台[8]，居北台之龙山。久之有得，说偈[9]曰：“瞥然[10]

一念狂心歇，内外根尘[11]俱洞彻㉒。翻身触破大虚空，万象森罗[12]从起灭。"尝纵观天下名山，似无当者。乃别妙峰，东蹈[13]海，寻那罗延，不可居，至下清宫止焉。初于树下掩片席为居，七阅[14]月，土人张大心结庐使安之，会[15]有赐金三千为建庵赀，曰："吾三椽下容身有余矣！"时大饥，出济之，以广[16]上仁。下清宫，旧道院也，倾圮甚，羽流[17]窜亡，一二香火守废基，苦无藉。念可建大法幢[18]者，此其机。久之，羽流益窘，愿资我多金，举地属之。于是走京师，奏请内廷供奉，于是出旃檀佛[19]暨大部藏经界[20]之将奉[21]。比至[22]，大建㉓梵刹[23]曰海印寺。于是教行而人归者众，佛宇僧寮之盛几埒[24]于五台、普陀。居数年，道士耿义兰[25]者，寺中有所餂[26]，见逆[27]，出怨言，讼于公，见笞[28]益怨，乃指宫门詈[29]曰："您秃覆楚，予将秦庭㉔七日哭而复尔也[30]。"于是上变告，憨山被诬，戍雷州。憨山固入道士，处患若平居，然所在说法皈依者众，及赦还。复理曹溪匡庐，年七十八卒。卒之日，沐浴端坐曰："今日斩断葛藤[31]矣！"

山史氏曰：道高而毁来，忌之者多也。释氏子，夫何忌而多口若是，盛名难厌，故君子恶其著耳。吾观憨山年谱，而知憨山之所以为憨山者，其开宗明义，已既廓然四达㉕，了无生相矣。胡劳劳人世为？岂借桴[32]济湃，道当如是与？嗟乎！贤人君子㉖多坎险，虽道大如憨山而亦不免然㉗，彼小人者之流毒可胜道哉！

**注释：**

[1]报恩寺：即南京大报恩寺。位于南京中华门外雨花路东侧秦淮河畔长干里，原址有建于吴赤乌三年(240)的长干寺及阿育王塔，史称"江南佛寺之始"，永乐十年(1412)重建，施工极其考究，完全按照皇宫的标准来营建，金碧辉煌，昼夜通明。是中国历史最为悠久的佛教寺庙之一，是明清时期中国的佛教中心，中世纪世界七大奇迹，被西方人视为代表中国文化的标志性建筑之一。与灵谷寺、天界寺并称为金陵三大寺。大报恩寺琉璃宝塔作为中国最具特色的标志性建筑物，被称为"天下第一塔"，更有"中国之大古董，永乐之大窑器"之誉，2013年5月，被国务院核定公布为第七批全国重点文物保护单位。

[2]宿慧:从前世而来的智慧。佛教认为,“宿慧”在今生遇到机缘,就会显发出来。如《红楼梦》第一回:“士隐本是有宿慧的,一闻此言,心中早已彻悟。”后俗语“宿慧”指天资,即与生俱来的智慧。

[3]举子业:为参加科举考试而研习的课业。

[4]参究:佛教中指用心、深入研究。

[5]住著:在佛教中是执着的意思。

[6]净头:禅林中负责清扫厕所之职的称谓,又作圊头、持净。这里指憨山在担任清扫厕所工作时认识了妙峰。

[7]妙峰:法名福登,法号妙峰,也称佛登。据《峨眉山志·历代高僧》载,妙峰祖籍山西平阳(今山西临汾市),俗姓续。一生善营建,工铸造。憨山大师在《梦游集》中称颂:“妙峰福登禅师,福慧洪深,誓愿广大,一生所作大功德,莫能殚述。”

[8]五台:即五台山,位于山西省忻州市五台县境内,位列中国四大佛教名山之首。与尼泊尔蓝毗尼花园、印度鹿野苑、菩提伽耶、拘尸那迦并称为世界五大佛教圣地。该山由古老结晶岩构成,北部切割深峻,五峰耸立,峰顶平坦如台,故称五台。五台之中以北台最高,北台顶海拔3061.1米,有“华北屋脊”之称。山中气候寒冷,台顶终年有冰,盛夏天气凉爽,故又称清凉山,为避暑胜地。该山地质古老,地貌奇特,是著名的国家地质公园,被誉为“中国地质博物馆”。

[9]偈[jì]:佛教术语,指佛经中的唱颂词。一般是四句,三言四言乃至多言不定。

[10]瞥然:忽然,迅速地。明高明《琵琶记·琴诉荷池》:“嫩绿池塘梅雨歇,薰风乍转,瞥然见新凉。”

[11]根尘:佛教用语。佛家谓眼、耳、鼻、舌、身、意为六根,色、声、香、味、触、法为六尘。色之所依而能取境者谓之根;根之所取者,谓之尘。合称根尘。《楞严经》卷五:“根尘同源,缚脱无二。”宋苏轼《次韵定慧长老守钦见寄》之四:“根尘各清净,心境两奇绝。”清黄宗羲《泽望黄君圹志》:“深恨释氏根尘洗涤未净。”

[12]万象森罗:万象,宇宙间各种事物和现象;森,众多;罗,罗列。指天地间纷纷罗列的各种各样的景象,形容包含的内容极为丰富。出自南朝梁·陶弘景《茅山长沙馆碑》:“夫万象森罗,不离两仪所育。百法纷凑,无越三教之境。”

[13]蹈:朝某方向走,行。

[14]阅:经历。这里的“七阅月”是指过了7个月。

[15]会:恰巧,正好。

[16]广:扩大、扩充。

[17]羽流:道人,道士。

[18]法幢[chuáng]:写有佛教经文的长筒形绸伞或刻有佛教经文、佛像等的石柱。幢即幢幡,与旌旗同义。猛将建幢旗以表战胜之相,故以法幢譬喻佛菩萨之说法能降伏众生烦恼之魔军。后凡于佛法立一家之见,即称为建立法幢,也用来比喻佛法。这里指建佛教寺院以弘扬佛法。

[19]旃[zhān]檀[tán]佛:旃檀,檀香;旃檀佛,指用檀香木制作的释迦牟尼像。

[20]畀[bì]:给,给予。

[21]将奉:供养、奉养。

[22]比至:等回到下清宫。

[23]梵刹:佛教名词。"梵"意谓"清净","刹"意谓"地方"。原指"佛国"、"佛土",后转化为寺院之美称。

[24]埒[liè]:等同;并立;相比。

[25]耿义兰:字芝山,号飞霞,又号灵应子,明代高密(今山东省高密市)人,生于正德四年(1509)九月十八日。嘉靖年间进士,后弃家入道,从师太清宫道士高礼岩,偕师同去华山北斗坪挂单10余年,拜赵景虚学道说法,后辞师入京都白云观丛林挂单,参访道理玄学。不久回到崂山,于慈光洞、黄石宫等处静修。万历十七年,耿义兰与贾性全、刘真湖、张复仁、谭虚一等道人上书县、府,控告憨山和尚在道院建佛寺。万历十九年(1591)秋,耿义兰赴京城上控,万历二十八年(1600)朝廷降旨毁海印寺重建太清宫,敕封耿义兰为"扶教真人"。应耿义兰之奏请,皇帝又赐《道藏》共480函,并钦赐御伞御棍,金冠紫袍,永镇太清宫道场。万历三十四年(1606)十月十五日耿义兰去世,年97岁,葬于三皇殿前,今太清宫三皇殿西厢为"耿真人祠",内祀扶教真人耿义兰之神位。

[26]餂[tiǎn]:用甜言蜜语探取,诱取。这里指想从寺中获得好处。

[27]逆:抵触;不顺;违背。这里指遭到拒绝。

[27]笞[chì]:用鞭、杖和竹板子打。

[29]詈[lì]:骂,责骂。

[30]"您秃覆楚"两句:典出伍子胥与申包胥故事。据《左传·定公四年》记载,伍子胥的父、兄为楚平王所杀,伍子胥被迫逃往吴国。他与申包胥本是好朋友,出逃

前,“谓申包胥曰:‘我必覆楚国。’申包胥曰:‘勉之!子能复之,我必能兴之。’”后伍子胥带兵攻入楚都,掘楚平王墓,鞭尸三百,以报父兄之仇。而此时“申包胥如秦乞师……立,依于庭墙而哭,日夜不绝声,勺饮不入口七日。秦哀公为之赋《无衣》,九顿首而坐,秦师乃出”。楚国因此得以保全。这一史事又见于《史记·伍子胥列传》。您,古为你的俗字。您秃,即你们这些和尚。耿义兰在此以伍子胥喻憨山一方,以申包胥自喻。表示海印寺想对太清宫赶尽杀绝,他一定要像申包胥一样,不惜一切代价求得外援加以报复。

[31]葛藤:佛教以葛藤来比喻俗世对人的束缚。

[32]桴[fú]:小的竹、木筏子。《论语·公冶长》:“乘桴浮于海。”皇侃疏:“桴者,编竹木也。大曰筏,小曰桴。”

## 仙释补

**自华上人** 四川夔州[1]府㉘奉节人,俗姓谭。生而灵异,母徐氏梦老人奉药一丸,吞之,是生上人。上人七岁时,病,梦观音大士语以前因曰:“尔名海近,有七世修持,今不修,后其堕矣!”上人答曰:“修矣乎!今往修不㉙知当从何处?”曰:“尔好修,吾与尔修所。”遂至一青山处,以柳枝酌酒洒面,惊而寤,得汗愈。告母以梦,求出家,以其幼也,入妙莲寺,此㉚其近者。师号青山,适与梦孚,异哉!遂仍以“海近”名之。年十二,以闻见少,不乐,曰:“久居此,无为也,愿出游。”从客船至金陵[2],居古林庵,上人有夙知,《弥陀》、《华严》初未尝学,闻人读即能诵。居十五年,乃遍历名山,参证宗旨,反诸身,有实获。南至普陀[3]住,静夜,诵《华严》,偶忆厨下缺水,诵毕则室中水器皆盈。过终南[4],道逢虎阻,行人难之。有妇径[5]焉,急欲归,不得。上人至曰:“无惧也。”令随之行,虎伏不起。有放生野羊,相传羊岁满百,迎于路,伏跪若有乞请者。上人知之,授以三皈五戒,[6]去。在登郡,[7]有书童二。问其年,大者十七,小者十三。各告其父母曰:“吾师至矣!请从之。”弗许,童曰:“吾今生托化未善,吾其行也。”至夜,端坐化去,以此证上人七世修持,果不妄。晚年入墨,欲于崂山作归宿。慈霑，其故㉛知也，请坐腊[8]于吾家后亭，先君子知其道力，余且深重之，颇相得。遂住静[9]于崂山磨岭庵，后于西莲台[10]建兰若[11]，传戒六年。武定寺僧请受律，去而阐法示戒。一日，忽端坐说偈曰："叵耐[12]这个皮袋，终身惟作㉜患害。撒手抛向尘沙，一轮明月西迈。"遂化去，弟子等㉝扶柩东归，葬之莲台，建塔于墓。

**注释：**

[1]夔州：明代夔州府辖境约相当于今四川万源、宣汉、达县、梁平以东地区及湖北建始县地。

[2]金陵：今南京。

[3]普陀：即普陀山，海拔291米，中国佛教四大名山之一。在浙江省东北部莲花洋中。属舟山市。是舟山群岛众多岛屿中的一个小岛，形似苍龙卧海，面积近13平方公里，素有"海天佛国"、"南海圣境"之称，是首批国家重点风景名胜区。2007年，舟山市普陀山风景名胜区，经国家旅游局正式批准，为国家5A级旅游风景区。"海上有仙山，山在虚无缥缈间"，普陀山以其神奇、神圣、神秘，成为驰誉中外的旅游胜地。

[4]终南：即终南山，道教主流全真派发祥圣地，在陕西省西安市南。主峰海拔2604米。相传道教全真道创始人王重阳，北五祖中的钟离权、吕洞宾、刘海蟾曾修道于此。素有"仙都"、"洞天之冠"和"天下第一福地"的美称。

[5]径：经过。

[6]三皈五戒：三皈，佛教名词，佛教徒对佛、法、僧三宝的归顺依附；五戒，佛教在家男女教徒终身应遵守的五项戒条，包括不杀生、不偷盗、不邪淫、不妄语、不饮酒。其中前三戒防身，第四戒防口，第五戒通防身口。

[7]登郡：即登州，明洪武九年(1376)升为府，治所在今山东省蓬莱市。

[8]坐腊：即坐夏，佛教把僧人于夏季三个月中安居不出，坐禅静修，称为坐夏。因其时正当雨季，亦称"坐雨安居"。具体日期因地而异。唐玄奘《大唐西域记·印度总述》："印度僧徒，依佛圣教，坐雨安居，或前三月，或后三月。前三月当此从五月十六日至八月十五日，后三月当此从六月十六日至九月十五日。前代译经律者，或云坐夏，或云坐腊。"

[9]住静：安住静虑的省称，意思是静静地思维修行。

[10]西莲台：在华楼山西之华岩山西北麓，有佛寺西莲台遗址。明代末年自华和尚得即墨望族周氏施地，在此建洪门寺，又名西莲台。据记载，寺内有木雕之丈八佛像，殿宇恢宏，庭院修洁，绘塑工丽。有普同塔及雍正年间圆寂的善公塔。清代乾隆末年该寺塌毁，道光年间拆除，只余石塔一座，埋藏着自华和尚的骨骸。清代即墨文人蓝水有《西莲台》五言律诗："晚照空山里，万松护寺基。磬声依石静，幡影动云迟。花落春归日，鸟啼雨歇时。高峰僧对语，何处着尘思。"

[11]兰若：寺庙，即梵语"阿兰若"的省称。

[12]叵[pǒ]耐：不可容忍，可恨。

**慈霔上人** 观阳里人也，家姓李，少孤，事母孝。性善悟，喜谈空门静理。以母在为优婆，[1]诚朴无外饰。邑绅宋朝请公嘉其笃实，是入道器。尝为说《楞严》，[2]上人时能解悟。江南讲师一生者，来观阳说法，与之语，颇相投。母卒，遂祝发[3]师事之。生公，智辨人也。上人㉞力行愿恪，受教惟谨。初住地藏庵，后徙庐乡之园里寺。不期年，遂登座讲诸大、小乘经，[4]听者常数百人。及生公南还，上人德誉日隆，所度弟子踵相接，殆无虚日。先君子闻其名，迎入墨，与所建准提庵居之，时加礼重。上人潜心考道，老而益勤，于诸品经，多所论述，每谈说娓娓[5]，足悦听闻。上人初不识字，专力于此，乃至理无不明，人顾不当求省耶。那罗延㉟窟，所称在昔诸菩萨止息处者，传世久。上人惧不修则渐而夷也，曰："思所自始，托足于此者，谁也？而奉持者不能保有故址乎？吾责也！吾责也！"谋之坦，鸠工集事，[6]营殿宇，设经阁、禅室、僧寮之居，次第以举。诚于劳费，故无下逮之力[7]，此所谓修其本者哉。上人生平不为苟得，不募缘，不畜幼童。扬善掩恶，言必信。以非礼来者，若罔闻见然。居墨三十余年，未见有忌色嗔语。年八十四，端坐化去。

秋水居士曰：造化之力，粹精于专一者也。夫惟专一，故五官[8]之用，静而不纷。器虚而道生矣，故诚无不明者。慈霔，初一乡人耳，无大智㊱识，而竭一诚以相向，耳目心思皆效灵焉。固知气之所至，形开神发，天地万物可呼吸通之耳。彼工于外者,志繁而神不守,于道何有哉?吾谓禅门,当以真诚为本。

论曰:执其艺者习其事,故山有木,工则度之。非工也,操斤而往,则意为量耳。二氏之学,余所未究。意量焉,亦有难安。要之,天下事未有不得之至诚而失之诞妄者,请质之知道君子。

**注释:**

[1]优婆:梵语"优婆塞"的省称,指在家修行的男子,即居士。

[2]《楞严》:楞严经,佛教经名。

[3]祝发:断发,剃发。

[4]大、小乘经:佛教经名。大乘经是佛学经典的总称。又称大乘修多罗、菩萨契经、方等经、方广经或大方等经等,它是随着佛学思想的不断发展陆续出现的。大乘经部帙浩繁,汉译者达数千卷之多。小乘经是小乘经典之意,亦称"声闻契经",与"大乘经"相对,是宣说四谛或十二因缘之道理的经典,具体指经藏中的《阿含经》类。北传汉译佛经有《长阿含经》、《中阿含经》、《杂阿含经》、《增一阿含经》4 部。南传巴利文有《长部》、《中部》、《相应部》、《增支部》、《小部》5 部,前 4 部与北传佛教《阿含经》大体相应。通俗地讲,大乘经典普度众生,小乘经典修身养性。

[5]谈说娓娓:形容善于讲话,使人喜欢听。

[6]鸠工集事:鸠集,纠合,集合。此指聚集工匠,收罗材料,做重建那罗延窟的准备工作。

[7]逮:到,及。

[8]五官:指耳、目、鼻、舌、心五种器官。

[校勘记]

①"劳",民国五年本同,手抄本作"崂"。

②"大",民国五年本、手抄本作"天"。按当作"天"。

③"圮",民国五年本同,手抄本作"圯"。

④"见",民国五年本同,手抄本无此字。

⑤“须”,民国五年本同,手抄本作“鬚”。

⑥“自”,民国五年本同,手抄本无此字。

⑦“锻”,手抄本同。民国五年本作“鍜”,误。

⑧“依”,民国五年本同,手抄本作“倚”。

⑨“知”,民国五年本同,手抄本作“识”。

⑩“口”,手抄本同。民国五年本作“只”。按当作“只”。

⑪“以”,民国五年本同。手抄本作“一”,误。

⑫“锻”,民国五年本同,手抄本作“煅”。

⑬“烂”,民国五年本同,手抄本作“襴”。

⑭“遂”,民国五年本同,手抄本作“遂于”。

⑮“张”,手抄本同。民国五年本作“宫”,误。

⑯“丰”,民国五年本同,手抄本作“年”。按当作“丰”。

⑰“亲”,民国五年本同,手抄本无此字。

⑱“皆”,民国五年本、手抄本作“习”。

⑲“怨”,民国五年本同,手抄本作“冤”。

⑳“找”,民国五年本同,手抄本作“我”。按当作“我”。

㉑“谓”,民国五年本同,手抄本作“为”。按当作“谓”。

㉒“彻”,民国五年本同,手抄本作“澈”。

㉓“大建”,民国五年本同,手抄本作“建大”。

㉔“庭”,民国五年本同,手抄本作“廷”。

㉕“达”,民国五年本同,手抄本作“大”。

㉖“贤人君子多坎险”,民国五年本同,手抄本“君子”下多一“固”字。

㉗“然”,民国五年本同,手抄本作“焉”。

㉘“府”,民国五年本同,手抄本无此字。

㉙“不”,民国五年本同,手抄本作“未”。

㉚“此”,民国五年本同,手抄本作“取”。

㉛“故”,民国五年本同,手抄本无此字。

㉜“作”,民国五年本同,手抄本作“坐”。

㉝“等”，民国五年本同，手抄本无此字。

㉞手抄本在“上人”前多一“霑”字，民国五年本正文同此，但卷末《正误》删“霑”字，当以民国二十三年本为准。

㉟“延”，民国五年本同，手抄本作“严”。

㊱“智”，民国五年本同，手抄本作“知”。

# 崂山志卷六

## 物产

理大物丰，德产精微，为有以蓄之也。吾崂为山海会归，翕[1]聚多矣！夫其动静互根，备阴阳之德。含弘①渟毓[2]，气大而物之大小毕出，生殖不已，繁与②！彼得于山者，征所有于山而已；得于水者，征所有③于水而已。或名重而实不存，竭于供，而翠以羽毙[3]、象以齿焚[4]者多有，孰若兹之富有山海，而名不登于天府，利无择于刍荛[5]，愚贱共之，君子安焉，为可久也哉！志《物产》第六。

**注释：**

[1]翕：[xì]聚，合。

[2]含弘渟毓[tíng yù]：含弘，包容博厚；渟毓，即亭育，化育，孕育，养育。这里指崂山包容而化育万物。

[3]翠以羽毙：翠鸟因羽色美丽而被残害。后比喻人因露才遭嫉而受祸。《太平御览》卷九八三引《苏子》："兰以芳自烧，膏以肥自焫，翠以羽殃身，蚌以珠致破。"

[4]象以齿焚：象因为有珍贵的牙齿而遇害。比喻人因为有钱财而招祸。《左传·襄公二十四年》："象有齿以焚其身，贿也。"

[5]刍荛[chú ráo]：割草打柴的人。出自《诗经·大雅·板》："先民有言，询于刍荛。"

## 石

试金石,出八仙墩。甲申冬十月,[1]大金吾侄培[2]奉母柩归葬毕,曰:"吾安适矣!"入八仙墩,将浮海,见大石如墨,可丈许,光射目,从者二三人,扶而植之,如山立。朴而润,有峰峦可像。熟视而叹曰:"是可与吾处者,其坚可居也。"归而树诸斋,以丈石名。日面石,自是不复出户,客至少有见者。

论曰:石非以丈计为贵也,称丈石,以石为丈[3]也。其亦寒山一片可共语之义乎[4]!当是时,独恨有身耳。置身无地,惟与石处,其隐可见。由后观之,庶几哉!其无愧此石矣!侍御公盖心知而未见其终,故特书之以旌其志。

绿石[5],出丰④山,邑多好之,而侄孙贞麟[6]之绿屏为难再得。

文石[7],出高山。

五色石[8],出雄崖[9]。

**注释:**

[1]甲申:即崇祯十七年(1644)。

[2]大金吾侄培:即黄培,字孟坚,即墨人,黄嘉善嫡孙,黄宗昌之侄。金吾,古代官名。负责皇帝大臣警卫、仪仗以及徼循京师、掌管治安的武职官员。其名称、体制、权限历代多有不同。汉代有执金吾,唐宋以后有金吾卫、金吾将军、金吾校尉等。黄培在崇祯年间荫袭锦衣卫指挥佥事,故称大金吾。

[3]以石为丈:丈,古时对长辈男子的尊称。把石头当作长辈恭敬相待。南宋叶梦得《石林燕语》卷十:"(米芾)知无为军,初入州廨,见立石颇奇,喜曰:'此足以当吾拜。'遂命左右取袍笏拜之,每呼曰'石丈'。言事者闻而论之,朝廷亦传以为笑。"《石林燕语》,中华书局1984年版,第155页。

[4]其亦寒山一片可共语之义乎:唐代张鷟《朝野佥载》:"梁庾信以南朝初至北方,文士多轻之。信将《枯树赋》以示之,于后无敢言者。时温子升作《韩陵山寺碑》,信读而写其本……信曰:'惟有韩陵山一片石堪共语。薛道衡、卢思道少解把笔,自余

驴鸣狗吠,聒耳而已。'"后人以"韩陵片石",指不可多得的佳作。因旧题明何良俊撰补、王世贞删定的《世说新语补》载此事作"寒山寺碑",故俗或用为"寒山片石"。这里并非用典故原意,而是借指黄培与丈石之间的默契。

[5]绿石:即崂山绿石,又名崂山绿玉,俗称海底玉,产于崂山东麓仰口湾畔,佳者多蕴藏于海滨潮间带。崂山绿石已有数百年赏玩历史,是中国主要观赏石种之一。

[6]侄孙贞麟:黄贞麟,字方振,号振侯。为黄墿之子,黄宗晓之孙,黄宗昌侄孙。少孤,事母孝,后举进士,曾任凤阳府推官、盐山令,官至户部主事。归田后,独门谢客,教授子弟,即墨文风为之一变。有子七人,皆以才华闻于时。其生平事迹见《清史稿》卷四百七十六《循吏传一》。

[7]文石:有纹理的石头。

[8]五色石:因石呈五色而得名,外表珠圆玉润,小巧玲珑,晶莹透明似玛瑙,深红圆润似樱桃,有的又似翡翠、珊瑚或试金石不等。更为稀奇可贵的是石内"多含水珠,有类空青"。该石分水、陆两种,其中水石尤为珍贵。可做斑指等装饰品,也可雕琢成鼻烟壶、烟袋嘴等。中国主要观赏石种之一。

[9]雄崖:位于即墨市丰城镇东北部的白马岛上,赭色,雄伟,如刀劈一般,故得名。明洪武三十五年(1402)在附近建雄崖所,属鳌山卫管辖。

## 花木

耐冬[1],出海岛中,下清宫所植颇盛。

木兰,出牡丹窑,性喜纯阴,易地多不生。较玉兰加香,此则先叶后花者。

书带草,出康成书院,详见《名胜》。

篆叶楸,出康成书院,详见《名胜》。

崂山地广而区宇[2]为多,他如芍药、牡丹、石榴、松、柏、桐、楸、榆、柳之属,世所常蓄,兹弗胜载,载其特有⑤者。

**注释:**

[1]耐冬:又名绛雪,是山东对山茶花的称呼。属山茶科山茶属,常绿灌木或者小乔木,树姿优美,树叶浓茂,四季长青,花色艳红,叶色葱绿,叶形秀丽,于瑞雪飞舞

的冬季开花，故名。花开时花瓣鲜红欲滴，花心嫩黄骄人，花期长达半年之久。崂山耐冬相传是张三丰从海岛移植而来。

[2]区宇：区域、疆域。

## 果实

樱桃，有家樱桃，味甘。而蜡珠[1]尤大而肉丰，水多；有山樱桃，味兼酸，调以糖，蒸食最佳。二种皆可作干。

杏，有数十种，惟银榛杏为上。及其熟，色微有淡红而肉白，落地即碎，须摘食。其水盈口而甘香，非他杏可伦。次白杏，色白，微有红点，用手剖开则纯白矣。设诸几，香气袭人，所逊银榛者，味有减也。又水杏，种各不同，而大小甘酸、味之浅深亦从人之好为次第。红杏最早熟，味居水杏上。将军权⑥则大而少水，至七月熟，惟其晚也，香特甚，是亦可作几上供者。

文官果[2]，外皮厚，色绿，剖之三瓣。瓣各有数子。稚者白，成者黑，去黑白皮，见肉，色绿；去心，味清香，果中之雅品者，其心则苦也。莱阳宋征君[3]昔有感于时，寓言于果曰："其外坚刚，其内卷曲。域分为三，每域三五。少白多黑，似甘而苦。读书成名，乌乎⑦三复。"所以讽世者尽矣！盖朋党之失亦寓焉。奈何其不知醒也。

桃，佳种之多，虽不如肃宁、[4]中州，[5]而山中十月熟者，似不让也。

李

李梅，以李根接之，较李为大。

苹果，八月熟，香溢于室，善收者，至来春如新。

蜜果，甘脆，较蜜尤清。

花红　柰[6]

石榴，有玉榴、朱榴、刚榴、千叶结，而玉榴为最。

梨　核桃

栗，山之宜栗者，无如崂矣。树艺不厌多，以宜树之地为广狭也。大者里计⑧，次亦亩计。里计十，亩计百。即三椽之舍旁亦树栗者，在在皆是。缁羽贮以当栗，客至作供，补所不及⑨。二东货殖者，[7]捆载于市以为利，则溥[8]也。

枣，有脆枣，老人亦能咀嚼，甘且甚。

银杏

柿，秋，山中红绿之色夺目。

羊枣[9]　桐子[10]

葡萄，有羊乳，有玛瑙，有水晶，有枝上干，善收之法不一，大约无使过暖，有水以养之，则可久贮矣。

山查，[11]大者为糖球，去皮核，投以糖，味甘酸，色如朱⑩，其至小者入药。

**注释：**

[1]蜡珠：樱桃的一种。唐郑望之《膳夫录·樱桃有三种》："樱桃，其种有三：大而殷者曰吴樱桃，黄而白者曰蜡珠，小而赤者曰水樱桃。食之皆不如蜡珠。"

[2]文官果：又名文冠果、木瓜，落叶灌木或小乔木，是高级油料。树姿婀娜，叶型优美，花色瑰丽，花期晚且长，近年来，开始作为新型观赏树木栽培。

[3]莱阳宋征君：当指为本书作序的宋继澄。

[4]肃宁：县名，明代属河间府。今天的肃宁县，位于河北省中南部，沧州市最西端，在北京市南约170公里，石家庄东北约127公里处。

[5]中州：指历史上地处九州之中的中原腹心地带，包括今河南省及其周围地区。

[6]花红：俗名沙果、蜜果、林檎。是蔷薇科植物林檎的果实，我国长江及黄河流域一带普遍栽培，果期在8—9月。花红与苹果，古今常易棍淆。究其原因，一是二者均属蔷薇科的同类果实；二是古时皆以"柰"相称，苹果称为"柰子"或"柰"，花红也称"朱柰"或"五色柰"。后来或以果实大小而论，大者为苹果，小者称花红或林檎。如明李时珍《本草纲目》所言："林檎，即柰之小而圆者。"或以南北产地不同而分，产于南方者称花红，产于北方者叫苹果。如清王士雄《随息居饮食谱》所说："南产实小，名林檎，一名花红。北产实大，名频婆，俗呼苹果。"实际上两者还是有所不同的，不应混为一谈。

[7]二东货殖者：二东：胶东、东莱。货殖，经商，囤积财货以营利。

[8]溥:广大、普遍。

[9]羊枣:俗名软枣,亦称羊矢枣。长椭圆形,初生色黄,熟则黑,似羊矢,故名。

[10]桐子:桐子树所结的果实,如乒乓球一般大小。可榨桐油,用于补船篷、做油布等。

[11]山查:即"山楂",又名"红果"、"山里红"。蔷薇科落叶乔木,叶广,卵形或三角形,羽状5—9裂。叶脉上有短柔毛,伞房花序,花白色。果实近球形、红色、有淡褐色斑。

## 蔬

石虎皮[1],出巨峰,一名石耳。山高而阴,有悬崖则生焉。人自下以高竿铲取之,色黑而薄,较木耳味清香,堪咀嚼,入羹汤尤佳。

冠众[2],为可冠众蔬也。

百合[3]　蕨[4]　龙须　薯蓣[5]

芋,惟崂为盛⑪,大而充实,入口细腻不糜[6],咀之有味亦易消。

鱼

仙胎[7],出白沙河,河从九水来,山回涧折,其流长而清湛,不染泥尘,鱼之游泳于清泉白石中者也。大者可五六寸,鲜美异常。

西施舌[8],出⑫鹤山东麓海滩中。

鳆鱼[9]　海参　腽肭脐[10]　银刀[11]

墨鱼　虾　蟹

海鱼之名,不可枚举,择其人所常供者列于右⑬。君子不贵异物,至不经见或不可以口置,弗道。

**注释:**

[1]石虎皮:即石耳,地衣植物门植物,因其形似耳,并生长在悬崖峭壁阴湿石缝中而得名。体扁平,呈不规则圆形,上面褐色,背面被黑色绒毛。含有高蛋白和多种微量元素,是营养价值较高的滋补食品,也是一种稀有的名贵山珍。

[2]冠众:不知所指何物,周至元《崂山志》记载:"味最清雅,足冠群蔬"。

[3]百合:多年生宿根草本,地下有扁球形或近球形的鳞茎、由鳞片层层抱合而成,鳞片肉质肥厚。中医学上以鳞茎入药,性微寒、味甘,功能润肺止咳,清心安神,可治痨嗽咯血、虚烦惊悸等症。

[4]蕨[jué]:蕨菜,许慎《说文解字》说:"蕨,鳖也。从艸,厥声。"初生如蒜苗,无叶,端似鳖脚,故名,亦似小儿拳,故曰拳菜,紫黑色。崂山当地称为拳头菜。

[5]薯蓣:即山药。多年生草本植物,茎蔓生,常带紫色,块根圆柱形,叶子对生,卵形或椭圆形,花乳白色,雌雄异株。块根含淀粉和蛋白质,补而不滞,不热不燥,能补脾气而益胃阴。

[6]糜:烂,碎。

[7]仙胎鱼:学名香鱼,崂山白沙河流域生长的一种珍稀淡水鱼,鱼形如梭,长不过尺;脊背呈淡青色,鱼体扁平透明,长约15—20厘米,重量一般在二三十克左右。嗅起来无鱼腥味,却有一股特殊的瓜香味。肉质细嫩,鲜美异常。明代起进贡皇上,来到崂山的历代官员也都以有幸尝到仙胎鱼为荣。素有"崂山中华鲟"的美称。

[8]西施舌:软体动物门瓣鳃纲帘蛤目蛤蜊科海洋贝类。壳体略呈三角形,壳长通常有7—9厘米,壳顶在中央稍偏前方,腹缘圆形。壳厚,壳表光洁,生长轮脉明显,壳顶呈淡紫色,其余部分呈米黄色或灰白色。肉质脆嫩,味甘美,是一种经济价值很高的名贵贝类。

[9]鳆鱼:又名鲍鱼、石决明、镜面鱼、明目鱼等。春、夏、秋三季均可捕捉,以春末夏初最为肥满,捕得后取肉鲜用,或制成鲍鱼干。可入药,滋阴清热,益精明目。

[10]腽肭脐[wà nà qí]:腽肭,海狗;腽肭脐,即海狗肾,雄海狗的睾丸和阴茎,可入药,性热、味咸,有温肾壮阳之功效。

[11]银刀:即带鱼。

## 鸟

雉[1]

鹳[2],出岩穴间,而鹰窠河为多,有黑白二种。

鸳鸯　鹭鹚[3]　鹰　鹊

皂雕[4]

兽

兔 獾 獐 狢[5]

狼 狐 狸

山史氏曰：齿革羽毛，世所竞得也，以崂之大，孕字繁矣。而高山峻岭，弋猎者罕至，则兽不骇，鸟不惊，山之足以容物也。夫人机械万端，思所欲得，何弗至乎？至崂而无可用⑭其杀机也。彼挟长技，而冀以操造物之命者，其亦可废然返矣！

**注释：**

[1]雉[zhì]：俗称"野鸡"，现已少见。雄的尾长，羽毛鲜艳美丽。雌的尾短，羽毛黄褐色，体较小。善走而不能久飞。肉可吃，羽毛可作装饰品。

[2]鹳[guàn]：鸟，羽毛灰白色或黑色，嘴长而直，形似白鹤，生活在江、湖、池沼的近旁，捕食鱼虾等。

[3]鹭鹚[lù cí]：鹭，鸟类的一科，翼大尾短，嘴直而尖，颈和腿很长，常见的有"白鹭"（亦称"鹭鸶"）、"苍鹭"、"绿鹭"等。鹚，即鸬鹚，水鸟名。俗叫鱼鹰、水老鸦。羽毛黑色，有绿色光泽，颔下有小喉囊，嘴长，上嘴尖端有钩，善潜水捕食鱼类。渔人常驯养之以捕鱼。

[4]皂雕：学名乌雕，又称花雕。体形比苍鹰大，全身黑褐色，腰部有V字型白斑。常栖于沼泽、河川、水边等地，嗜食蜥蜴、蛙、小型鸟类、鸥、鸦以及鼠类，也常食动物尸体。终年留居我国东北和长江下游一带，冬时常见于福建、广东等地。

[5]狢[hé]：同"貉"，兽名。栖息在山林中，昼伏夜出，是一种重要的毛皮兽。

## 物货

茧绸[1]

白密，[2]出中庵，莹洁如脂。

石密[3]

白蜡[4]

药材不下百余种，黄精、[5]天门冬、[6]苍术，[7]其最盛者也。

葛

柴

论曰：天地以养人为德，而崂山实佐之以利。彼无所资而入山之深，朝往则暮获以来。藏于肆，出于市，累累者崂之泽也。即如斩荆束楚[8]，孰不待以举火者。崂不受山虞[9]之禁，世相沿。樵采无捍[10]，而日往月来，新故相仍。操斧斤者，未闻其穷于薪也。夫天下大公之物，群而向之，而不伤于旦旦之取，此固造化之至仁，而崂之气大而生成，岂有量哉！

**注释：**

[1]茧绸：柞丝绸的旧称。柞丝绸纺织，在20世纪曾一度成为世界性产业，其发源地在中国山东。

[2]白密，即白蜜，白色的蜂蜜。

[3]石密：亦作石蜜。甘蔗汁经过太阳暴晒后而成的固体蔗糖。李时珍《本草纲目·石蜜》："石蜜即白沙糖也，凝结作饼块入石者为石蜜。"也指野蜂在岩石间所酿的蜜。这里应当指后者。崂山石蜜是很有特色的土特产品，但难以采集，一般在陡峭的岩壁上。

[4]白蜡：白蜡虫的分泌物，中国特产。高级动物蜡，熔点高达80℃—85℃，质地坚硬，颜色洁白，透明度好，理化性能稳定，凝结力强，无臭、无味、润滑，广泛用于化工、工业、医药等行业。

[5]黄精：百合科，多年生草本。根状茎横生，肉质肥大。茎长而较柔弱，根状茎入药。性平，味甘，补气润肺，主治脾胃虚弱、肺虚咳嗽、消歇等症。

[6]天门冬：亦称"天冬草"，百合科。多年生攀援草本，有簇生纺锤形肉质，块根。茎长1—2米，浆果球形，红色。块根入药，简称"天冬"。性寒，味甘苦，可养肺滋肾，主治阴虚咳嗽、口燥咽干，消渴等症。

[7]苍术：别称"北苍术"，菊科。多年生直立草本。根状茎肥大呈结节状，可入药，性温，味苦辛，燥湿健脾明目，主治湿阻脾胃、胸腹胀满等症。

[8]斩荆束楚：砍伐荆条，捆绑成束。

[9]山虞：《周礼》中掌管山林政令的官员。《周礼·地官·山虞》载："山虞掌山林之政令，物为之厉，而为之守禁。"后借称掌管山林的官署。

[10]捍：防御，保卫。此指约束，限制。

**[校勘记]**

①“含弘”,民国五年本同。手抄本作“含宏”。“含弘”同“含宏”。

②“与”,民国五年本同,手抄本作“欤”。

③“有”,民国五年本同,手抄本作“得”。

④“丰”,民国五年本同,手抄本作“峰”。

⑤“有”,民国五年本同,手抄本作“著”。

⑥“权”,民国五年本同,手抄本作“拳”。

⑦“乌乎”,民国五年本同,手抄本作“於戏”。

⑧“计”,民国五年本同,手抄本作“许”。按:据下文“次亦亩计”来看,当作“计”。

⑨“及”,民国五年本同,手抄本作“给”。

⑩“朱”,民国五年本作“硃”,手抄本作“珠”。按当作“朱”。

⑪“惟崂为盛”,民国五年本同,手抄本作“亦惟崂为盛”。

⑫“出”,民国五年本同,手抄本作“在”。

⑬“右”,民国五年本同,手抄本作“左”。按古书书写方式,当作“右”。

⑭“用”,民国五年本同,手抄本作“容”。

# 崂山志卷七

## 别墅

名山大泽，与为朝夕，君子所欣慕，而因缘幸会，是亦有数。远而得之，近而失之；无心而得之，有心而失之。天下如意之事常少，而山与人相得益彰，岂其偶然？故一卜一筑，君子居之，必有无愧于斯者，山与灵矣，泽与长矣。此中之屈伸俯仰，千古如在也。志《别墅》第七。

### 华阴山居[1]

高文忠[2]所潜伏劲节于七疏削籍之后者也。虽授之自赵氏，[3]而天产华阴，以待气数之自合，则文忠持刚，大于两间者，具有本末。山之光，千古如在矣。述其略，以识①遭逢云。

高②弘图，号硁斋，胶西人，登万历庚戌[4]进士。性沉毅，器宇宏阔，不以斤斤伤大体。宽于处君子，严以待小人。居朝端，其以去就死生之义，为必不可屈者也。尝自矢曰："有道无道，恃吾魄力耳！苟吾先无以自容，则负朝廷之甚，是不如深山老矣！"

当魏寺[5]煽乱时，公为侍御史。惮公，急欲得公，挟威福召公，公不顾，数为上指其奸。削公籍，公毅然去。烈皇帝[6]知公，重公风节，擢[7]居高爵，乃不惩[8]于阉人，仍使任事。公为少司空[9]，宦官张彝宪者，授敕核部事,坐据尚书上。公至,则与川堂[10]主宾见。彝宪请堂上坐,公拂衣入小吏舍,探印篋署受事而退。退而拜疏曰:"部堂[11]公座,尚书正面,侍郎居侧。侍郎,侍尚书也。今益以③内臣彝宪且据尚书上,岂臣侍内臣者耶?"奉旨撤④彝宪席,而彝宪请别开府,则召公计事。公谢病,七疏乞休,乃再免冠去。此华阴所以得友君子而正山泽之气也。

**注释:**

[1]"华阴山居"与下"华阳书院"在原民国二十三年本、民国五年本及手抄本中,均未以标题的方式单独列为一行。今据本卷"玉蕊楼自述"、"上庄管见"做了重新处理,以统一格式。

[2]高文忠:参见本书卷三《名胜·华阴》注释。

[3]赵氏:即赵任,参见本书卷三《名胜·华阴》注释。

[4]万历庚戌:明神宗万历三十八年(1610)。

[5]魏寺:寺,寺人,古代宫中的近侍小臣,多由阉人担任。魏寺,指魏忠贤。

[6]烈皇帝:庄烈帝的简称,即明朝最后一位皇帝朱由检。崇祯十七年(1644)三月,李自成军攻入北京,朱由检在景山自缢身亡。清顺治十六年(1659),改谥为庄烈愍皇帝,清代史书多简称为庄烈帝或明愍帝。

[7]擢[zhuó]:提升,提拔。

[8]乃不惩:乃,却。惩,制止,处罚。

[9]少司空:工部侍郎的别称。据《明史》本传,崇祯五年(1632),高弘图"迁工部右侍郎。方入署,总理户、工二部中官张彝宪来会,弘图耻之,不与共坐,七疏乞休。帝怒,遂削籍归,家居十年不起"。

[10]川堂:即穿堂。两个院子间供穿行的房间。在此接待宦官张彝宪,而不请他堂上坐,是从心底里看不起宦官,拒绝与之合作。

[11]部堂:明清时六部尚书、侍郎,均可称部堂。

末几,而余亦罢斥⑤。尝奉教华阴,而得公之所以自立者,毅而果,虽小必力,况大乎?盖取必于无愧无怍[1],而去就死生,其不足为公移其操者也。末几,而公以全城[2],起补南少司马。[3]余亦在全城列,而无如忌之者尚秉钧何?[4]余送之,公曰:“君无憾也!朝廷重君子而不知小人之在侧,则未见君子之谁是也。朝廷既知我用我,而不使居左右,亦与不知君等耳。吾以朝廷固求知⑥者,吾何敢辞?姑出而待其后乎?”未几而天子死社稷,闻公留都定策,非其志,勉为相[5]。未几而闻公且罢相,未几而闻公不食死⑦。嗟乎!华阴其不朽⑧矣!余独何人,尚作深山老乎?

**注释:**

[1]怍[zuò]:惭愧。

[2]全城:指崇祯十五年(1642)高弘图、黄宗昌等与胶州士民齐心协力,击退围城清兵,保全胶州一事。

[3]少司马:司马,官名,西周始置,与司徒、司空并称“三有司”。掌军政与军赋,为朝廷大臣,常统率六师或八师出征。此处所谓“南少司马”,是指高弘图于崇祯十六年召拜南京兵部右侍郎一事。作者以古例今,用司马比尚书,用少司马比侍郎。

[4]无如忌之者尚秉钧何:无如,无奈。常与“何”搭配使用,表示无法对付或处置。秉钧,掌权。这一句的意思是说,怎奈忌恨自己的人还在位掌权。

[5]为相:做宰相。《明史》本传说:“(崇祯)十六年(1643),召拜南京兵部右侍郎,就迁户部尚书。明年三月,京师陷,福王立,改弘图礼部尚书兼东阁大学士。”为相即指任“礼部尚书兼东阁大学士”。

## 华阳书院

在华楼南麓,盖少司寇[1]蓝公伤心时事,退休大崂之侧,卜筑于此者也。即其所自号大崂山人[2]者,可知矣。于是时,其子田⑨[3]登乡荐[4]已二十年,所称博学名儒,实自得于华阳者深耳。故继公为名御史,其谏大礼[5],可谓仁至义尽矣。君子而卓然自立,即一丘一壑,大业在斯也。安在其⑩不可以千古哉!

蓝章,字文绣,成化甲辰[6]进士。居官以立身为本,佥壬[7]望而畏之。在孝宗时为名御史,直言不顾忌讳,所上章奏,数见嘉纳。出廷尉,入佥宪,[8]君子而见知于有道为何如者?嗟乎!道消道长,时也。时非君子所妄邀，亦取必当⑪官之无愧耳！

武宗嗣统，刘瑾[9]煽乱，附己者得显秩，不也，祸随之。公曰："吾⑫岂以逆阉邀大官之俸者哉！"言貌不相假，而瑾知其必我疾也，则谪而去。瑾败，乃复，而畏公切直者犹不使之与朝事也，使其⑬抚陕西。盖小人之思乘权用事也，往往借资左右近习，而宦官宫妾之敢于猖狂不轨，则窃附者之众多，日相寻于无忌耳。虽事败伏诛，坐论不过数人，党固在也。

嗟乎！武宗为前鉴，而熹宗犹不悟，非不慎绝其党之故乎？故公以社稷才，不左右天子，而贤劳于外。即至功成寇息，犹使之佐尚书，弼教留都。此公所以五疏乞休，而以大崂山人终与？噫！朝廷无公，崂山有公矣。崂山顾不重哉！夫天下无道，亦崂山之一时也。

**注释：**

[1]少司寇：官名，西周始置，掌刑狱。蓝章曾任南京刑部右侍郎，这里以少司寇代指刑部右侍郎。

[2]大崂山人：即蓝章。参见本书《崂山志卷三·华阳书院》"少司寇蓝公"注。

[3]田：即蓝章长子蓝田。字玉甫，号北泉。嘉靖二年(1523)进士，曾任河南道御史、陕西巡抚。直言敢为，所在有惠政。其文章与关中康海，山右马理齐名，而行义尤高。著有《北泉文集》。

[4]登乡荐：唐宋应进士试，由州、县地方官荐举，称乡荐。后称乡试中举为"登乡荐"或"领乡荐"，乡试中试者也称为举人。

[5]大礼：即明代有名的大礼议，是明朝嘉靖年间因明世宗朱厚熜生父称号问题引起的一场政治斗争，发生于明世宗登基不久之时。当时，世宗与杨廷和、毛澄为首的武宗旧臣们之间关于以谁为世宗皇考(即宗法意义上的父亲)，以及世宗生父尊号的皇统问题发生了争议和斗争，历时整整三年(1521年至1524年)，后以明世宗一方施加强权压迫获胜而告终。反方官员被悉数削职致仕。蓝田为反对方。明万历间刻本《蓝侍御集》序载："及议大礼，愎侃侃不阿，忤旨受廷杖，罢归墨水之涯。"

[6]成化甲辰：明宪宗二十年(1484)。

[7]佥壬[qiān rén]：小人，奸人。

[8]佥宪：佥都御史的美称。古代称御史台为宪台，明代都察院设有左右佥都御

史,所以称为佥宪。

[9]刘瑾(1451—1510):明代宦官,陕西兴平人,本姓谈。正德时掌司礼监,在东厂、西厂外加设内行厂,使缉事人四出活动,镇压异己。斥逐大臣,引进私党。诱武宗游宴微行,侵夺民间土地,增设皇庄至三百余处。正德五年(1510),在杨一清等策动下,由宦官张永告他图谋反叛,被处死。

## 玉蕊楼自述

玉蕊楼,予⑭所景慕[1]康成先生而作者也。遐想当年,先生持人纪于天地,于斯托处,以身教焉。山与为灵,草与为馨,即所居而披服蒸动[2],成造化之德。以予⑮不敏,其何能私淑[3]?窃取少继前徽[4]?而忧心孔艰[5],先生其诏我矣。

尝抚躬自按,今之泉石也,丰树修篁[6],自在天壤,日兮月兮,于予⑯何有?乃回首先生故址,宿草荒烟中,恍若有得焉,又陨然[7]如失焉。是知君子之自立,固无所借资,而山川人物,实有相待而成者。则人道在斯,先生之启予⑰何多也。

将恐将惧,服先生之教,亦何容于恐惧乎?将安将乐,食先生之泽,亦何取夫安乐乎?梦梦者,天也。而昭昭者,先生之生平也。嗟乎!知困者行不殆,虑始者持必终。予⑱虽不敏,敢忘斯义?

**注释:**

[1]景慕:景仰,仰慕。

[2]披服蒸动:批服,披衣,与“披裘”义近,又作“披裘负薪”,指高士孤高清廉,隐逸贫居。蒸,指用麻秸、葭苇、竹木等制成的火炬。蒸动,以蒸烛照明。这里指郑玄在崂山安贫隐居,生活清苦简陋。

[3]私淑:没有得到某人的亲身教授,但敬仰并承传其学术而尊之为师的意思。此词源出《孟子·离娄下》:“予未得为孔子徒也,予私淑诸人也。”

[4]前徽:前人美好的德行。

[5]孔艰:很艰难。

[6]篁[huáng]:竹田,竹园。尤指人工建造的大型竹园或竹田。

[7]隤[tuí]然:同“颓”,隤然,即颓然,败兴失落的样子。

## 上庄管见

上庄,吾昱伯[1]所考卜者。当山与人之不相入也,上庄自在天地间,茅茨⑲三四舍耳,而昱伯恍然遇之。修平攘剔,造化相得之理,亦自有时,则昱伯之生平不偶。

昱伯,名宗晓,大司马亲兄弟[2]之子。少孤,事母孝,有弟析居[3],竭力尽养,则独任之。母有余,或与弟,亦不问,乡人称焉。乐静恶嚣[4],与山水友。临池[5]最工,读《高士传》[6],尝旷然自命也。卜居上庄,作堂于前,曰“快山”。后植竹,环列于亭,曰“竹凉”。亭出而登山,因势筑台,折而西作亭,曰“来鹤”。庄前西南下凿池临流,前后诸杂树以万计,悉数之不得。俯仰其中曰:“吾得无负崂山沧海足矣!”尝过玉蕊楼,伤君子之不遇知于朝廷,而喟然时事,无如中外何?吾察其志行,知足知止,其后兴者乎?夫秀峰环翠,大海东来,鹤山与为砥柱,而原野秩秩[7],天作之矣。特著之,以征吾言之不私。

论曰:遭逢者,人之生平也。履其事者知其义,旷世而比肩,异地而同堂,气类也。人道中之感发,其若是矣。崂山之有志,侍御公所为。忧小人方张,伤心国事,而以崂山终也。其志《别墅》,则华阴、华阳,而附以玉蕊,非独同调之悲也。小人进,君子退,朝廷不悟,卒至于亡。悲夫!是所以志与⑳,若上庄,则亦知机者流也。士而知机,其祚[8]必永,殆与见得忘失者远矣。

**注释:**

[1]昱伯:即黄宗晓,参见本书卷三《名胜·三标山》注释。

[2]大司马亲兄弟:大司马,官名。《周礼》以大司马为夏官之长。汉元狩四年(前119年)始置,明、清时为兵部尚书的别称。据《即墨志》(同治版),黄宗晓为黄嘉善亲弟弟黄兼善之子,黄嘉善万历末年曾任兵部尚书,故称。

[3]析居：分别居住，指分家。

[4]嚣：喧哗。

[5]临池：学习书法。典出晋卫恒的《四体书势》："弘农张伯英者，因而转精其巧，凡家之衣帛，必先书而后练之。临池学书，池水尽墨。"后以"临池"指学习书法，或作为书法的代称。

[6]《高士传》：晋皇甫谧撰，三卷。记录上古至魏晋隐逸之士96人。据南宋李石《续博物志》，原书记述高士72人，今本系后人杂抄《太平御览》所引嵇康《高士传》、《后汉书》等，附益而成，清高兆又采从晋到明143人，辑为《续高士传》五卷。

[7]秩秩：顺序之貌。《荀子·仲尼》："贵贱长少秩秩焉，莫不从桓公而贵敬之。"杨倞注："秩秩，顺序之貌。"

[8]祚[zuò]：福、福运。

## [校勘记]

①"识"，民国五年本同，手抄本作"志"。

②"高"，民国五年本同，手抄本作"讳"。

③"以"，民国五年本同，手抄本作"一"。

④"撤"，民国五年本同。手抄本作"彻"，误。

⑤"斥"，民国五年本同。手抄本作"斤"，误。

⑥"知"，民国五年本、手抄本作"治"。按当作"治"。

⑦"不食死"，民国五年本同。手抄本作"不死食"，误。

⑧"朽"，民国五年本同。手抄本作"休"，误。

⑨"田"，民国五年本同，手抄本无此字。

⑩"其"，民国五年本同，手抄本无此字。

⑪"当"，民国五年本同，手抄本"当"字前多一"于"字。

⑫"吾"，民国五年本同，手抄本无此字。

⑬"其"，民国五年本、手抄本作"起"。

⑭"予"，民国五年本同，手抄本作"余"。

⑮"予"，民国五年本同，手抄本作"余"。

⑯“予”,民国五年本同,手抄本作“我”。

⑰“予”,民国五年本同,手抄本作“余”。

⑱“予”,民国五年本同,手抄本作“余”。

⑲“茨”,民国五年本同,手抄本作“次”。

⑳“与”,民国五年本同,手抄本作“欤”。

# 崂山志卷八

## 游观

山高水清,造物者之施设①乎!而茂对时育,恍相得也。大而大之,小而小之,人弃我取,盖有气类焉。彼脂车秣马,[1]是不一途;负笈担簦,[2]亦非一士。况乎时会相因,遭逢何常?或托寄焉,而徜徉如②此者多也。人各有怀,随在领受,苟旷然目遇,自有得于登临啸歌之外者。其来也,不知其人;其题咏也,吾得而去取之。志《游观》第八。

崂虽僻处东方,赴山蹈海,至者踵相接,而姓名多不著见,非无可著,不欲著也。其不欲著者,君子也。今之日,朝一至焉,夕一至焉。过吾庐皆尔雅士,非黄冠[3],则缁衣[4]。与之处,口无妄言,若穆然[5]以思,泠然[6]以悲者③,是其人姓字皆不可得而谱。或一至,或再三至;或独往,或偕来。其至者不同,要之,皆君子也。夫不欲名之著而至止者,山之德为何如乎?故不传其人,而约略其题咏以识游。盖非其时,而君子之名姓④不著者多也。

**注释:**

[1]脂车秣马:脂车,给车上油;秣马,给马喂料。指准备启程。

[2]负笈[jí]担簦[dēng]:笈,书箱;簦,古代有柄的笠,形似伞。背着书箱,扛着有柄的笠,奔走求学。这里指来崂山游览和游学。

[3]黄冠:指道士。《至道太清玉册·冠服制度章》:"古之衣冠皆黄帝之时衣冠也,自后赵武灵王改为胡服,而中国稍有变者,至隋炀帝东巡使于畋猎,尽为胡服,独道士之衣冠尚存,故曰有黄冠之称。"另一说此称呼起自隋代李播。据《新唐书·方技传》:"李淳风父播,仕隋高唐尉,弃官为道士,号黄冠子。"后代乃称道士为"黄冠",一般指男道士。

[4]缁衣:缁,黑色。古代僧尼穿黑衣,这里用来借指僧人。

[5]穆然:恭敬沉思貌。

[6]泠[líng]然:本义为清凉貌、轻妙貌。这里指静悟貌、悟解貌。

## 崂山巨峰白云洞记

### 蓝田

即墨之东南,百里皆山也。山之大者曰崂山。崂山之群峰,其最高者曰巨峰[1]。巨峰之巅有洞焉,曰"白云"。洞深而明,旁有水泉,可引以漱濯[2],甲于巨峰。虽当晴昼,云气蓊郁,则咫尺不可辨。顷刻变幻,则又漠然不知其所之矣。然地高气寒,又多烈风,非神完骨强者,不敢久居。其登也,缘崖攀萝,崎岖数十里,非有泉石之癖[3]者,亦不能至也。

北泉山人[4]薄游海上,南访朐山[5],登瑯琊台[6],北观之罘山[7]⑤,雄秀突兀,皆未有若崂山者也。《齐记》曰:"泰山虽云高,不如东海崂。"是崂山之高,高于泰岳矣。然崂山僻在海隅,名未闻于天下,而朐山、瑯琊、之罘,以秦皇之游览也,人人知之。呜呼!山之见知与不见知,而亦有幸不幸存焉。山川且然,而况于人乎!

**注释:**

[1]巨峰:崂山主峰,又称崂顶,在崂山中部,海拔1133米。周围灵旗峰、美人峰、小巨峰等百怪嵯峨,形如剑戟。极顶小石坪,方约数尺,仅容二、三人,周围铁栏防护,是观日出的好地方。

[2]漱濯[shù zhuó]:漱,漱口;濯,洗脚。表示洗涤。

[3]泉石之癖:喜欢山水的癖好。

[4]北泉山人：蓝田号北泉，这是自称。

[5]朐[qú]山：又名覆釜山，海拔160米，位于山东潍坊临朐县城东一里许，属地质上的死火山堆。从西面看，其形如朐(车辕前端用以扼牛马之颈的器具)，故名朐山。从东南望之，状如覆釜，故又名覆釜山。康熙《临朐县志》载，朐山"上有神祠、步云台、文笔峰，旧有高明堂、朐山书院，今废。山上有市场，一岁两举"，市场即庙会。

[6]瑯琊台：位于山东省胶南市琅琊镇东南5公里处，为一耸立的山丘，海拔183.4米。三面环海，西北为一小片平原，是著名的国家重点风景名胜区。因山形如台，故名。据说此台是两千多年前古人缘琅琊山夯土筑就。郦道元在《水经注》中描绘当时的琅琊台"孤立特显，出于众山上，下周二十余里，傍滨巨海"，"台基三层，层高三丈，上级平敞，方二百余步，高五里"。

[7]之罘山：即芝罘山，位于山东烟台。因其北部是中国最大、世界最典型的陆连岛——芝罘岛而得名。

道人张某得白云洞，曰："是与人境隔异，直可以傍日月而依星辰，非玄武[1]之神不足以当之也。"乃于其中奉事玄武，而自居其旁，学炼形之术焉。

嘉靖壬午[2]秋⑥，北泉山人登巨峰之巅而望焉。面各数百里，海涛蜃气，起俯⑦汹涌，而岛屿出于其中者，皆若飞凫[3]来往⑧，旦夕万状。连峰有无，远迩环绕。村墟城郭，隐隐可指数。神观萧爽，非世人耳目所尝见闻者也。夜宿洞中，援笔题于石曰："居白云洞者，自张某始也。"李谪仙诗曰："我昔东海上，崂山餐紫霞。"呜呼！安得断弃家事而餐霞[4]洞中，弹琴鼓缶[5]以咏屈子《远游》[6]之篇也哉⑨？顾今有所未暇，聊记于此，以志自愧云。

**注释：**

[1]玄武：道教大神。我国古代为了观测天象及日月五星的运行，选取二十八个星官作为观测时的标志，称为"二十八宿"。它又平均分为四组，每组七宿，与东、西、南、北四个方位和苍龙、白虎、朱雀、玄武等动物形象相配，称为"四象"，道教名之为"四灵"。玄武最早是龟，《礼记·曲礼》："行前朱鸟而后玄武。"孔颖达疏："玄武，龟

也。”后演变成龟蛇合体,《后汉书·王梁传》:“玄武水神之名。”李贤注:“玄武,北方之神,龟蛇合体。”根据阴阳五行理论,北方属水,故北方神又是水神。蛇是生殖和繁衍的象征,玄武以龟蛇合体的形状出现,又被古人看作生殖之神。还因龟在古代是长寿和不死的象征,因此玄武又被赋予司命的神性。玄武的这些神性特征,为唐宋以后演变为道教大神奠定了基础。

[2]嘉靖壬午:嘉靖元年(1522)。

[3]凫[fú]:水鸟,似鸭,俗称“野鸭”。鸟纲,雁鸭目,雁鸭科。体长60余厘米,喙宽而扁平且短,雄的头部绿色,背部黑褐色,雌的全身黑褐色,常群游湖泊中,能飞。

[4]餐霞:餐食日霞。指修仙学道。语出《汉书·司马相如传下》:“呼吸沆瀣兮餐朝霞。”沆瀣,夜间的水汽、露水,旧谓仙人所饮。

[5]鼓缶[fǒu]:敲奏一种瓦质乐器。汉桓宽《盐铁论·散不足》:“往者民间酒会,各以党俗,弹筝鼓缶而已。”

[6]《远游》:屈原名篇之一,是一篇以仙游为主干,以道家思想为补充,以五行思想为时空框架、体系完整的游仙诗。近代以来,作者颇有争议。

## 鳌山记

陈沂[1]

鳌山,一曰崂山,有大崂、小崂。《齐记》谓:“泰山高,不如东海崂。”始皇登劳盛山,即此,以劳于陟[2]也。在今即墨之东南四十里,东、西、南距⑩海上,山形延亘若城雉[3],峰起如堞[4],纵横高卑,直突旁拥,相系凡五百余里。其奇峰怪石,不能以状;崩崖幽谷,深岩绝壑,峻岭曲嶂[5],不尽以名;栖禅炼真,灵异之迹,不可以遍。土人以峰名崮,山多崮名。

**注释:**

[1]陈沂(1469—1538):明代文学家、画家。字宗鲁,后改字鲁南,号石亭,因好苏诗,又号小坡。浙江省鄞县(今浙江省宁波市鄞州区)人。正德十二年(1517)进士,授翰林院编修。嘉靖年间,出为江西参议,又任山东参政和提学使,后以山西行太仆寺卿致仕。陈沂善诗工画,尤擅隶篆,与顾磷、王韦号称“金陵三俊”,其后宝应朱应登继起,称四大家。又与李梦阳、何景明、徐祯卿、边贡、朱应登、顾璘、郑善夫、康

海、王九思等号十才子。任职山东时，曾遍游崂山，留下了不少诗文，至今在崂山的诸多景点仍可见他的勒石题刻。如狮子峰侧有他的亲笔篆书“寅宾洞”三字及诗一首：“潮涌仙山下，楼台俯视深。赤阑横海色，碧丸下峰阴。片石千年迹，孤云万里心。举杯清啸发，振叶欲空林。”他所题的“寅宾洞”，源出《书经》“寅宾出日”，意谓恭而敬之引导日出。由此，在狮子峰上看海上日出，名“寅宾出日”，为“崂山十二景”之一。本文为他嘉靖十二年(1533)秋游崂山时所撰，记述了五日之游程，对崂山各处景观介绍颇为详细。

[2]陟[zhì]：登高。

[3]城雉：城上短墙。亦泛指城墙。

[4]堞：城墙上齿状的矮墙。

[5]崦：泛指山。

嘉靖癸巳⑪秋[1]，余按县[2]至自胶，闻蓝侍御玉甫悉山之胜，云土人不易到，不能自遏，期杨允中达甫不至。越二日，⑫与玉甫出东郭[3]三十里，由三标山[4]出海上。蒿莽[5]中十里，累累数丘，一高起曰鹤山。至则攀陟，亦峻石嵚岈磊砢，[6]凭藉为磴[7]。松多偃枝古干，夹石而上⑬。一道宫曰“遇真庵”。后有洞，洞旁巨石巉⑭道人丘长春大书“鹤山洞”[8]，余亦勒[9]同游岁月。鹤山，鳌之东麓也。西南诸峰插天，横亘数重，望之若剑戟羽镞[10]森列，而恍然若云立海滨。

**注释：**

[1]嘉靖癸巳秋：嘉靖十二年(1533)。万历版《即墨志》“秋”字作“九月二十有二日”。

[2]按县：巡察县政。唐杜甫《东津送韦讽摄阆州录事》诗：“他日如按县，不得慢陶潜。”

[3]郭：城郭，城外围着城的墙。

[4]三标山：位于崂山西麓，属崂山四大山系之一，海拔683米，为崂山第二高峰。山势挺拔、奇石林立、植被茂密、沟谷幽深、潭深流急，原始生态良好。在三标山北有烟台顶山，两山之间，为由即墨入崂山要道。蓝田有《三标山》七言律诗：“三峰海上

接云平,洞里丹经不识名。东望仙舟悲汉武,西邻书舍忆康成。崎岖百转泉流绕,苍翠千重夜气生。多病年来忘百虑,独立林壑未忘情。"

[5]蒿[hāo]莽:蒿,二年生草本植物,叶如丝状,有特殊的气味,开黄绿色小花,可入药。引申为野草的意思;莽,草,密生的草。这里指茂盛的草木。

[6]嵚岈磊砢:嵚岈,深邃空旷的样子;磊砢,众多委积的样子。

[7]磴[dèng]:石头台阶。

[8]巉[chán]:见前顾炎武序中脚注解释。"洞旁"两句,万历版《即墨志》作"洞旁巨室,道人丘长春大书'鹤山洞'巉于山。"乾隆版和同治版《即墨志》则"巨"作"石"。均误,当以本书为是。

[9]勒[lè]:雕刻。如:勒功(把记功文字刻在石上);勒石(刻字于石)。

[10]羽镞[zú]:指箭。镞,剪头。

东南行二十里,山皆巉岩,一峰深秀,多长松怪石,由丛石历块,转折成路。至狮子岩下,有台宇,乃宋太平宫也。岩侧有二石,结架如户,出其上。时夕阳在峰顶,海涛撞激,直至峰下。是夜,宿道人居。夜半,月色潮声,不能寐,起坐台际。鸡鸣,与玉甫登岩,见日自海隅涌出,云霞异色,海气沧漭[1],⑮日光浮金万里,世之大观也。是日,岩下题石门曰"寅宾[2]岩",大书一诗。从宫之南渡飞仙桥,寻白龙[3]、老君、华阳诸洞。降巘[4],舍舆,乘以兜[5],从者徒步,缘海滩乱石间行,转入山麓,遵海而东,历翻燕岭[6],下临不测,屡策杖惴惴。由恶水河[7]、乱石滩[8],皆海涛中行,出山回,从蛟龙嘴[9]、歇肚石、黑松林[10],皆山腹处,极险,非人迹所到。有下清宫,宫在山隅,不能至。

**注释:**

[1]沧漭:苍茫,旷远。借指辽阔无边的水面。

[2]寅宾:恭敬导引。《尚书·尧典》:"分命羲仲,宅嵎夷曰旸谷,寅宾出日。"孔传:"寅,敬。宾,导。"孔颖达疏:"令此羲仲恭敬导引将出之日。"

[3]白龙:白龙洞。位于仰口西侧、太平宫北,是由一块长约 18 米、宽约 12 米的椭圆形巨石扣压在 5 块鼓形圆石上形成的一个天然石洞。洞外有一深潭,相传一条

白鳝曾栖身此潭,因常年吸取日月之精华而成精,又在此洞苦修多年,终成正果,变成一条白龙挟风裹雨腾空而去。从此,此洞得名白龙洞。

[4]巘[yǎn]:山峰,山顶。

[5]兜:便轿。

[6]翻燕岭:今名返岭。在棋盘山东部,近海。

[7]恶水河:不详,存疑待考。

[8]乱石滩:位于返岭村前泉心河(古称漩心河)入口处。是传说中的崂山冰川期,由冰河将巨峰、槐树溜、滑溜口以东的冻裂石块带到这里,后冰块融化,留下地质学上称之为漂砾的石块堆积而成。

[9]蛟龙嘴:即雕龙嘴。

[10]歇肚石、黑松林:不详,存疑待考。

从黄水滩西北入山中,凡三十里,始有人居,就树下饭。由山径历黄山崮[1]、黑山崮、[2]观音崦[3],皆矗起数十百仞,极奇秀。又三十里,入群岫间,有北峰峻极,山半隐隐台殿,至则巉削攀绝。僧垂木阶下,乃援而升。上有石洞,额大书"明霞洞,大定辛未题"[4]。余勒诗一章。其中空洞,上如厦,环石如堵,前后户牖。洞左有佛宇僧庐,右石门。从磴数百级,上绝壁数仞,下视沧海,与天浮动,岛屿皆空。壁下有草庵,老僧定处。

是夜宿洞中。明日晨,饭毕,下山。经石瓢、清凉甸、聚宝峰[5]三里,山峰下有道院,亦宋所建上清宫,宫旁石涧跨朝真、迎仙二桥。桥侧巨石,镵[6]⑯诗十绝,亦丘长春书,字画端整。余书《如梦令》词于右。

**注释:**

[1]黄山崮:位于崂山东麓王哥庄附近,崮下有游览景点桃核石与风凉洞。

[2]"黑山崮"三字,万历版《即墨志》同,乾隆版和同治版《即墨志》无。

[3]观音崦:今不明,存疑待考。

[4]"大定":民国五年本、手抄本及各种版本的《即墨志》同。"大定"为金世宗年号(1161—1189),然大定年间无"辛未"。周至元《崂山志》卷六《金石志·摩崖》"明霞洞石刻"条载:"洞额题'明霞洞'三字。旁书'大安辛未年立'。"蓝水《崂山古

今谈·名胜》“明霞洞”载:“洞额大书‘明霞洞大安辛未年立’。按丘长春于金泰和戊辰(1208)始游劳,次岁己巳(1209)又题诗太清宫后,又二年为大安辛未(1211),当系丘长春题。”“大安”为金卫绍王年号(1209—1211),“大安辛未”即1211年。陈沂游记中之“定”当为“安”之误。

[5]石瓢、清凉甸、聚宝峰:清凉甸、聚宝峰:位于崂山四大支脉之一的巨峰支脉中的东南支。石瓢,不详,待考。

[6]镵[chán]:刺,凿。

由宝珠山[1]、分水河[2]十五里登天门山,极峻险,峰多奇状,如仙释拥出。山口复有二峰,若石叠就,高数十仞,两楹相峙,上逼云际,下瞰沧海,有丘长春大书“南天门”三字。大抵海上之山,人迹罕至,道释之外,鲜有登陟。丘盖宋⑰南渡后避世于此者。从天门南下,历数十峰,初视若蚁壤,且近,行数十里不绝,每峰皆峻大而仰莫及者。降至麓,滨⑱海上曰“韩寨”。上有聚仙宫,碑勒元学士张起岩记。饭于宫。复西北入山,循滰牛涧[3]、砖塔岭、僧帽石、大风口、三里河[4]、小风口[5]、瘦龙岭、清凉寺[6]、仙迹桥[7]、金刚崮,二十里至巨峰,最高而奇,周山之峰,异状百出,徘徊不能去。

巨峰下数石⑲,百仞壁立,梯穷径绝,有两石若劈处,见一窍,上闻犬声。一僧垂木梯下,请升,遂援之而上。由壁中行,转至一茅庵,甚明洁。左有佛宇嵌崖隙,甚幽。西北群峰直出其后,东南海色相映,庵前牡丹诸奇花,偃松异木。其建筑木石,所植花卉,皆僧负戴,梯而至者,但苦行无智慧心。余留二偈于石壁间,乃悟。供具麦饭野蔌[8],⑳谓:“不图得遇善知识。”是夜,余宿庵中,僧立牖下竟夜。明日题其夹石处曰“面壁洞”,纪同玉甫来游事及侍从之名。洞上壁大篆“灵鹫庵”三字。

**注释:**

[1]宝珠山:位于崂山最南端,由七座山峰组成,主峰为老君峰。七山三面环抱太清宫,宫在峰下,面临大海,山海相依。

[2]分水河:2005年在崂山青山水库西一公里处发现了一组石刻,原文是:"太清宫至分水河东——巡抚都察院——分守河右道——□□□□□北至河——莱州府即墨 高密同立"。这块太清宫界是以分水河为界,南边是太清宫的地界,北边是官山地界,由于年代久远,字模糊不清。其中第4段被人为损坏5个字。故疑该河是太清宫与北面官山的界河。待考。

[3]漭牛涧:疑或即烟云涧。

[4]三里河:位于巨峰口钓鱼台南。

[5]大风口、小风口:疑在巨峰口上下,今不明确切位置。

[6]清凉寺:位于崂山区沙子口镇小风口南,明代初年创建。清末倾圮,现无垣。

[7]僧帽石、瘦龙岭、仙迹桥:不详,待考。

[8]野蔌[sù]:蔌,菜蔬。山中的野菜。

从故道十五里出海滨,循山麓㉑西北行,皆平地,侍从者始骑。四十里至华楼山[1]下,玉甫有别墅,即其祖赠侍郎公[2]之墓侧。从墅后缘涧仄径而陟数里,至巅。松千株,皆偃盖。从石隙间深入,有万寿宫[3]、老君殿。少憩,寻翠屏岩,余梯而大书之。时已晚,宿道人庵。

明日晨起,与玉甫寻古遗迹,周山之石摩勒殆遍,多金元人作者。从王乔崮至凌烟崮下,题同游岁月。峰隙见海色远映,道人吹笙笛于高架崮上㉒,飘然有物外之想。遂循金液泉[4]、夕阳涧[5]、石门山至清风岭[6]小饮,题名于岭之石间。又步至华表峰[7]下,曰聚仙台。其峰垒㉓石数十仞,峻拔且奇秀。少焉,与玉甫别。

**注释:**

[1]华楼山:见本书卷三"华楼"注。

[2]其祖赠侍郎公:蓝田祖父蓝铜,因子蓝章被敕赠刑部侍郎。

[3]万寿宫:即华楼宫。位于崂山区北宅镇蓝家庄西华楼山之阳。创建于元代泰定二年(1325),明代天顺年间重修,东为老君殿,中为玉皇殿,西为关帝殿。"文化大革命"初期,宫内之神像、供器、经卷、文物、庙碑全部被捣毁焚烧,房屋由崂山林场使用。现为青岛市文物保护单位。

[4]金液泉:崂山名泉之一,位于华楼宫玉皇殿后碧落岩下。泉下砌方池,泉水落池中,不涸不溢,味极甘美,因名"金液泉"。岩上有邱处机刻诗并镌有"金液泉"三字。元代礼部尚书王思城赞该泉:"金液泉生碧落岩,津津下注石方龛。瓦瓶日汲仙家用,酿酒煮茶味转甘。"

[5]夕阳涧:位于华楼宫前,四面环山,涧底幽静异常,涧中密布竹林树木,尤其是涧坡上的竹林,品种特异,竹干多呈金黄色,每当夕阳西下,涧中层林尽然,色彩绚丽,故名。

[6]清风岭:华楼宫十四景之一,岭上巨石罗列,可坐可卧。

[7]华表峰:华楼宫十四景之一,位于松风口东南,四壁陡直,远远望去仿佛是一座高楼,这就是著名的聚仙台。因此峰直插蓝天,犹如华表,故亦名华表峰。又因传说八仙过海前,何仙姑曾在峰上梳妆,所以又名梳洗楼。

至是,山游凡五日,行三百余里。玉甫所计,行踪止宿,不失尺寸。其弟囦、因[1]于穷绝处设干糇[2]、醑茗[3]、楮笔[4]、丹墨[5]具在。从行兵吏虽疲足不前,而兴亦不浅。山樵海渔之人,争效与力,石工数辈,分处供事。故余之兴益豪,所得诗二十余首,去今以往,想莫有继之者矣。

下华楼山,复乘舆,四十里至县。所未至者,五龙岭[6]、下清宫、黄石宫也。海中诸岛,东有大管、小管[7]、车门[8],沧州㉔[9],南有鲍鱼老公[10]、车屋[11]、大古、小古、浮岛[12],皆登陟所见者。

**注释:**

[1]囦、因:蓝田的两个弟弟。蓝章有三子,蓝田为长子。次子蓝囦,字深甫,号南泉,又号巨峰,明选贡生,著有《巨峰诗集》。三子蓝因,字征甫,号东泉,明官生。任江宁知县,居官清正。

[2]干糇[hóu]:糇,干粮。干糇,亦指干粮。

[3]醑[xǔ]茗:醑,美酒;茗:茶。

[4]楮[chǔ]笔:楮,纸;楮笔,纸笔。

[5]丹墨:朱墨和黑墨。

[6]五龙岭:疑是华楼风景区的五龙山。位于崂山区北宅街道办事处西南,最高

峰海拔401米,常年笼罩在云雾中。

[7]大管、小管:即大管岛、小管岛,是姊妹岛。位于青岛地区即墨市东部,鳌山东部海湾中,东临著名的历史名岛田横岛。大管岛位于小管岛东南6公里,该岛生态环境和植被仍然维持着原始自然的状态,春秋季节,多种候鸟在此栖息。小管岛树木参天,实竹丛生,四季长青,是一个天然的植物王国。

[8]车门:即车门岛,又称长门岩,位于鳌山卫镇大管岛东南16公里的黄海中,分南北两岛,因两岛拱卫航道之侧,中间宽敞如行车之门而得名。岛上的花岗岩所含云母成分较大,到处散发着宝石般的晶莹光泽,故又称嘉宝岛。岛上盛产耐冬。由于该岛离陆较远,每年春秋季节,各种候鸟往往在此栖息。

[9]沧州:即沧州岛,又名潮连岛、褡裢岛、沧舟岛、窄连岛。在沙子口村东南39公里黄海中,该岛西南端有一小屿,与主岛被海水间隔,低潮时则与主岛相连,故名潮连岛。岛上土层较薄,长有杂花野草,无地下水,周围水域鱼类和海珍品资源丰富。

[10]鲍鱼老公:老公岛又名"劳公岛",因其岛顶呈蘑菇状,远看形似鲍鱼,亦称"鲍鱼岛"。位于沙子口村东南7.2公里处,该岛系孤立岩石,东部为断崖,西北之暗礁在海中延续450余米,顶部平坦,无树木,无淡水,无居民。岛周围水较深,两端礁石密布,多藻类,鱼类亦很丰富,产鳗鱼和鲈鱼,四周还有海参、鲍鱼等海珍品分布。

[11]车屋:疑为车轱岛,在沙子口村东南13.8公里海中,因此岛顶部圆如车轮,故名。又因此岛靠近大公岛而其面积小,故称小公岛。清同治版《即墨县志》记为"车公岛"。该岛为花岗岩基质,植物生长茂密。

[12]大古、小古、浮岛:不详。

## 游崂山记

邹善[1]

隆庆戊辰[2],孟冬之望,邹子善携诸生[3]游大泽山[4]。兴勃勃未已也,遂订崂山之行。越明日,抵平度,明日抵即墨。雨阻一朝夕,越辰㉕霁,遂与杨尹方升、[5]李博士邦奇、[6]董博士璠,[7]外郡举人[8]朱鸿谟、王道明、齐一经、杨耿光、李如旦辈三十余人,由东南行五十里至鹤山,登其巅。望东海,了无津涯[9],心目恍然,非人间境。王别驾九成,朱守备衣,携酌岩下,幕天席地,乐融融也。

## 注释：

[1]邹善：字继甫，号颖泉，江西安福县人，嘉靖三十五年（1556）进士。以刑部员外郎恤刑湖广，矜释甚众。嘉靖四十三年（1564）任山东提学使（提学又称督学），时与诸生讲学。万历初，累官广东右布政使，谢病归。后授太常卿，致仕。隆庆二年（1568），在山东提学使任时，曾与诸生同游崂山。他在游崂山太平宫时题写的40公分大字“山海奇观”和“最乐处”、“迎仙岘”石刻至今清晰可辨。本文即是对这次游历的记录。

[2]隆庆戊辰：明穆宗隆庆二年（1568）。

[3]诸生：明清时期经考试录取而进入府、州、县各级学校学习的生员。生员有增生、附生、廪生、例生等，统称诸生。

[4]大泽山：位于青岛平度，又名“九青山”，胶东名山之一，主峰海拔737米。此山层峦叠嶂，奇松异石，林壑静幽，雄深伟丽，因秦汉以来，名士高人多隐居于此，故又号神仙窟宅。该山西坡南侧有一天然巨佛，形神俱备，是罕见的天然雕塑。

[5]杨尹方升：涿州人，举人。隆庆初曾任即墨县令，以贪酷罢去。

[6]李博士邦奇：广西宜山任人，举人。隆庆初曾任即墨县教谕。

[7]董博士璠：隆庆二年任即墨县训导，卒于官。

[8]举人：古代地方科举考试中试者之称，雅称为“孝廉”，有时也被称为乡进士。

[9]津涯：岸，水边。

由鹤望上苑行，峰峦层叠，咸莲花状，瓣瓣耸云霄中。将暝，至上苑，寻丘长春炼药处。坐已，道人报：“月上矣。”遂登狮子峰观月，月色映海，波已溶溶不可状，而暮潮复撼激峰山有声。取酒酌崖头，诸生放歌，铿然与海涛应，不知身之尚在人境也。卧未几，道人鸣钟以唤客，于是骈兴，[1]复上狮崖。东向，顷之，满天霞彩绚烂映海中，海面尽赤。又顷之，红光一道从霞彩中直冲霄汉，咸曰：“此旭日升处也。”又顷之，如大银盘中涌一朱轮，荡漾上下，若熔金状。已而渐升，咸谛视[2]，无瞬[3]。予顾诸生曰：“斯时，念有妄乎？”不谋而一口应曰：“无之。”于是再酌复歌，更为《明崖赋》曰：“闲玩明明崖，日月递来往。沧波渺无涯，空明绝尘想。”下憩于老君洞，杨令曰："可更额为'犹龙'"。复观仙人桥[4]、白龙洞[5]、眠龙石[6]而行，约山行五十里至华楼。月隐隐映松林间，清光逼人。

**注释：**

[1]骈兴：骈，聚集，罗列；兴，起。这里指都起床。

[2]谛[dì]视：仔细察看。

[3]无瞬：瞬，眨眼。这里指不眨眼睛。

[4]仙人桥：太平宫景点之一。白龙洞上有几方大石相接，平坦如桥，故名。相传张果老倒骑毛驴经过此桥时，毛驴见此地风景优美，遂萌生凡意，一不留神，蹄子踏进了桥边石头里，张果老鞭之。"蹄印"到现在还清晰可见。

[5]白龙洞：白龙洞位于仰口西侧，太平宫北，是由一块长18米巨型椭圆石，扣压在5块鼓型石上，撑起的一个天然石洞。圆石上镌刻有邱处机的20首咏崂山诗，洞额"白龙洞"三字为明代山东武举周鲁所提。

[6]眠龙石：位于太平宫西偏殿。太平宫整个建筑呈"品"字形，由正殿和两个偏殿组成。西偏殿一石似龙盘身入眠，被称为"眠龙石"。

越辰㉖，观玉皇洞[1]，陟玉女盆。复稍东，坐仙岩[2]以望巨峰。或曰："上苑南即上宫，华楼东为巨峰，游若有未尽者。"海之奇尽上苑，山之奇尽华楼，涉固不能尽，亦不必尽也。复游南天门，坐平石上。石如台，前列华楼，后环攒峰[3]，左右覆松数千株，苍翠可掬。天㉗风飒飒，时来作海涛声，与歌声相和。于是纵歌复酌，浑如身历蓬壶中数时矣。予复问曰："此时念尚有妄乎？"亦咸应曰："无之。"时孙二守元卿、黄大尹作孚设酌[4]，饷罢，下华楼，见一石岩甚奇。问曰："此何石？"众曰："此所谓接官亭者。"因更之为"迎仙岘[5]"。赋曰："相逢俨列仙，人吏谢凡缘。传呼仙子避，绝倒石崖巅。"复穿黄石洞，游黄石宫，相顾慨伐树者之愚，与造石椰[6]何异？及暮，兴尽而后归。

**注释：**

[1]玉皇洞：位于太平宫翠屏岩之下，是自然形成的山洞，因其内供奉玉皇，故名。

[2]仙岩：翠屏岩西的巨大石崮，明代邹善书“仙岩”，字镌其上。石崮顶部有水泉，长年泉水充盈，被称为“天液泉”。

[3]攒[zǎn]峰：密集的山峰。

[4]孙二守元卿、黄大尹作孚设酌：孙元卿，字克廉，即墨人，嘉靖十九年(1540)举人，曾任丽江府同知。明清时同知为知府的副职，故称二守。黄作孚(1516—1586)，原名黄作义，字汝从，号仞斋。黄宗昌祖父，明嘉靖二十五年(1546)举人，嘉靖三十二年(1553)进士，曾任山西高平县知县，著有《仞斋诗草》。大尹是对府县行政长官的称呼，黄作孚做过知县，故称大尹。设酌：设酒宴。

[5]迎仙岘：位于华楼山北的一处陡立似削的巨大石壁，高10米，宽10米，3条横向节理，上段呈锥形探出，像亭子似的，原称“接官亭”，顾名思义，是接待官员时稍事休息的地方。邹善游览华楼时，觉得其名过于俗气，便更名为“迎仙岘”。“迎仙岘”石刻字迹至今仍清晰可辨。

[6]石椁[guǒ]：石制的外棺，古人将遗体放进木质棺材里，再将棺材放到石质棺椁中，主要是避免木材日久腐烂，也是一种身份的象征。

夫岩壑之幽，沧溟之广，日月之奇，数日可谓遍历而备尝之矣。方其对山水，玩日月时，其心寂寂然，廓廓然，炯炯然，何也？噫！吾心本自幽邃，本自广大，本自光明，一有所触，则心境会而本真露。斯固吾人平旦时也能真识此体，而时保之。处尘坌[1]不异清境，居屋漏常对真明，则志气如神，喧寂一致，方可以言学，方可以言游。不然幽还岩壑，广还沧溟，明还日月，依然旦昼之牿[2]亡㉘矣，而又何取于斯游？

六一公云：“醉翁之意不在酒，在乎山水之间。”[3]予谓：“兹游又或㉙不专在山水间云。”因放歌曰：“到此浑如尘外人，不须炼药问长春。千峰离却人如旧，不负千峰负此身。”又歌曰：“观日崖头奇更奇，万缘何处总无知。欲求别后真消息，常似狮崖对日时。”诸生相对，咸惕然有省。遂书以为《游崂山记》。

**注释：**

[1]坌[bèn]：尘埃。

[2]旦昼之牿[gù]：旦昼，明日。牿，古代拘在罪人两手的刑具，引申为约束、束缚。

[3]六一公：欧阳修(1007—1072)，字永叔，号醉翁，又号六一居士，唐宋八大家之一。“醉翁”两句，出自欧阳修《醉翁亭记》。

## 崂山记

### 高出[1]

余总丱㉚[2]时，就师即墨城中读，是知崂山也。有大善开士曰憨山者，始启海印禅林焉。凿石布金声于其内，此邦士众咸悦之。憨山颇能诗，善书法，又谈说足人俯仰[3]。余所闻者，亦可其人也，谁何[4]遂败谪寺毁？余亦归，悔不游崂，亦犹之不游崂也。居则念家海上，曾咫尺杖履之阙如，令千载上青莲鬼笑人，犹尚侈谈五岳，岂不诞哉！

今年之春，余以使事在里，遂决策于崂。会有咳疾，不任行。乃以暮春之甲子，策而南出，逆郭门之风，则洒然病去体矣。初挟二人舁以[5]乘骡，舁谻[6]则乘，舁人谻则亦乘，遂十九乘也。所偕者能画张子，又蚩蚩[7]之仆四而已。野宿，询崂山之径，亦无所得其要领。

**注释：**

[1]高出：字骇之，明登州莱阳(今山东莱阳市)人，万历二十六年(1598)进士，曾任辽东道员，迁河南按察使。高出弱冠登第，转益多师，诗文兼擅，后专力学习杜甫，朝夕吟咏，有“诗狂”之称。他曾对钟惺在《诗归》中提出的“幽深孤峭”说提出异议，论诗文重“厚”、“达”，有《镜山庵集》二十五卷。

[2]丱[guàn]：形容儿童束发成两角的样子。

[3]俯仰：举止、举动。这里是说憨山的言谈举止，风度可观，为人喜爱。

[4]谁何：谁人，哪个。这里是诘问到底是什么人使憨山败谪，使海印寺被毁。流露了作者对耿义兰等道士的不满。

[5]舁[yú]：轿子。以：而。

[6]谻[jí]疲倦。

[7]蚩蚩[chī chī]:敦厚;嬉笑貌。

次晨,问得鹤山焉。道出左,阛阓[1]缭绕。亭午,[2]渐南,始趾[3]山也。有望见双峰卓出如樯并桅者,[4]居人云名"天柱[5]"。行三十里,渐逼而异,则一山博也。登高俯冥,白云摩顶,海色接天,仅如平地。日昃[6]而抵鹤山,又失道。转而蛇升,碍石则穴而梯。跻其巅,屋宇不鲜,有壮哉松数树㉛,亦有伐木道士云:"前贰邑者,取而货之,殆三百也。"忽飘白羽焉,下上于风,徘徊广除[7]之上,余怆然[8]有思者久之。北山多石罅,可匍伏㉜侧注而入。更出之,则崭然双壁,人立而绝。东有徐炼士台,无他异。道士喭[9]甚,所指画,鄙不可省,又瞑[10]不可视。舍旃[11]返屋,爇[12]松而寝。

**注释:**

[1]阛阓[huán huì]:街市。

[2]亭午:正午。

[3]趾:本义为脚。这里通"止",指在山前停留休息。

[4]樯:船上的桅杆;桅:桅杆。

[5]天柱:即天柱山,位于山东平度市大泽山镇以北,海拔280米,因山南面的摩崖石刻而出名,摩崖石刻是我国稀有的书法刻石艺术瑰宝。

[6]昃[zè]:太阳西斜。

[7]除:台阶。

[8]怆[chuàng]然:悲伤的样子。

[9]喭[yàn]:粗鲁。

[10]瞑:日落,天黑。

[11]旃[zhān]:"之焉"的合音。"之"是代词,"焉"为语气词。

[12]爇[ruò]:点燃,焚烧。

旦起,索径而南,平畴广衍,麦秀渐渐,衣袂间清凉欲雨。行二十五里为太平宫,道当左,导者右之[1],径[2]也。右险甚,步而级,膝过于颐[3]。二里许获一洞焉,有道士冥栖[4]其中,与之言,颔[5]之而已。出而西,径石桥,见流水瀺灂[6]而下者,从之,有泓[7]焉,空鉴须眉[8],岸花映发,沙轻如尘雾,称履而无迹,是崂第一水也。几失之。又步而级,树根萦石为相及也。二里许,捷得宫之背,折而就憩于道舍。饭已,出,风于狮子岩。岩谽谺[9]㉝立,回㉞而中洞容数人眠。上之为明明崖,宾日也。海水在足底,虚青澒浮[10],一气吞吐,石动潮汩[11]㉟,若天吴[12]之出奔,观奇矣!趣下薄视,反而望之,倒影夺目,诸峰飞越,鸿濛[13]相遝,[14]倏无倏㊱有,张子骇叹,应接㊲不暇,谋图诸明日。抱墨纸以往,即不可得。余靳[15]:“张子隘[16]者也,而绘化工乎?”

**注释:**

[1]道当左,导者右之:导,引导,向导。这里指本当走左边的路,向导选择了右边的小路。

[2]径:小路。

[3]颐:面颊,腮。

[4]冥栖:指隐居。

[5]颔[hàn]:点头。

[6]瀺灂[chán zhuó]:水声。

[7]泓:潭。

[8]空鉴须眉:指潭水清澈,水中倒影可看到人的胡子和眉毛。

[9]谽谺[hān xiā]:山谷空旷或山石险峻的样子,这里指后者。

[10]澒浮:水势深广汹涌的样子。

[11]汩[gǔ]:水流的样子。

[12]天吴:水神名。《山海经》卷九《海外东经》:“朝阳之谷,神曰天吴,是为水伯。”卷十四《大荒东经》:“有神人,八首人面,虎身十尾,名曰天吴。”

[13]鸿濛:高空,天空。

[14]遝[tà]:通“沓”,纷多聚集。

[15]靳[ jìn]:奚落,嘲笑。

[16]隘[ài]:见识短浅。

道士问余㊳以奚从,曰:"从左当观尽,虑狭焉;从右则迂而不可底。"且色难左[1]也,余决从左。南之十里,尚可乘,进之则山趾海矣。径其偏侧,陵高竞下[2]如转磨齿,余神悸而视他㊴。又进之,潮激山吼,殷[3]在地中,石错涛上,或躐[4]或缘,殆险塞之至也。下为甚,稍得夷旷之坞,多松,静而声间[5],覆[6]数椽之茅。野妇乳儿,视客不异也。山花片片,杂英如红缬,袭路之芬。滩鸣谷答,沙白[7]掩带紫蚨[8]㊵,茭蒲[9]芃郁[10],来往翠禽。我马駸駸[11],如在郊野,可与忘险,人其罢厌哉?就鱼筏买鱼蟹载之。又二十里,始达下宫,是憨山启檀越[12]地。宫负山而襟[13]海,东北惟辟一径,下有良畴。道士述其始作定之方中[14],大风拔其栌[15],嗟其及[16]也。

**注释:**

[1]色难左:脸上显出对走左面的畏难。

[2]陵高竞下:忽高忽低,路不好走。

[3]殷[yǐn]:振动声。

[4]躐[liè]:踩。

[5]间[jiàn]:间断,断断续续。

[6]覆:遮盖,掩蔽。

[7]沙白:又称沙白贝、白贝,是中国文蛤的一种。身体呈扁圆形,体色一般为白色,壳光亮。

[8]紫蚨[fú]:即青蚨,一种水虫。

[9]茭蒲:茭,即菰,别名茭草。多年生草本植物,生在浅水中,其嫩茎为茭白,可作蔬菜。果实为茭米,又名菰米、雕胡米,可煮食。 蒲,多年生水生草本植物,有香气。根茎长在泥中,可食。叶长而尖,可编席、制扇。

[10]芃[péng]郁:草木茂盛的样子。

[11]駸駸[qīn qīn]:形容马跑得快的样子。

[12]檀越:Dánapati 的音译,意为施主。

[13]襟:前面。

[14]定之方中：《诗经·鄘风》中一首诗的篇名。《毛传》曰："《定之方中》，美卫文公也。卫为狄所灭，东徙渡河，野处漕邑。齐桓公攘戎狄而封之。文公徙居楚丘，始建城市而营宫室，得其时制，百姓说之，国家殷富焉。"诗歌主要赞美卫文公"建城市而营宫室"，故后世常以此代指建造宫室殿宇。

[15]大风拔其栌[lú]：栌栱、斗栱，即梁上短柱。本书卷八陶允嘉《游崂山记》也记此事曰："又闻方其毁宫为寺，丹垩落成日，天宇澄丽，忽飘风飞雨，洒淅而至，四众骇怖，罔测所繇。"

[16]及：遇到，遭遇。

戊辰雨，留一日。翻藏数帙，[1]阅图而得仙墩，在宫之前左二十里。道士曰："是不可骑也。"余曰："步能之矣。"旦而往，出东北，乘五里，即杖而南行。余先登，常耻后者，竟亦莫能先。径随海折，山与避就，有仄不受足者。山尽矣，又突如而一耸，根纳海而水覆之。有塔，其县崀者，[2]俗夸之为张三丰，讹也。折而右，下入极窈。海水澎湃如鼓雷霆，乱石如马，潮荡之如白羊，飞空如鹅群。故曰："吹万不同，而使其自已也"。[3]山形莿㊶削[4]，五色离披[5]，仰瞩青云，若接溟涬㊷，[6]是崂第一壁也。坠而若群星，若列几，故称仙墩焉。返而饭于野，复宿于宫。道士萧语余曰："子其舍旃[7]？"余曰："是皆匝山也，而未入山，且巅安在？"萧曰："此之巨峰也，一舍而赢[8]，皆不可骑也，而岩甚。"余曰："是步亦能之，且不巅，胡游哉？"张子与仆皆色难，弗视也。

旦而往，介以左师[9]，亦出东北。乘五里，复西，则舁乘宅㊸介[10]遣去。复杖而行十里至上清宫。有银杏树，双凹处可隐三人，稍憩之。道士献芋，为一食而起。又西北十里出天门[11]后，止茅庵。饭脱粟[12]已，又西北十里，则壑哀石怒，腾转崎崯，[13]颐㊹沓[14]，状如风雨，胁息攀缘，不敢返顾。余视张子，赤而汗，已㊺则亦然。既已跻[15]矣，从之下。又十许里，始达白云庵，则犹之培塿[16]也。峰斯在上，尚可十五里，乃就庵中宿。

**注释：**

[1]帙[zhì]：书画外面包着的布套。这里用为量词，指用于装套的线装书。

[2]县崀[xuán lǎng]:县,通“悬”;崀,𡹠崀,意为山空。县崀,在这里当指有碎石垒成的塔(张仙塔)中空耸立,悬于空中。张仙塔在崂山头东坡,削壁悬空,岩石层叠似塔,俗传为张三丰所建。关于张仙塔,明清以来文人多有描述,且一致称奇。黄宗昌《崂山志》卷三:“自峰北东下,有石塔在山崦,直探海中,人不能至。舟行自下视之,是所谓张仙塔也。岂非东海奇观哉?”清代纪润:“观张仙塔二座,系邋遢张神仙碎石所砌。一塔在海边,数丈削壁顶上,紧贴南崖,往南探头。北边又有一碎石塔,塔旁有一大耐冬树,至今几千百年。而碎石安如盘石,非神物而何哉?一小小土山,乃有如此二大奇景,诚劳山第一奇观也。”(纪润《劳山记》,青岛墨林印书馆1919年版)近代周宗颐《太清宫志》:“张仙塔,在劳山头左背海岸,石塔高数十丈,形势天成,于山顶不能见,乘舟由海面可以观之。塔底有洞曰仙窑,系张三丰养静处。”

[3]《庄子》内篇《齐物论》有:“夫吹万不同,而使其自己也,咸其自取,怒者其谁邪?”

[4]萷[shāo]削[xuē]:萷,民国五年本、手抄本作“峭”。峭削,陡峭如削,这里指山形极其险峻。

[5]离披:参差错杂,盛多。

[6]溟涬:无边无际。

[7]旃[zhān]:文言助词,相当于“之”或“之焉”。

[8]一舍:古以三十里为一舍。赢,有余。

[9]介:随从。左师:本为春秋战国时宋、赵等国的执政官名,《左传·襄公九年》:“二师令四乡正敬享。”杜预注:“二师,左、右师也。”王应麟《小学绀珠·职官·二师》“宋右师、左师”引《白虎通》:“里中之老有道德者为里右师,其次为左师。”介以左师,指以当地熟悉山中情况、有经验的人为向导。

[10]舁乘宅介:“宅介”,疑为“它介”之误。因前行道路崎岖,不能骑行。原准备的轿子和骡子,及除新选的向导外其他的随从,都一概遣返,不再跟随。

[11]天门:即天门峰,位于崂山南麓,又名“云门峰”,俗称“南天门”。崂山叫南天门的地方有三处,一处在华楼宫的南边,一处在神清宫的南边,而天门峰的南天门最大最高。旧时,南天门是崂山南路的主要交通要道,到先天庵、上清宫、太清宫、明霞洞皆经过此地。

[12]脱粟:糙米;只去皮壳、不加精制的米。

[13]崎崟[qí yín]:崎,崎岖,山路不平;崟,山高。崎崟:高峻崎岖。

[14]颐沓：疑当作“颐沓”，指山峰密集重叠，高峻险要。

[15]跻[jī]：登，上升。

[16]培塿[lǒu]：小土丘。

早起亦无所苦，道士止余。余曰：“不巅，胡游也？”杖而先之，里许，即不可得径。榛莽荒忽，刺眼罥[1]衣，坎而隧之，宛委[2]㊻以升。绝深陉，[3]坎窅㊼穴[4]，礧砢轮囷，[5]十武一憩，[6]凡俯若缥缈之前峰者以十数，乃陟绝顶焉。危乎高哉！兹山之峻极也。风甚，亦雾，茫无所睹，惟见诸峰罗立，若棨戟[7]之卫天帝。远若有望见如元气之无间者，出没于泰山之野而已。趣[8]返先路，柱杖声与丁丁相答。抵庵，则布袜如毳，[9]履已穿矣。饭已，复从下。十里许，会它介者以乘至。乘之径聚仙宫，方就夷也。是日，抵下宫之别庄，犹下宫授餐焉。

**注释：**

[1]罥[juàn]：挂，牵缠。

[2]宛委：弯曲，曲折。

[3]陉[xíng]：山口，山脉中断的地方。

[4]坎窅[yǎo]穴：坎，本指坑，用作动词为陷、陷落之意。窅，深远。这里指通过又深又大的坑穴，感觉如陷入其中一样。

[5]礧砢轮囷：礧砢，亦作“磊砢”，众多委积的样子；轮囷，盘曲的样子。

[6]十武一憩：武，步；憩，休息，意为走十步就得休息。

[7]棨戟[qǐ jǐ]：古时官吏出行时用作前导的一种仪仗。

[8]趣[qū]：趋向，奔赴。

[9]毳[cuì]：鸟兽的细毛。

壬申，观渔于海，遂从庄北六十里而至华楼。碧崖紫巘，古树浮青，列嶂排空，丹梯指掌。东有孤石植焉，霞色映之，建标擢秀，焕若金银之台，是崂第一石也。邦大夫之莅止，有舍，北道虽岌而治。壁有镌刻，槐嵋有树[1]，亭有碑，盖众游之所蕞㊽[2]也。道士导余，且刺刺[3]语，余为无所闻也者。揽剩㊾而止，则暝矣。华楼之对者，黄石宫也。旦行而初日在眉，交柯[4]拂衣，意蒸然[5]快之。山止则溪，溪北岸之稍西，溯而上为石竹涧。涧㊿旁一寺，寺一僧尔，而中供旃檀佛像一，颜为大慈圣施置那罗延山者，亦憨山更也[6]。东踰复岭，溯而上里许，径绝，门于石中空谷51。人仰趾渐高而不伛，[7]殆百余武，亦崂第一径。出之，又数盘，而得黄石宫。宫中道士皆出，不见一人。酌柏下泉而还，就舁于馗[8]。东行十五里，原田每每[9]，林木交翳[10]，椒条繁郁，桑柘多阴，枣之纂纂[11]，木之蓁蓁[12]，丛菀[13]而荡胸。昔人谓沃土之民淫52，崂山多百岁人。虽草木之年，岂非其食腴而视淡哉！午至大崂观，观处旷而能收树石之胜，故足述也。遂饭焉，就溪浴我乘，乃别介者、左师而北行，宿诸途。以甲戌日还。

**注释：**

[1]槐嵋[méi]有树：嵋通眉，指槐树梢上面还可看到其他树木。崂山山石较多，此处树木比较茂盛。

[2]蕞[zuì]：丛聚、集中。

[3]刺刺：唠叨，说话没完没了。

[4]交柯[kē]：交错缠绕的树枝。

[5]蒸然：蒸，美好。指面对美景，心中愉悦。

[6]“颜为大慈圣”两句：颜，样子，面容。慈圣，慈圣皇太后，明神宗万历皇帝的生母。更，经历，经过。这里意为经手。憨山建海印寺前，宫中曾赐旃檀佛和《大藏经》。据此，高出所见旃檀佛像当为慈圣太后赐给憨山的那一尊，大约在海印寺被毁后，移到了石竹涧旁的这个佛寺。

[7]伛[yǔ]：曲背。

[8]馗[kuí]：通“逵”，四通八达的道路。

[8]每每：草盛貌。《左传·僖公二十八年》：“听舆人之诵曰：‘原田每每，舍其旧而新是谋。’”

[10]翳[yì]：遮蔽。

[11]纂纂[zuǎn zuǎn]：聚集貌。这里指枣树果实累累。

[12]蓁蓁[zhēn zhēn]:草木茂盛的样子。

[13]丛菀[yù]:菀,茂盛。丛菀,这里指丛林茂盛的样子。

是役也,余恐渎朋侪[1]也,故不闻之。适也不及揖拜,不逐于酒食,不费一刺[2],故脱而尽其观。若夫崂之真形,则巨峰足见矣。博而多姿,佐幻于海,惟树与石莫适非嘉,俗名燕㊼说[3]则亦略而不述焉。是游也,得诗二十七篇。

余谓僧清,力能兴法矣,而卒败谪,固由拂顺侮弱也,亦仙灵有默夺焉。不然,清外好士大夫,内勤于宫壸,[4]名作福事,其谁煽诸羽流,蠢蠢不比人,数章辄得自诣,[5]上遂赫怒。至辱金吾,缚髡奴[6],窜之御魑魅[7],何其决也!劳自东华、安期生[8]之属,以逮宋元马、丘诸真,世有仙踪,其来尚矣。非其类不据也,而矫之,嗟!能勿及哉?

**注释:**

[1]朋侪[chái]:朋友,朋辈。

[2]刺:名帖。

[3]燕说:"郢书燕说"的省称,指穿凿附会之说。《韩非子·外储说左上·说三》:"郢人有遗燕相国书者,夜书,火不明,因谓持烛者曰:'举烛。'而误书'举烛'。举烛,非书意也。燕相受书而说之,曰:'举烛者,尚明也;尚明也者,举贤而任之。'燕相白王,王大说,国以治。治则治矣,非书意也。今世之学者多似此类。"《韩非子·外储说左上·经三》:"先王之言,有其所为小而世意之大者,有其所为大而世意之小者,未可必知也。说在宋人之解书与梁人之读记也。故先王有郢书,而后世多燕说。夫不适国事而谋先王,皆归取度者也。"

[4]宫壸[kǔn]:壸,宫里的路。这里指憨山与宫中往来密切。

[5]诣[yì]:到……去。这里指道士耿义兰在上书县、府之后,又于万历十九年(1591)赴京城上告一事。

[6]髡[kūn]奴:髡,古代剃去人须发的一种刑罚。髡奴,是对僧人的蔑称。

[7]御魑魅:《左传文公十八年》:"舜臣尧,宾于四门,流四凶族,浑敦、穷奇、梼杌、饕餮,投诸四裔,以御螭魅。"杜预注:"投,弃也。裔,远也。放之四远,使当螭魅之

灾。螭魅，山林异气所生，为人害者。"孔颖达疏："是放之四方之远处。魑魅若欲害人，则使此四者当彼螭魅之灾，令代善人受害也。"后世因以"御魑魅"代指流放边地。

[8]东华、安期生：东华，传说中的仙人，又称东王公、东皇公、东华帝君、东华真人，省称"东华"，掌管男仙名籍，与西王母对称。安期生：又称"安期"、"安其生"，仙人名。秦、汉间齐人一说琅琊阜乡人。传说他曾从河上丈人习黄帝、老子之说，卖药东海边。秦始皇东游，与语三日夜，赐金璧数千万，皆置之阜乡亭而去。留书及赤玉舄一双为报。后始皇遣使入海求之，未至蓬莱山，遇风波而返。一说生平与蒯通友善，曾以策干项羽未能用。后之方士、道家因谓其为居海上之神仙。事见《史记·乐毅列传》、汉刘向《列仙传》等。

## 游崂山记

### 陶允嘉[1]

余至墨数月，儿道以崂山之游请。余曰："未也。夫游以时，亦以侣，气肃风烈，非登高所宜，且无与偕者。"越明年，三月，适友人王静虚自大西[2]来，余曰："可矣。"乃于㊹月之十七日，拉蓝友述泉[3]出自南门。见东南天半，苍翠横亘，奇峰突兀，若夏云之屯[4]。舁人曰："此崂山也。"地皆坡㊺陀[5]，舆行其上，随其高下，而山亦与之低昂。新绿被野，东作[6]方始，秾[7]桃繁李，点缀村落。行一舍，得山曰"凤凰"[8]。循其西趾东折，得涧曰"石柱"[9]。缘涧北上行，乱石纷披，中院曰"慧炬[10]"，亦已㊻倾废。而中旃檀释迦像甚丽，云内所施憨山僧海印寺而移置之者。

**注释：**

[1]陶允嘉(1556—1622)：字幼美，号兰风，明绍兴会稽陶堰人。明万历二十八年(1600)副贡，官至福建盐运司同知。明代著名文学家、书法家。与哲学家陶望龄同族，是明末著名文学家、历史学家张岱的外祖父，有《陶幼美先生集》七卷(天启四年陶崇道刻本)。

[2]王静虚：明末著名居士，与袁宏道、陶望龄、陶允嘉等名士有密切的交往。大西，疑当指大西番。纳木依人古称西番，主要分布于大渡河拐弯处和雅砻江拐弯处，在雅砻江西岸的纳木依称为大西番，东岸的纳木依为小西番。大西番在服饰上与纳

西族相似，其地理位置在今四川省西南部、靠近云南的冕宁、西昌、盐源一带。《明史》卷三百十三《云南土司传》有“永乐四年设四长官司，隶永宁土官，以土酋张首等为长官，各给印章，赐冠带彩币。寻升永宁为府，隶布政司，升土知州各吉八合知府，遣之赍敕往大西番抚谕蛮众”的记载。

[3]述泉：即墨人，蓝田之孙，蓝史孙（1527—1560）次子蓝思继，字克志，号述泉，太学生，生平不详。

[4]屯：聚集。

[5]坡陀[pō tuó]：同“陂陀”，倾斜，不平坦。

[6]东作：春耕。《尚书·尧典》：“寅宾出日，平秩东作。”《汉书·孔安国传》：“岁起于东，而始就耕，谓之东作。”

[7]秾[nóng]：花木繁盛的样子。

[8]凤凰：即凤凰崮，位于慧炬院北面。

[9]石柱：即石柱涧，又称石竹涧。

[10]慧炬：即慧炬院，位于崂山水库北岸，凤凰崮南麓。据《慧光传》载，隋开皇十二年(592)佛教南派四分律始祖慧光的再传弟子道凭游东海牢山、法海寺，至华楼山之阴石竹涧(原楼底村，现原址已没入崂山水库)山谷中，见“石竹庵”虽已倾圮，但环境幽静，便出资重建。为纪念慧光祖师，定寺名“慧炬院”。道凭在此当住持数十年，至隋炀帝大业末年圆寂。道凭的墓碑直到1958年尚完好，后修建崂山水库时淹没于水下。明代万历年间憨山和尚被谪后，海印寺所有佛经均移此处。该寺在民国前已圮，今只有遗址可寻。由慧炬院南下西去为神堂口，是明清两代由即墨入崂山游览的一条通道。

降而下，见陂麓间石墙周遭，栋宇修整，问而知为赵封翁[1]山墅也。翁家胶，年已望九[2]，丈夫子[3]五人，皆荐绅[4]，孙二十一人。弃家栖隐者，十五年矣。与余家有世谊，往谒，而翁已扶筇[5]肃客于门矣，步视矫矫。堂曰皆山，楼二，一以寝息，一以贮书画酒鎗[6]。牖南启而华楼耸其前，北启而凤凰障其后。东西两园，西园植桃、李、梨、枣、苹婆之属百棵，正放花。东植桧柏，有亭居㊼之，尚未名。后高冈植松数千株，浮翠作涛。

**注释：**

[1]封翁：封建时代因子孙显贵而受封典的人。这里的赵封翁，疑为赵任之父。

[2]望九：望，接近。望九，指年近九十。

[3]丈夫子：儿子，男孩。古代子女通称子，男称丈夫子，女称女子子。

[4]荐绅：缙绅，古代高级官吏的装束，也指有官职或做过官的人。

[5]筇[qióng]：同"筇[qióng]"。古书上说的一种竹子，可以做手杖，这里代指手杖。

[6]酒鎗[chēng]：旧时一种三足温酒器。《资治通鉴·齐武帝永明元年》："闻喜公子良持酒鎗，南郡王长懋行酒。"胡三省注："鎗，楚庚反，盛酒之器。按《太平御览》，鎗即铛字，但铛非可持者。"

是午，于赵翁所饭焉。饭毕，易腰笱[1]东行，折而北，路峻，行巉岩间，舁人趾相啮[2]者数里。舍舆徒步，有石塞途，中空如瓮。从瓮中入，转折而上为玉皇殿。古柏镠[3]干，碑碣甚古，石罅有泉曰玉液[4]。石壁如屏，色正黄，内有小洞，因名黄石[5]，与圯⑱上事[6]无涉也。逼隘无足观，所得不足偿所劳矣。降，而赵翁冉冉从松林中出，迓[7]入松下小亭，名餐霞。静虚与蓝友弹棋其中，翁与余出，步林坰，[8]见攒峦嵊环，[9]夕阳在松，炊烟袅袅从尘中起，与晚岚合，清氛袭人。适有饷榼[10]者，就东园虚亭饮焉。宿于皆山堂左轩。

**注释：**

[1]腰笱[xùn]：竹舆，又称腰舆、笱舆。手挽的便舆，高仅及腰，故名。齐鲁以北名之曰笱。

[2]啮[niè]：上下前排牙的合拢称为"咬"；上下后排齿的合拢称为"啮"。这里的意思是，抬轿人的脚趾紧紧挤在一起，形容山路难行。

[3]镠[liú]：含金量高的金子。这里指金黄色。

[4]玉液：位于黄石洞中洞石壁下。

[5]黄石：即黄石洞，位于华阴北山的山半，北倚王乔崮，峰峦重翠，南临崂山水

库,湖光波影。因洞上峭壁色黄而得名。黄石洞有四处洞穴,皆天然石洞,分上、中、下三处。上洞名"留侯洞",又名"张良洞",原有石造张良像,"文化大革命"中被砸毁。中洞原供有汉白玉老子像。

[6]圯[yí]上事:指张良游下邳圯上,遇黄石公,受《太公兵法》事,见《史记·留侯世家》。

[7]迓[yà]:迎接。

[8]坰[jiōng]:野外。

[9]攒[cuán]峦嵊[shèng]环:攒,重叠的山峦;嵊,本为山名,在浙江嵊县东,此泛指山。意为山峦重叠环绕。

[10]饷榼[xiǎng kē]:饷,给在田间里劳动的人送饭。榼,古代盛酒的器具。饷榼,盛放馈送酒食的容器。这里指以饷榼送饭。

自皆山堂南行半里得白沙河[1],产鱼,大类雁宕香鱼,盖溪水与海水交而产者。土名仙胎,宠之也。登山争鸟道而上,二里许为小华楼。右折而上,两山旋狭,舁人气喘。令从人佐舁,上迎仙岘[2],至松风口,狂飙骤至,舁人反却,贾勇[3]乃得过。时蓝友以一马先,山半舍马而徒,曲㊾折崎岖,时隐时见,下望之,若唐李将军[4]画寸马豆人[5]矣。

历夕阳涧,仰视王乔崮,壁立万仞,危石累累欲坠不坠。古松偃枝下垂,似欲攫[6]人。南为仙人梳妆台,巨石陡起百尺,右顶有松如盖,而根错出。北折,岑碑[7]大书"海上第一名山"。稍西为老君祠[8],塑像甚工。再上为玉皇洞,洞旁金液泉甘冽,斞[9]食㊿之尽二器。再上为翠屏岩[61],又上即华楼矣。

**注释:**

[1]白沙河:发源于崂山巨峰海拔千米的天乙泉,是青岛地区水位最高的河流,号称"青岛天河",全长32公里,跨崂山和城阳两区流入胶州湾。

[2]迎仙岘:见前邹善《游崂山记》注。

[3]贾勇:语出《左传·成公二年》:"齐高固入晋师,桀石以投人,禽之,而乘其车,系桑本焉。以徇齐垒,曰:'欲勇者,贾余余勇。'"杜预注:"贾,卖也。言己勇有

余，欲卖之。”后以“贾勇”为鼓足勇气的意思。

[4]唐李将军：指唐代杰出画家李思训。唐宗室李孝斌之子。以战功闻名于时。因曾任武卫大将军，画史上称他为“大李将军”。擅画青绿山水，题材上多表现幽居之所。其子李昭道，继承家学，善画山水，后世称之为“小李将军”。

[5]寸马豆人：一寸长的马，豆子大小的人。这里的寸、豆都是小的意思。形容画中远景人、物极小。语出五代梁荆浩《山水诀》：“丈山尺树，寸马豆人，远山无皴，远水无痕，远林无叶，远树无枝，远人无目，远阁无基。”

[6]攫[jué]：抓。

[7]岑[cén]碑：岑，小而高的山，山峰。此指高峻的自然碑石。

[8]老君祠：即老君殿，毁于明代末年。

[9]斛[jū]：用斗、勺等舀取。

吴越山固多石峰，然劖削巉巃[1]，不可上，此则若累棋，若叠卵，层压而上，可跻可陟，固足奇也。再上为玉女洗头盆，即华楼绝顶矣。余足疲，蓝友呼酒脯佐疲。王静虚轻矫蹑顶，见石窪如盆。其右则凌烟崮，为刘志坚藏蜕地，事详碑语中。下为天眼泉，泉从石隙中浮，碧如人睛，旱暵[2]不竭。

过石门，见赵翁乘小兜[3]，从松梢㉜中婆娑上矣。趋下迎之，遂至南天门。砥石如台，松荫袭人，游客之题咏碣焉。赵翁布席石上，北望华楼，南望巨峰，诸山如列戟，如羽镞，如雉堞，如锯齿，如火焰，如展旗，如卓锥，蜒蜿五百里，山之变态尽矣。酒数行，时蓝友治具[4]于宫，乃偕赵翁饭而别。从南天门下，路峻滑，奇石拏攫[5]。为下舆，猿接而下。行数里，为蓝文学再茂[6]读书所。书屋依㉝山，其趾半附崖上，有茅亭拾级而登，前后石岭岞崿[7]刺天。文学饮余于亭。南行，即蓝友祖赠司寇公[8]茔也。松柽[9]蔚茂，下而萧揖。

揭[10]溪者再，源发巨峰，而下与白沙合者也。从此皆大壑幽崖，绝无庐舍，亦鲜人踪。迷阳弗薍，[11]似无可往。忽山少窪，以㉞石蔽之，中开，名曰劈石岭[12]。陟其巅，眼界骤宽，山与海交，海与天接，上下一色，似净琉璃。大管诸岛若渴猊[13]下饮于海，远岛累累，淡若修眉，晚霞映波，缥绿万里，与碧落[14]无异，信奇观也。

**注释：**

[1]劖削[chán xuē]巀嶪[jié yè]：劖削，陡峭如削；巀嶪，亦作"嶪巀"，高峻，高耸。指山高大险峻，陡峭如削。

[2]旱暵[hàn]：亦作"旱熯"。不雨干热。

[3]小兜：用竹椅子捆在两根竹竿上做成的便轿，只有坐位而没有轿厢。

[4]治具：办酒席。

[5]拏攫[ná jué]：搏斗。这里指奇石呈搏斗状。

[6]蓝再茂(1583—1656)：字清初，号雨苍，明即墨(今山东省即墨市)人。崇祯元年(1628)恩选拔贡，任南皮知县，为官清廉，卓有政绩。崇祯八年(1635)辞职归家后，购得周氏崂山小蓬莱之"紫霞阁"，隐栖终身。著有《谳牍初刻》两卷、《实政录》四卷。乾隆版《即墨县志》卷九《人物》有传。贤良文学是汉代选拔官吏的科目之一，始于武帝时，简称"贤良"或"文学"。蓝再茂为蓝史孙（1527—1560）长孙，蓝思绍长子。本文开头提到的蓝友述泉，是他的二叔。陶允嘉卒于1622年，他游崂山时，蓝再茂尚未选贡，"文学"之称与下"王文学克中"，不详。

[7]岞崿[zuò è]：山势高峻貌。

[8]蓝友祖赠司寇公：蓝述泉的高祖父蓝铜及蓝铜之父蓝福盛，均因其长子和长孙蓝章获赠刑部侍郎。司寇设置于西周，地位仅次于三公，与六卿相当，与司马、司空、司士、司徒并称五官，掌管刑狱、纠察等事。后世也把刑部尚书称为司寇。刑部侍郎为刑部副长官，故也称之为司寇。

[9]柽[chēng]：柽柳，落叶灌木，也叫三春柳或红柳。

[10]揭[qì]：提起衣裳渡河。

[11]迷阳茀[fú]蘺：茀，草多路阻；蘺，江蘺，古书上说的一种香草。意为被江蘺所阻，在大白天迷路。

[12]劈石岭：即劈石口，在今北宅镇东北。崂山有一条联系东西交通的古道，从西部的华阴集通往东部的王哥庄，在古道海拔250米处有一山口，口下有一块独立巨石，呈桃形，高8米，由中间自然分为两块，像是用利器从中劈开一般，故称"劈石"，中

间可行人走马。此处山口就叫“劈石口”。在劈石之西半刻有“劈石天开”四字，呈田字形排列，可倒读，亦可环读，均能成句，字径 1 米。

[13]猊[ní]：狻[suān]猊的省称，传说中龙生九子之一，形如狮，喜烟好坐，所以形象一般出现在香炉上，随之吞烟吐雾。古书记载是与狮子同类能食虎豹的猛兽，亦是威武百兽率从之意。

[14]碧落：道家称东方第一层天，碧霞满空，叫做“碧落”。这里泛指天上。唐白居易《长恨歌》：“上穷碧落下黄泉，两处茫茫皆不见。”

循山趾行十里余为萧旺庄[1][65]，王文学克中别墅[66]在焉。设馔以俟，且欲挽余宿。余曰：“志在观日，止此恐[67]失彼矣，待月上则可。”语及海市[2]，蓝友曰：“海市不独登为然，莱海中往往有之，第不时见耳。且世知海市而不知山市，远岛居民及渔捕者，每见崂[68]山云色蔚蒸，顷刻变幻，其楼台、城堞、马车、人物与海市无异，然崂之民弗见也，即邑之人亦弗见也。可知蜃龙之气，恍惚聚散，随地而见，固奇豪之士所影响，其说以为五城十二楼[3]者，大都类此。”余深领其言，时王友促歌者进觞[4]，为之剧谈[5]而待月。街鼓[6]动，从者报月上。束燎[7]前导，穿民家旁出村，犬嗷[69][8]声如豹。并山海而行，月亭亭[9]上，波得之，荡而为长灯。炬火与月相乱，海上诸峰尽出，炬烬落草间，延袤若野烧，宿鸟[10]扑剌[11]。俄折而右，遂与月左。路缘陡崖，舁人[70]趾渐高，径渐窄，炬渐微，不见前后人，惟闻泉声淙淙鸣崖下。乱石枳[12]途，舁卒[71]肩相辅，后趾俟前趾发乃发。如是者数里，忽岩阿[13]黯黮[14]中，钟磬骤响，始知抵上苑矣。入门为朝元宫[15]，俄而蓝、王二友亦至。岩缺，复见悬月与波滉漾，余谓：“以日观而并得月观，溢于愿矣。”

**注释：**

[1]萧旺庄：清人顾祖禹《读史方舆纪要》卷三十六《山东七》：“萧旺庄寨在县东南五十里，与金家岭寨俱筑城戍守。”

[2]海市：即海市蜃楼，崂山奇景之一，典籍文献中多有记载，如蒲松龄《崂山观

海市作歌》。

[3]五城十二楼:古代传说中神仙的居所,比喻仙境。宋米芾《甘露寺》:"多景楼面山背江,为天下甲观,五城十二楼不过也。"

[4]进觞:敬酒。

[5]剧谈:畅谈。

[6]街鼓:唐时指设置在京城街道的警夜鼓,宵禁开始和终止时击鼓通报。宋以后亦泛指"更鼓"。

[7]束燎:火把。

[8]嗷:同"叫"。

[9]亭亭:明亮美好貌。

[10]宿鸟:归巢栖息的鸟。

[11]扑剌:形容错乱,北京官话。这里指鸟受惊。

[12]枳[zhǐ]:阻塞。

[13]岩阿:山的曲折处。

[14]黯黮[dǎn]:黯,深黑,昏暗;黮,黑色,不明。"黯黮",亦作"黮黯"、"黮暗",黑暗无光,昏暗不明。

[15]朝元宫:疑应为太平宫。存疑待考。

就寝羽士房。鸡三喔,披衣起,从棘林中过寅宾洞,蹑磴数回,登狮子岩[1]。岩突出悬崖,高数千仞。时山月松顶,娟娟媚人。俄而震方[2]启白,月色渐薄。久之,一缕深红隐起,人面石木尽赤。云物射之皆成五色,海屿受光以远近为浓淡。红轮滟滟,徐变为黄金数千道,芒刺射眼,动摇若冶金。静虚欢叫称奇绝,呼酒沃[3]之。岩地敻[4]绝,风气磅礴,不可久居。下抵狮口岩,浮白[5]敌寒。时王友所挟笙乐,时作于岩之上下,倚徙[6]不定,上则钧天,而下则窟室矣。折而西,登犹龙洞,洞列南北诸真,静虚辨之甚悉。再上,危⑫石如盘陀[7]者不一。跨其脊,躐[8]其顶而返。

**注释:**

[1]狮子岩:即狮子峰。在太平宫东北,危峰耸起,远望如一张口的雄狮。峰顶

是观赏日出的胜地。

[2]震方:东方。《周易·说卦》:"万物出乎震。震,东方也。"

[3]沃:溉灌。这里指以酒浇地而祭日。

[4]敻[xiòng]:远。

[5]浮白:原意为罚饮一满杯酒,后亦称满饮或畅饮酒为浮白。

[6]倚徙:流连徘徊。

[7]盘陀:也作"盘陁",形容石头突兀不平。

[8]躐[liè]:超越,踩踏。

饭于宫,乃下。下里许,至海澨[1]。沙细白,类补陀千步沙。[2]掬水弄波,水色淡碧,舌尝之,咸甚。余家海滨,习于海矣。惊涛浴日,浊浪排山,海之状也。一过岛屿,辄谽谺冲撞,澎湃镗匝[73],[3]令人骇慄而已。未有文沦縠[74]漪[4],黛蓄膏渟,[5]安澜缥碧,[6]可狎可娱,如沼沚[7]间者。仰见[75]巑岏[8]诸峰,张牙露骨,喷雪翻银,排空卷地,大类钱塘潮势。夫水本动也,至于海而险怖极矣,乃反静焉;山本峙也,乃飞翔骞[76]舞[9],反类躁焉。静躁相反,夷险易体,盖余所未睹也。岂非天下一大观耶?

**注释:**

[1]澨[shì]:水边。

[2]补陀千步沙:补陀,即普陀山,位于杭州湾以东烟波浩渺的莲花洋中,与世界著名渔港沈家门隔海相望。是中国佛教四大名山之一,素有"海天佛国"、"南海圣境"之称。千步沙,即千步金沙,是普陀十二景之一。沙坡平缓,沙色如金,纯净松软,宽坦软美,是著名的沙滩。

[3]澎湃镗匝[tāng zā]:澎湃,水波相击声;镗,鼓钟之声;匝,环绕,布满。指海浪与岛屿撞击的声音如钟鼓声一样环绕于耳。

[4]文沦縠[hú]漪[yī]:縠,有皱纹的纱。漪,水波纹。指平静的水面泛起的波纹。

[5]黛蓄膏渟:黛蓄,水色青黑的深潭。膏渟,膏本义为脂肪,渟本义是水停滞不流。指水静止如膏。黛蓄膏渟指青黑色的深潭如凝脂一样。

[6]安澜缥[piǎo]碧：缥，青白色。意为青白和碧绿色的宁静水面。

[7]沼沚：沼，天然的水池；沚，水中的小块陆地。

[8]巑岏[cuán wán]：山峰耸立高峻。

[9]骞舞：骞，高举。骞舞，这里指山势险峻，如欲高举起舞。

东行一舍至鹤山，石类华楼而高不及百之一。左巉山[1]，右三标。其枝并插入海中，若两臂，而鹤山中踞之，汇为一小海，此其独盛也。庵曰遇真，古松虬曲，无风而涛。时何孝廉及韩、林二生俱至，偕而登，石窦中虚，名白鹤洞[2]。又曲折而上，叠石数层，俯而入。愈下，其锐不及地者尺有咫[3]。卧而转侧，乃可入。中穹若室，如是者三四。何友呼酒，饮之。从顶出，有石敞夷可坐，则所称石楼也。降而何君觞余于宫。觞罢，别而西行一舍，将抵县，时下舂[4]矣。路旁为蓝氏园，蓝友暨兄迓[5]以入。园三区：一莳[6]花，一植果，一种蔬。以次而进，有堂承之。古树樛结[7]，苔色翳石，种种皆百年前物。问之，云相传七世矣。乔木世臣[8]，展[9]矣不虚。蓝友以孝闻，且好施，人多德之，宜有以世其家[10]也。满引数盏，别时暝色合矣。从东门归。

**注释：**

[1]巉[chán]山：位于田横岛旅游度假区南部，海拔210米，以山势陡峭，巉岩耸立而著称。

[2]白鹤洞：应是今仙鹤洞。

[3]咫[zhǐ]：八寸为咫。

[4]下舂[chōng]：日落时分。《淮南子·天文训》"(日)至于渊虞，是谓高舂。至于连石，是谓下舂。"高诱注："连石，西北山。言将欲冥下，下象息舂，故曰下舂。"

[5]蓝友暨兄：蓝思和他的哥哥蓝思绍。迓[yà]：迎接。

[6]莳[shì]：栽种。

[7]樛[jiū]结：樛，本义是孪生的树或相互绞缠的藤。这里指树木绞结、盘缠在一起。

[8]世臣:历代有功勋的旧臣。《孟子·梁惠王下》:“所谓故国者,非谓有乔木之谓也,有世臣之谓也。”孙奭疏:“世臣,累世修德之旧臣也。”

[9]展:实在,真实。

[10]世其家:《说文解字》:“三十年为一世。”引申为父子相继,一辈一辈相传。这里是说蓝氏家族兴旺发达,世代相承。

崂之奇尚有太清、巨峰诸胜,以路遥不及往,然已得十之六七矣。夫此一崂也,得祖龙[1]而始名,得太白而始显,得丘处机而始大显,地固以人哉!然古称安期[2]、羡门[3]皆在东海上,则始、武[4]之东游,夫亦以山水奇绝,素称神仙窟宅,而觊[5]一遇之耳。憨僧欲以缁流相袭,仙灵其肯甘心乎?又闻方其毁宫为寺,丹垩[6]落成日,天宇澄丽,忽飘风飞雨,洒淅而至,四众[7]骇怖,罔测所繇[8]。出视海口,见二巨鱼如山,昂首喷波,直射殿中。岂仙灵不怿[9]而驱此二鳌示怪也?亦奇矣!且震旦[10]水皆东壑于海,登、莱悬出海中,返逆而西,皆崂山之砥柱盘礴,故外耸而中洼耳。无崂山则无登、莱矣!功岂不伟,乃上不得蒙柴望之典[11],次不得班沂山[12]培塿[13]之列,宁非以远弃海滨,人迹罕至也耶?嗟嗟,又宁独山水已哉!

**注释:**

[1]祖龙:秦始皇。

[2]安期:即安期生,见前高出《崂山记》注。

[3]羡门:也是传说中的仙人名,《史记·秦始皇本纪》记载:“三十二年,始皇之碣石,使燕人卢生求羡门、高誓。”“羡门”,《史记集解》引韦昭曰:“古仙人。”

[4]始、武:秦始皇、汉武帝。

[5]觊[jì]:希望,希图。

[6]丹垩[è]:垩,白垩,一种白色的土。丹垩,指涂红刷白,泛指用油漆等粉刷。

[7]四众:佛教中名词。有不同的解释。《法华经》称比丘、比丘尼、优婆塞、优婆夷为四部众、四部弟子。《法华文句》以发起众、当机众、影响众、结缘众为四众。《异

部宗轮论》以龙象众、边鄙众、多闻众、大德众为四众。佛教也把出家男女二众和在家男女二众合称四众。这里泛指众信徒。

[8]繇[yóu]:古同“由”,从,自。

[9]怿[yì]:欢喜,高兴。

[10]震旦[zhèn dàn]:古代印度人对中国的称呼。

[11]柴望之典:柴,烧柴祭天;望,祭祀国中山川。在古代柴、望两种祭礼均为国家祭祀大典。在此代指国家正式的祭典。

[12]沂山:又名东镇,俗称小泰山、东泰山,位于山东省临朐县境内,在县城以南45公里。中国五大镇山之首。主峰玉皇顶海拔1032米。

[13]培塿[pǒu lǒu]:小山。

## 游崂山记

### 汪有恒[1]

繇劈石口微东[77],峻起,连云排戟,雄峙沧溟[2],若鳌负者,牢山也。山自汉逢[78]萌栖隐始著,名“牢”,以难入耳。唐玄[79]宗许王旻合炼于此,因改“辅唐山”[3]。子瞻集亦作“牢”。丘长春独爱其奇秀等蓬瀛[4],更“鳌山”[5],金元碑因之。

余以崇祯甲戌[6]冬至卫[7],睹兹山涌海上如图,即神往。明年暮秋,始克[8]游。如[80]是从鹤山宿上苑。明晨,登狮峰观日出。旋[9]蹑海湍乱石中,入山东南,径之太清西南,攀峻岭,再宿上清。陟明霞洞,登南天门。西逾夹岭河[10],北上巨峰之巅,西游华楼,由劈石口返焉。

**注释:**

[1]汪有恒:明末文人,生卒年不祥,崇祯八年(1635)秋曾游崂山,本文即为这次游览的记录。

[2]沧溟:大海,高远幽深的天空。

[3]辅唐山:此名出自唐代牛素《纪闻》。时道士王旻受玄宗恩宠,南岳道士李华周怕他贪恋世间乐事不再修道,于是劝王旻出京,王旻遂向玄宗提出到牢山炼丹的请

求,玄宗准许,并改“牢山”为“辅唐山”。《太平广记》沿用“辅唐山”。参本书卷一“王旻请于高密牢山合炼”注。

[4]蓬瀛:蓬莱和瀛洲,神山名,相传为仙人所居之处,泛指仙境。

[5]鳌山:1209年邱处机始用“鳌山”,仅见于元、明两代的碑记。元代道教全真龙门派的创始人丘处机到崂山后,见崂山背负平川,面对大海,形同巨鳌雄踞于东海万里碧波之上,遂作诗:“陕西名山华岳稀,江南尤物九华奇。鳌山下枕东洋海,秀出山东人不知。”成吉思汗敕封丘处机为国师神仙后,令其掌管天下道事,众道奉师之意,称此山为“鳌山”。

[6]崇祯甲戌:崇祯七年(1634)。

[7]卫:指鳌山卫。

[8]克:能够。

[9]旋:不久。

[10]夹岭河:沈鸿烈《崂山环游记》:“束住岭者,两涧夹岭而流,汇于其前,束住此岭,故亦名曰夹岭河。实则山由一干歧而为万,水由万源汇而为一。是知河之夹岭而流,岭之见束于水而住,乃其恒态;但此处两涧夹岭并流,成一锐角,斯为罕见耳。”

山形由西北而东南,其高九千仞,其广二百里。北东南并际海,巨峰居山之中。北支为上苑,东南为昆仑明霞洞[1],又至上腢[2]尽焉。南分二支:左为南天门,右为夹岭河。西北落小山,蜿蜒四十里,突耸为华楼。兹其概也。

山之石峰以万计,或正或侧,或锐或圆;或横展,或曲抱;或独石亭立,或累石叠成。奇诡卓荦[3],变幻万态。欲悉数之,未遑[4]也。狮峰[5]宛自犹龙洞逸出,而首仍顾洞。人从颈右俯躬,穿石门,上狮背,观日出。将旦,曦光上射,灿赤城[6]霞,煜烨[7]不定。半吐,则水光与天浮动。比全升,而日下诸岛映彻如卷石[8],千里岛[9]犹之山峠[10]矣。

**注释:**

[1]昆仑明霞洞:明霞洞位于崂山南部昆仑山腰。

[2]上腢[ǒu]:腢,肩头。昆仑山主峰为玄武峰,又称北大顶。上腢或指玄武峰。

[3]卓荦[luò]:超绝,不同寻常。

[4]遑[huáng]:空闲、闲暇。

[5]狮峰:即狮子峰。

[6]赤城:赤城山,又称烧山,在浙江天台西北,为天台山南门,为丹霞地貌,是历代高僧名道的修身之处。因山上赤石屏列如城,望之如霞,故名,是道教十大洞天之六。

[7]煜烨[yù yè]:即"烨煜",日光照耀闪烁。

[8]卷[juàn]石:如拳大之石。典出《礼记注疏》卷五十三《中庸》。"今夫山,一卷石之多,及其广大,草木生之,禽兽居之,宝藏兴焉。"

[9]千里岛:又名千里岩,千里山、厦门岛。在黄海中部西岸大陆架上,距陆地最近点45公里,是崂山也是青岛海域中最远的岛屿。

[10]毕[bì]:《玉篇》:"终南山道。"《广韵》:"道边堂如墙者。"这里指日出时远望千里岛就像山中小道,或道边之墙。

南天门在上清西南十余里,两石峰东西竞秀。北上诸峰,巀嵲[1]出云表,若空中芙蓉。下视海色,日正午,得微风,金波茫洋,类一大冰壶。夹岭河之东岭,能见巨峰。巅又崒[2]起,巍峰四面削成,似华山而小。华之奇尽仙掌,此于万峰围绕中现西岳小像,较异耳。自大风口望之,如仙人趺右足而坐,[3]巍巍峨峨。其最上一庵,于悬岸断壁、径穷磴绝、飞鸟不到处,忽开一小洞天,以收摩天浴日之奇观。非神工谁为之?而岩洞以数十计,明霞为最矣。洞在上清山半,当脊直上。峻甚,难置足,旧《记》称"垂木阶以登"者。入洞由右壁升,三层若阁,上有窗容日光,照洞内空明。出窗上,里余,复得玄[81]真洞。三面海光,豁目荡胸,从一洞吸[4]之,山海一而易地则观殊,以得日益奇也。山顶必出泉,清而甘,泻自石壁中。溅珠飞瀑,汇为涧,触石则雪飞而雷鸣。山内之巨涧西[82]即夹岭,水至阔,皆天然异石,参差布涧中,以渡水汰砂砾尽,石骨自露耳。

**注释:**

[1]巀嵲[jié niè]:山峰高耸。

[2]崒[zú]：险峻。

[3]趺[fū]：趺坐，佛教徒盘腿端坐的姿势，左脚放在右腿上，右脚放在左腿上，又叫双盘。

[4]吸："吸"字疑有误。

合之北山诸峰，上苑外，皆斜插入海，成撑拄之势，若戈戟，若旗，无正面。山南诸峰悉由西趋东，若屏，若城堡，卫昆仑之尊严。即天门高峻，亦东面而肃立然。山北麓，海湍穷凿山标之石，险极，犹有径。东南陡绝入海，无麓不受凿。径穷，不得不西转度岭，而嵁岩嶕峣[1]，无悬繘[2]，无级，惟循一二采药人旧迹，灰石刺足不能步，以手佐之，左缘石，右拄杖，大石阻则手足俱拘。令人前持杖当絙[3]力挽，后推之。前人时失足，杖脱而坠，几不测。汗浃惴惴，数十倚[4]始到巅。喘甫[5]定，旋下，前山复然，如是度者也。盖至登天门，下夹岭河东岭，上巨峰，委顿[6]气几绝，然非劳劼[83]，[7]乌得此大观哉！

**注释：**

[1]嵁[kān]岩嶕峣[jiāo yáo]：嵁岩，高峻的山岩；嶕峣，高耸。指山岩高耸险峻。

[2]繘[yù]：井上汲水用的绳索，泛指绳索。

[3]絙[gēng]：粗绳索。

[4]倚[yǐ]：靠，身体靠在物体上，这里指停下来靠在岩石山上休息。

[5]甫：刚刚，才。

[6]委顿：疲乏、疲困。

[7]劼[guì]：困疲，筋疲力尽。

山春夏多雾，宜药，不产五谷，山外险远，未易致。寥寥数茅庵，多墐户[1]，出山求食。木宜松，生自山半，下石隙中，蟠困[2]离奇。其巅则童[3]，惟上苑以巉绝得全，故多古。上清松老而不尽古，土石杂也。独宫前两白果，各抱三十尺，高二百尺，宋初至今弥茂，称仙树云。其太平、太清、上清三宫，建自宋；聚仙建自元；天门后、夹岭河、巨峰诸庵，则近日创之。上苑奇峭，面北祇[4]游玩之区，上隅宽夷，山止矣。

**注释：**

[1]墐[jìn]户：用泥涂塞门窗孔隙。《诗经·豳风·七月》："穹窒熏鼠，塞向墐户。"唐代孔颖达疏："墐户，明是用泥涂之，故以墐为涂也。"

[2]蟠囷[pán qūn]：蟠，盘曲，盘结；囷，回旋，围绕。蟠囷，这里指松树及树根曲折回旋。

[3]童：山上不生草木。

[4]祇[zhī]：仅仅，只。

华楼者，以群峰玲珑嵌空名也。由西南转北而东，又转南，其圆㊹如环，广十里，高三千仞，中为巨河。从壑中扪葛上，膝时抵腹，数息乃至老君殿。既上，则翠屏岩中峙，凌烟崮、高架崮左右翼，仙灵窟宅也。土人以峰名崮。玉皇洞藏翠屏岩中如珠。从洞右攀陟二百余步，上凌烟崮，谒刘真人遗蜕[1]。复左陟百余步，从石罅中上，观玉女盆。盆在高石上，以游人携妓浴，遂涸云。东望高架崮，壁立不能上。崮东南五十步耸方石，高五丈，若冕。下观金液泉，亦高石上，纵广仅二尺，不涸不流。步至华表坐仙台，遥瞻巨峰，月㊺甫上峰顶，诸峰历历幻作五城十二楼。回望本山，古松千余株，苍然碧峰绿嶂间，真大小李千仞山水㊻一幅，恋恋不能别。

夫牢山以苍莽孤高特闻，妍秀如华楼，山之别馆也。乃游人率自华楼止，至上苑已希[2]，山中则几绝迹矣。岂尽道险无人居，非胜具[3]裹粮[4]莫至哉！天地特钟此异气，以砥柱东溟，傲烟波，避理乱，开遁世之薮[5]，盖山之隐逸者也。非其人，宜勿至矣！斯山之所由名牢也。

夫汪有恒曰："少阅《名山记》，知山胜，凡路径悉识之，至中岁已绝望。不意暮年投穷海，获遂此愿，幸也。忆子瞻守胶，去此仅百里，未闻一游。而余以冗散得纵观七日，一舒其高旷寥廓之怀，岂于山有夙缘乎？然险僻人迹所不到者十五，故足不尽履，目不尽览，笔不尽摹。聊记㊼山川之概以贻卧游[6]者。”

**注释：**

[1]遗蜕[tuì]:道教指尸解后留下的躯壳。乾隆版《即墨志》卷十二《杂稽》“仙释”《刘志坚传》称刘志坚“坐化后,门人葬之凌云崮。今蜕壳、皮骨现存”。由陶允嘉《游崂山记》“其右则凌烟崮,为刘志坚藏蜕地”,可知《即墨志》所谓“凌云崮”当为“凌烟崮”。本书卷三《名胜志》也说凌烟崮“上有石塔,下有洞,为元使臣刘志坚修道处,其遗蜕在焉。天启辛酉,雨,大洞石崩。蜕见,肤发宛然无损,人相传为道人死不朽”。

[2]希:通“稀”,稀少。

[3]胜具:指能攀越胜境、登山临水的好身体。语出南朝宋刘义庆《世说新语·栖逸》:“许掾好游山水,而体便登陟,时人云,许非徒有胜情,实有济胜之具。”

[4]裹粮:谓携带熟食干粮,以备出征或远行。

[5]薮[sǒu]:人或物聚集的地方。这里指避世隐居者聚集之处。

[6]卧游:指以欣赏山水画、游记、图片等代替游览。《宋书》卷九十三《宗炳传》:“好山水,爱远游,西陟荆、巫,南登衡、岳,因而结宇衡山,欲怀尚平之志。有疾还江陵,叹曰:‘老疾俱至,名山恐难遍睹,唯当澄怀观道,卧以游之。’凡所游履,皆图之于室。”

## 崂山九游记

### 高弘图

以布衣征就金马[1],天子至为降辇步如见绮皓[2],用七宝床赐食,手调羹以饮之,千载必谪仙白也。居无何,天子欲申命者三,力士修其脱靴耻[3],竟为所格[4]。复得以布衣浪迹,纵酒而畅之以咏歌,与贺知章、崔宗之[5]诸人赋。谪仙者,千载亦白也。其《寄王屋山人》诗:“我昔东海上,崂[88]山餐紫霞。”而以王屋为可扳与游。于是,又诗:“愿随夫子天坛上,闲与仙人扫落花。”使余读之,大有放兴。

余买山于崂[89]之华阴,为太古居停[6]于内,实自读白集白诗始。居停用自然楼、东华山为照[7]，而以黄石老人峰拦后土作屏[8]，非不劳也，然劳才什伯一[9]。顾不知谪仙所谓东海上餐紫霞者，姑俭取什伯一乎？当全体劳乎？藉第令仅什伯一，有白一句，在白无弗劳，劳亦无弗白矣！故不可责以偏全之数如众人游者也。若余者，众人游也，居停劳而外，虚什伯劳以待余。余用是拓其游。黄子[10]闻余游，谬以白归余，而以贺、崔诸人任⑩，欲共成其游。余主臣[11]拜曰："余实愿以子游，固即白之所谓'愿随夫子王屋山人孟大融游'者是，盖子肩而余随之则可，使余得牛耳游，如白之与知章于宗之，余能乎哉？"于是游成。

**注释：**

[1]金马：金马门的省称，本为汉代学士待诏之处，后也指翰林院或翰林学士。这里指唐代的翰林院。

[2]绮皓：绮里季，汉初隐士，"商山四皓"之一。据《史记留侯世家》记载，四皓隐居商山，汉高祖征召，不应。后高祖欲废太子，吕后用留侯计，厚礼卑辞，迎请四皓，使辅佐太子。一日高祖置酒，太子侍，四皓从太子。高祖认为太子羽翼已成，遂放弃了废太子的计划。这里以"绮皓"代指名气极大的隐士。

[3]力士：高力士(684—762)，本名冯元一，唐玄宗时期的著名宦官。曾协助唐玄宗平定韦皇后和太平公主之乱，深得唐玄宗宠信，官至骠骑大将军、进封渤海郡公。修：修治，整治。这里意为洗刷、清除。脱靴耻：唐李肇《唐国史补》卷上《李白脱靴事》："李白在翰林多沉饮，玄宗令撰乐词，醉不可待，以水沃之，白稍能动，索笔一挥十数章，文不加点。后对御引足令高力士脱靴，上命小阉排出之。"

[4]格：阻止，搁置。

[5]贺知章、崔宗之：贺知章(659—744)，字季真，号石窗，晚年号四明狂客，唐代越州永兴(今浙江萧山)人，盛唐著名诗人、书法家。曾任礼部侍郎、集贤院学士、工部侍郎。唐肃宗为太子，迁太子宾客，授秘书监，人称"贺监"。尤精草隶，常与张旭、李白饮酒赋诗，切磋诗艺，时称"醉中八仙"，又与包融、张旭、张若虚并称"吴中四士"。《全唐诗》存诗二十首(一首为残句)，著名的有《咏柳》、《回乡偶书》等。《新唐书》卷二百二《文艺传中·李白传》载"(李白)与知章、李适之、汝阳王琎、崔宗之、苏晋、张旭、焦遂为'酒八仙人'"，杜甫有《酒中八仙歌》歌咏其事。崔宗之：名成辅，字

宗之。齐国公崔日用之子。历官礼部员外郎、侍御史等。与孟浩然、李白、杜甫以诗文相知,《全唐诗》著录《赠李十二白》一首。

[6]太古居停:居停,寄居的处所。这里指太古堂,本为赵任皆山楼,后为高弘图购得,改名为太古堂。

[7]照:照壁,大门外对着大门做屏蔽用的墙壁。

[8]屏:屏风。

[9]什伯一:十分之一,百分之一。

[10]黄子:黄宗昌。

[11]主臣:惶恐。

将记之,以谋客。客曰:"居停太古,劳且盛矣,未闻为记,记居必记游何?"余报客曰:"居得日一再饭者也,实家人遇我,我与为一家之人狎之。岂有一家人必每饭登簿报谢乎?游如挟策干王公前,为⑨之赐食设奏,极水陆之羞[1],管弦丝竹,百剧为戏,劳苦而又将用其挟来所欲干者策,以下交于客匹夫,此不可谓匹夫之极遇,而见艳当时,传夸儿女者乎?宴罢,具表称谢,事在必然。余有记不⑩记,殆类是矣。"客曰:"记居亦不可少也,记游诚如子言,亦不可不先也。"遂许余记游。

游断自鹤山始。余实先一夕抵太平村[2],以为今日游,故用以冠。游必村,此下学而上达[3]之说也。游仅旬日,长空贡碧,助以鸣涛,山川之常也,不记;稍即人境,则晨汲暝舂,悠然与耳目谋,而适然与心遇会者,亦游人之常也,不记;记第[4],记其发轫[5]某,次某,又次某,税驾[6]某,约之为九。

**注释:**

[1]羞:同"馐",美食。

[2]太平村:即今王哥庄。

[3]下学而上达:指学习人情事理,进而认识自然的法则。出自《论语·宪问》:"子曰:不怨天,不尤人,下学而上达。"

[4]第:次第,次序。

[5]发轫[rèn]:拿掉支住车轮的木头,使车前进。借指出发,起程。

[6]税驾[shuì jià]:解驾,停车。指休息或归宿。

曰:太平为劳盛神宫名[1],村即其宫之北址⑬,四五家烟景也。游人第[2]以王家庄呼之,余易其称为太平村。村有中贵人[3]李,作道院于其中央。余以游抵院,中贵人羽扮[4]出相邀。自言先朝遗履[5],得东道于此[6]若干岁矣。止余宿,余辄止宿焉。于是作《谢中贵人诗》,游一。

**注释:**

[1]劳盛神宫名:以往曾有将崂山误为"劳盛山"的说法,本书顾炎武《序》已辨明"劳、盛自是两山……南劳而北盛",但高弘图在这里仍沿袭了传统误解的说法。神宫名,指太平宫。

[2]第:仅,只。

[3]中贵人:帝王所宠幸的侍从宦官。

[4]羽扮:羽流装扮,即道人装束。

[5]遗履:遗弃之履,这里是中贵人自称自己是被废弃之人。

[6]东道于此:东道,主人的代称。这里指定居太平村。

晨起,发轫鹤山。鹤即劳也。释其所谓诸劳者,从北道耸然[1]特表者,是不曰劳,曰鹤。以山之间有洞类鹤也,竟鹤之。同余游者为纪二秀才及善谭方外[2]事庄老生。由鹤升为滚龙洞,洞非伛[3]其身不可得入。伛复不我受,则偃仰滚展于中者久之,窍而出,为另天地。俯峭壁,穷我千里两目。由滚龙升,复有洞如前,而委蛇过之。又窍出,为又天地,此中何天地之多也?

报黄侍御鹤岭子[4]至,将以东道我。然是时我实为主而客侍御,急出相招,侍御亦不复览鹤山之胜,胜自侍御家旧物也。第与就神室下,班荆[5]握手而已。为神直阍[6]者,有近⑭千年松,几于泰山五大夫,能为余敕脱粟劳饥。粟之外并无一侑[7],大有深山致。得专饱,五大夫辄下令逐客。以亭午发鹤山,作《鹤山诗》,游二。

**注释:**

[1]耸然:高耸的样子。

[2]方外:世外。

[3]伛[yǔ]:本义是曲背,驼背。这里指弯腰。

[4]黄侍御鹤岭子,黄宗昌之子,黄宗昌号鹤岭。

[5]班荆:班,铺开;荆,黄荆,一种落叶灌木。指朋友相遇,共坐谈心。晋陶潜《饮酒》诗之十五:"班荆坐松下,数斟已复醉。"

[6]阍[hūn]:本义是守门人。

[7]侑[yòu]:劝食,多用于宴饮中劝酒食。

复径⑮太平村抵宫,宫去村十里许。先是逸我以肩舆,强半康庄,何游?为此十里,遽得涌潮荡其胸,杜鹃桃李花杂万松林中,以余之故,连夜报烂漫⑯。海吼,花气逼人,皆鹤山所未有。乃易肩舆而步,不欲辄抵宫。同仆子韵者于海滩头,用百鳞壳弱如豆者,太素者,花者,具奇巧状者为戏,如戏斗百草[1]然。但戏草辄委地去,鳞以皮相入品题,便攫取之,以是故,不遽抵宫。

侍御复后余至,至⑰即与抵宫,登狮子峰宾日所,是时且黄昏矣。必以昏登,将为凌明辨熟路也。及峰,急呼酒邀月,余之言曰:"日月各以其主人峰为招,狮子主宾日,恐未肯越俎,月不须邀也。"客用余言,暂谢狮子峰⑱去,登侍御筵。筵于游为侈,盖以愧五大夫之恶草具者。侍御雄于酒,坐中惟秀才能执鞭佐十分一,余与庄生皆避三舍。然随其大小局以任,初不为限,竟亦无弗酒者,且曰:"此太平宫也。兴言济下,风去台空,水流不流,今不太平之饮,其谓太平何?"于是漏下,几三鼓,然后敢告以不任酒力,各就静室寝。寝⑲复不成寐,急宾日也。及往⑳,则扶桑欲吐,晨霾方张,青白其眼,瞢[2]而前迎。道士向余白曰:"春夏之间,率是物[3]

也。坐是宾而得者惟峰、惟冬、惟深秋。客以春夏游,虽有离娄[4]之明,穷王戎[5]之视,无弗宾,卒无所得,今迫欲得之,当复操何术乎?休矣!幸退而就舍,勿徒役而睛,以与晨霾争。”此言出,余仆子中即韵、如、娄儿、英偕余宾[6],恨不可得宾,遽引去。

少焉⑩,庄生捷得之,乃告余曰:“宾且至矣。”宾之百练赤缕,擎出银海中,洞视上下,不隔褷褵[7],佛螺妹眉,皆海中屿也,遂与日俱来。田横岛独能抱日之趾,宾日并宾田横,及田横之二客与夫五百人之烈烈东海者,映发人一腔肝胆,使仰对青天。盖日固无所不宣,融语其理,实乘木气而旺火德,海虽大,让其高,故虽入水不濡,负海不概,令人瞻取,竟为我宾之而至,则可谓一日之奇逢,不负游矣。

夫均之今日宾也,有捷有不捷,骛其远而近失之,皆宾日之类也。若庄生者,则可谓良于宾也已。是时,道士忽不见,惧余将罪状其顷所言为诳。然道士实非诳,顾游人如余能宾者,鲜也。道士去,娄儿旋复喘汗来,来则顷所宾而得者,去我良久,系天弥高,无以异其雅相垂丽者。余嘲儿曰:“儿宾日乎?日宾儿乎?”客用大笑,复谢狮子峰去。与狮子峰对者,为犹龙洞。颇复游,余无观,诗志太平宾日,感慨系之矣,游三。

**注释:**

[1]斗百草:端午节盛行的一种游戏,也称斗草、斗花。端午踏青时,采集各种花草,比赛草的多寡、韧性和奇特,或对花草名。这一风俗在南北朝时已形成,《荆楚岁时记》载:“五月五日,四民并踏百草,又有斗草之戏。”后世由此衍生出不用实物,而以花草名相对,以对仗的形式互报草名,谁采的草种多,对仗的水平高,坚持到最后,谁便赢。

[2]瞢[méng]:目不明。

[3]是物:指晨霾。

[4]离娄:传说为黄帝时人,视力特别强,能于百步之外,见秋毫之末。

[5]王戎(234—305):字濬冲,西晋琅邪临沂(今山东临沂)人,善清谈,为“竹林七贤”之一,官至尚书令。《晋书》卷四十三《王戎传》称:“戎幼而颖悟,神彩秀彻,视

日不眩。裴楷见而目之曰:‘戎眼灿灿,如岩下电。’”

[6]韵、如、娄儿、英:当为随从同游的晚辈,娄儿应是作者之子。

[7]褷褵[shī lí]:羽毛初生貌。

发太平,至下清宫,凡五十里。马首皆南引,海与之俱。所经翻燕[102]岭等,得名不典,一言蔽之曰:“险也!”乱石滩一段,滩之名者。余方就肩舆假寐,都不甚领略,便抵下清。用五言古体咏两宫道中。游四。

于是吊下清宫憨山上人禅址。诸劳皆道院,上人于此起禅林,功垂就而为羽流所妒,鸣于朝。上人得严谴,禅林竟废。今其址在也,吊之。是时,海松道士者酒矣,剌剌[103]往事憨山,意主矜[1]。捷不复恨憨也[2],殊[3]有酗韵诗嘲之[4],游五。

**注释:**

[1]剌剌:话多,絮絮叨叨。“剌剌”以下两句,是说海松道士喝了酒,絮絮叨叨地诉说憨山的往事,言辞中多怜悯之意,

[2]捷不复恨憨也:因崂山佛道之争中,道教取胜,所以不再恨憨山。

[3]殊:特别。

[4]酗韵诗:押“酗”字韵的诗歌,嘲讽海松。

取路驱虎庵,观张仙塔、八仙墩。塔似好事者叠石逆海而设,非天削成也。然所托山之凹[104],海承之,从旁睨不可即得,须下临不测之深,然后其塔得全呈面目,不审当年何能设此?观者观其险也。塔之南为八仙墩,本一体,海限之使不达,更取途以达。途二三里也,险视驱虎,甚不甚互有之,遂达墩。墩插海水头,成万仞绝壁,豁可五七间,如堂悬而伸者,如重檐蔽地,如锦裀绣藉[1]中设石床,累累状如墩,故名八仙墩。塔宾日,墩南面受潮水,潮跃仅薄壁际,弗及墩。憩[105]墩上,晏如[2]也。其墩其檐与壁皆五色成文,肤理腻以致[3]。壁之额,又似横嵌一段如匾索余题者然。余以语黄子,黄子曰:“若作四五大字于上,足用佳话,不犹愈于好事者假合

浮屠尖[4],而徒以骇人胆目乎?”余未遽许诺,功大难也。大率此一观,实二崂第一奇,第一丽。游人罕至,即余与黄子才一至,良不容易。徘徊久之,虽有诗未足状奇也。取路驱虎庵,无可纪,惟一步一险,几二十里,迄用惊神。游六。

**注释:**

[1]锦裀[yīn]绣藉[jiè]:锦,有彩色花纹的丝织品;裀,通“茵”,指褥子、毯子之类,与“藉”、“缛”为同义词,组成双音词“裀藉”、“裀缛”等;绣,本指绘画和刺绣设色五彩俱备,引申为华丽、精美;藉,本指古代祭祀朝聘时陈列礼品的草垫,后亦指坐卧的垫具。锦裀绣藉,在这里是指八仙墩所在的地方如锦缛绣垫一般色彩华美。

[2]晏[yàn]如:安宁,安定。

[3]致:精致,细密。

[4]浮屠尖:塔尖。

折而北,有试金石滩。石不尽试金者⑯,试金者转佳,具只眼能辨取之。试金问之石,试石转问之我。游虽小必录,此类是也。遂饭青山,青山者,一村落名。侍御实饭余,仍欲从余游,不果。以余言强谢之去,故不果。诚有所不得已者,阂[1]⑰我良游,青山为恨之。余乃与之执手而歌曰:“月晕天风雾不开,海鲸东蹙百川回。惊波一起三山动,公无渡河归去来。”歌出太白《横江词》,余用歌之助青山恨。游七。

**注释:**

[1]阂[hé]:阻隔,阻碍。

别黄子,登上清宫,是夜止上清。质明,乃肆游。见其向离受海与下清同,第远近疏邃异也。至于稠芳茂木,泊白云而下乌鸟;颓垣废迹,萦蔓草而栖鼪鼯[1]者,得于转瞬之顷,以视下清,能故作异同也。于宫之右,倚流而立者,得题诗石,云是了道真人所留。余为摩藓拨沥[2],仿佛读之,果有道者言，亦历年久矣。循其左不半里许，穿石窦而入，小茅团凡两三构，每构仅受一人。有志玄学，必处一焉。余爱其为诸游奥雅第一，庙史遂属余典锁钥，余欣然颔[108]之。遂登明霞洞，洞[109]为道姑刘[3]静室，宫道士王方与讼，为余言："道姑非一窟，上清宫[110]一而二自姑始，且割其绝顶去。"余是以有"毛女今凌顶，强梁分去青"之句。宫有白牡丹一本，近接宫之几案，阅其皴干[4]，似非近时物。道士神其说，谓百岁前曾[111]有大力者发其本，负之以去。凡几何年，大力者旋不禄[5]，有白衣人叩宫门至，曰："我今来！我今来！"盖梦谭[6]也。晨视其牡丹[112]旧坎，果[113]归根吐茎矣。大力者之庭，向所发而负者，即以是年告瘁[7]。事未必然，谭者至今不衰。复指宫后两枯柏，亦神物而有年，忽若羽化，不知何因。仍听其戟立宫庭，无敢擅伐取。余叹曰："山灵实呵护之，松柏未尝彫也。"宫之花树有此生死两异，虽两咏之，颇似为向之有大力负牡丹去者解嘲。游八。

**注释：**

[1]鼪鼯[shēng wū]：鼪鼠和鼯鼠。鼪，鼬鼠，俗称黄鼠狼；鼯，鼯鼠，体长七八寸，背暗褐色，腹白，尾长，能飞行树上。

[2]摩藓拔沥：藓，苔藓；沥，汁液。这里指除去蒙在题诗石上的苔藓和汁液等杂物。

[3]道姑刘：刘贞洁，字恒清，俗称刘仙姑，即墨马山东农家女。9岁始能言，年15目不知书，但能领略道经要义。明万历年间(1573—1519)，慈宁太后传旨派车马将其接至京城，听她详述了《体原》、《豁悟》等8部经，赐号慧觉禅师。蓝水《崂山古今谈·道释补遗小传》说她"居明霞洞东铁佛洞，又占据明霞洞与慈光洞，与上清宫王道士讼。"后由其侄迎归故里，于其村东筑白云庵居之，卒于清顺治四年(1647)，年71岁。从赐号"慧觉禅师"来看，刘贞洁或应为尼姑，或后来由佛入道，不可考。

[4]皴[cūn]干：皴，物体表面有皴纹，毛糙。皴干，在这里指毛糙的树干。

[5]不禄：士死称不禄。不仕而早卒，亦称不禄。《礼记·曲礼下》："天子死曰崩，诸侯曰薨，大夫曰卒，士曰不禄，庶人曰死。"郑玄注："不禄，不终其禄。"

[6]谭：同"谈"。

[7]瘁[cuì]:病困。

信宿[1],辞上清,将命驾巨峰为最上游。得津[2]二,由天门后一津差[3]捷。凡三折,天门后才一折。进而达巨峰,折倍之。折每十里许,纯任杖,不任舆策[4]。乃尽以其策付纪生,取天门另道去,止烟云涧,迟余至。生不须峰,余当由后由峰乃涧也。天门后神室以回禄[5]故,神方露御[6],独香火在。余与庞眉[7]道士展老君卷[8],慰劳者久之。见其斋鼎中煮山蔬,道士自相味。余就鼎探其煮,试味之,果太羹[9]也。终不以易余味,性相近,习远也。余不胜叹息云。

**注释:**

[1]信宿:连宿两夜。

[2]津:途径,道路。

[3]差:略微,比较。

[4]策:本指马鞭,这里代指马。

[5]回禄:传说中的火神名,多借指火灾。

[6]神方露御:指神殿、御座被毁,神灵供于露天。

[7]庞眉:眉毛黑白杂色。形容老貌。唐诗鬼李贺自称之一即为"庞眉书客"。

[8]老君卷:老君,即太上老君,中国道教对老子的神化称呼。老子字伯阳,谥曰聃,春秋时楚国苦县人。曾任周朝守藏室之史。主无为之说,后世以为道家始祖。著有《道德经》五千余言。这里的老君卷亦泛指道经。

[9]太羹:又叫大羹,不加佐料的原汁肉汤,是我国古代最初祭祀时用的食物。这里指煮菜不加佐料。

向前达,一折险于一折,俗呼为"折中倒溜[1]"者。余谬认为如⑭急流义,能令人故退之,是曰"倒"。余向善退,不善嗜进,兹乃嗜进不复善退,即余亦不自知其何⑮以然。客庄生曰:"固不同也,向之急流实畏途,今之倒溜将彼岸。名类而实殊,宜其有嗜不嗜,善不善也。"余曰:"知言哉!"

倒溜穷，得康庄。里许，而榛莽[2]一望靡涯际，又当其前矣。触地[3]挂阂[4]，须十手披[5]之乃进，递进递披，十手可作千万手用也。客颇以是故减游兴，余复为言振客曰："行百里半九十，末路固从来不易。既幸而至此，虽欲不百里不可得。"且有招余于昆崙头者，聊试一仰首焉，巨峰在目中矣。居顷之，莽复穷而崚嶒竦尊，[6]去天尺五者，复不以目，以鞠[7]如不容，即玉皇殿玉皇门也。肃衣冠，拜玉皇。出，登峰四眺，儿孙罗立，争投余怀。余[116]当是时，手弄白日，足濯沧崖，真可以挥斥幽愤，排闼蓬莱游矣。不图一至于斯也已。复念黄子别我去，已三日，一羊祜[8]不成其为贤达胜士，此游虽造极巅，顾安得百岁后不至湮灭无闻？

**注释：**

[1]倒溜：即"倒溜子口"，位于天门峰迤北，陡深如井。

[2]榛莽：杂乱丛生的草木，亦泛指荒原。

[3]触地：到处，遍地。

[4]挂阂：意谓阻碍，钩挂。

[5]披：拨开。

[6]崚嶒[léng céng]竦[sǒng]尊：崚嶒，高峻突兀；竦，高起，高耸；尊，本义为尊贵，引申为高。崚嶒竦尊，山峰高峻耸立的样子。

[7]"复不以目"两句：目：看，目测；鞠[jū]：弯腰。是说玉皇门高高在上，从下面即使不细看，直观的感觉似乎人弯着腰都无法进去。

[8]羊祜(221—278)：西晋名臣，字叔子，泰山南城(今山东费县西南)人，泰始五年(269)以尚书左仆射都督荆州诸军事，出镇襄阳。在任期间，常去岘山游览，《晋书》卷三十四《羊祜传》说："祜乐山水，每风景，必造岘山，置酒言咏，终日不倦。尝慨然叹息，顾谓从事中郎邹湛等曰：'自有宇宙，便有此山。由来贤达胜士，登此远望，如我与卿者多矣！皆湮灭无闻，使人悲伤。如百岁后有知，魂魄犹应登此也。'湛曰：'公德冠四海，道嗣前哲，令闻令望，必与此山俱传。至若湛辈，乃当如公言耳。'"又说："襄阳百姓于岘山祜平生游憩之所建碑立庙，岁时飨祭焉。望其碑者莫不流涕，杜预因名为堕泪碑。荆州人为祜讳名，屋室皆以门为称，改户曹为辞曹焉。"作者在此以羊祜自比，借羊祜名垂后世，表达自己不愿湮灭无闻的愿望。

巨之尖处,隐有洞。今其主人洞者,非方外而姑托之方外者也。透骨俗即可以主人洞,决不可以主人我,洞亦以是故损声价。余去洞,复就殿侧小憩。道士顶礼焚香读《玉皇经》[1]者,颇足耳而目也。鸟卉之观,上清第一,诸宫亦复⑪⁷不可胜穷,独巨峰寥寥尔。所处太高,冷随之,夫山亦有然者。问其司巨者何在?遂有两羽人如俗家苍头状⑪⁸云:"师采药烟云去,知将以游至,属羽为邀,能共否烟云?"即客秀才分道去迟我处。余于是如羽指,辞峰就涧。辞无几何,武雨[2]为之涤尘,三里河居士为之腰峰饷芋栗。薄暮抵涧,得晤司巨采药去还者。即涧命盘餐,皆松脂之属也。腹用果然,是为最上游,亦最后游。余喜其游之成也,得句云:"生被石头结碧魂,肯因昏黑放昆仑。"游九。

**注释:**

[1]《玉皇经》:道教经典。全称《高上玉皇本行集经》,共三卷。道士斋醮祈禳及道门功课的必诵经文。作者与成书年代不详,近人以为出于隋唐道士之手,或成书不早于宋代的说法。经文由《清微天宫神通品》、《太上大光明圆满大神咒品》、《诵持功德品》、《天真护持品》及《报应神验品》组成。主要叙述元始天尊在清微天中宣讲玉帝来历的神话。有多种注本,收入《正统道藏》和《道藏辑要》。

[2]武雨:武,猛烈。武雨,大雨。

九游者,其山皆盘礴吐吞于穷海僻陋之滨,若遁而肥[1]、畏名而逃焉者,而独以恣余游,余游放矣。其山当潮波,作镇我东极,如唇齿附胆咽[2],使负海之民,恃以不怵,而间则蒸油云[3],泄膏雨[4]以利生物,不无太劳,故总称之曰劳山。余以是故游,游非敢放矣。始三月三日庚申,迄于十有五日壬申而游成。言归太古居停,即复简[5]报黄子曰:"医称国手徒为尔,命压人头不奈何。"[6]盖亦白集中词,余一再歌之。哑然笑,扫花天坛手[7],复若不免太牢骚。发于声咏:谪仙!谪仙!独不畏千载下⑪⁹有高子者,实病之为不广乎?于是乎记,得诗十首,五言古一,余皆律也。青山恨者,白也,非我也。借之共成十一咏。己卯[8]夏五月记⑳。

**注释:**

[1]遁而肥:《周易·遁卦》:"上九,肥遁,无不利。"

[2]脰[dòu]咽:脖子和咽喉。

[3]油云:浓云。语出《孟子·梁惠王上》:"天油然作云,沛然下雨。"后诗文中因以"油云"指浓云。

[4]膏雨:滋润作物的霖雨。《左传·襄公十九年》:"小国之仰大国也,如百谷之仰膏雨焉。"

[5]简:本指竹简,这里指书信。

[6]医称国手徒为尔,命压人头不奈何:语出白居易《醉赠刘二十八使君》诗:"为我引杯添酒饮,与君把箸击盘歌。诗称国手徒为尔,命压人头不奈何。举眼风光长寂寞,满朝官职独蹉跎。亦知合被才名折,二十三年折太多。"唐敬宗宝历二年(826),刘禹锡罢和州刺史任返洛阳,同时白居易从苏州归洛,两位诗人在扬州相逢,白在筵席上写了这首诗相赠。作者将白居易误记为李白,以为李白亦有此牢骚。白居易此诗是为刘禹锡被贬二十三的遭遇而发,诗中所写正切合高弘图当时的身份和心境。

[7]扫花天坛手:指李白,其《寄王屋山人孟大融》末二句说:"愿随夫子天坛上,闲与仙人扫落花。"

[8]己卯:崇祯十二年(1639)。

[校勘记]

①"施设",民国五年本同,手抄本作"设施"。

②"如",民国五年本、手抄本作"于"。

③"者",民国五年本同,手抄本无此字。

④"名姓",民国五年本同,手抄本作"姓名"。

⑤"山",民国五年本同,手抄本无此字。

⑥"秋",民国五年本同,手抄本无此字。

⑦"俯",手抄本、民国五年本作"伏"。按:当为"伏"。

⑧"来往",民国五年本同,手抄本作"往来"。

⑨“哉”，民国五年本同，手抄本无此字。

⑩“距”，民国五年本、手抄本“距”字前多一“直”字。

⑪“巳”，手抄本同。民国五年本作“己”，误。

⑫“期杨允中达甫不至。越二日”，民国五年本同，手抄本无此句。

⑬“上”，民国五年本同，手抄本作“生”。

⑭“洞旁巨石巉”，民国五年本同，手抄本作“洞旁石室”。

⑮“沧漭”，民国五年本同，手抄本作“苍漭”。

⑯“镵”，民国五年本同，手抄本作“镌”。

⑰“宋”，民国五年本同，手抄本无此字。

⑱“滨”，民国五年本同，手抄本作“濒”。

⑲“石”，民国五年本同，手抄本作“十”。

⑳“蔌”，民国五年本同，手抄本作“簌”，误。

㉑“麓”，民国五年本同，手抄本作“路”。

㉒“上”，民国五年本同，手抄本无此字。

㉓“垒”，民国五年本同，手抄本作“叠”。

㉔“州”，手抄本、民国五年本均作“洲”。

㉕“辰”，民国五年本同，手抄本作“晨”。

㉖“辰”，民国五年本同，手抄本作“晨”。

㉗“天”，民国五年本同，手抄本作“又”。

㉘“亡”，民国五年本同，手抄本作“已”。

㉙“又或”，民国五年本同，手抄本无此二字。

㉚“丱”，民国五年本同，手抄本作“角”。

㉛“树”，民国五年本同，手抄本作“株”。

㉜“伏”，民国五年本同，手抄本作“匐”。

㉝“谽谺”，民国五年本同，手抄本作“谺呷”。

㉞“回”，手抄本、民国五年本均作“迴”。

㉟“汩”，民国五年本同，手抄本作“拍”。

㊱“倏”，民国五年本同，手抄本作“忽”。

㊲“接”,民国五年本同,手抄本作“指”。

㊳“余”,民国五年本同,手抄本作“予”。

㊴“他”,民国五年本同,手抄本作“它”。

㊵“蚨”,民国五年本、手抄本作“蚨”。

㊶“蛸”,民国五年本同,手抄本作“峭”。按:当作“峭”。

㊷“滓”,民国五年本、手抄本作“滓”。按:当作“滓”。

㊸“宅”,民国五年本、手抄本作“它”。乾隆、同治版《即墨志》均作“他”。按当作“他”。

㊹“颐”,手抄本、民国五年本及周至元《崂山志》卷八作“颐”;清乾隆版《即墨志》作“颐沓”;清同治版《即墨志》作“颐沓”。按颐[kūn],《康熙字典》:“《唐韵》苦昆切,《集韵》枯昆切,音坤。《说文》:‘无发也。’又耳门也。”颐[kūn],《说文》:“无发也。一曰耳门也。从页困声。苦昆切。”二字的字义基本相同。就字形结构而言,囷[qūn]有“积聚,聚拢”、“回旋,围绕”之意,“轮囷”意为“盘曲、高大”。疑当作“颐”,当否,待考。

㊺“己”,民国五年本同。手抄本作“已”,误。

㊻“宛委”,民国五年本同,手抄本作“委宛”。

㊼“窅”,手抄本同,民国五年本作“窗”。

㊽“蕞”,民国五年本同。手抄本作“丛”,误。

㊾“剩”,手抄本、民国五年本作“胜”。

㊿“涧”,民国五年本同,手抄本无此字。

51“谷”,手抄本、民国五年本均作“容”,误。

52“淫”,民国五年本同,手抄本作“滛”,是“淫”的讹字。

53“燕”,民国五年本同,手抄本作“赝”。

54“于”,民国五年本同,手抄本作“以”。

55“坡陀”,民国五年本同,手抄本作“陂陀”。按:“坡陀”同“陂陀”。

56“已”,民国五年本作“巳”,手抄本作“以”。按:当作“已”。

57“居”,手抄本、民国五年本均作“踞”。

58“圮”,民国五年本、手抄本作“圯”。按:当作“圮”。

(59)“曲”,民国五年本同,手抄本作“屈”。

(60)“食”,民国五年本同,手抄本作“饮”。

(61)“岩”,民国五年本同,手抄本作“宫”。按:当作“岩”。

(62)“梢”,民国五年本同,手抄本作“杪”。

(63)“依”,民国五年本同,手抄本作“倚”。

(64)“以”,民国五年本同,手抄本作“一”。

(65)“庄”,民国五年本同,手抄本作“社”。

(66)“墅”,民国五年本同,手抄本作“业”。

(67)“恐”,民国五年本同,手抄本作“则”。

(68)“崂”,民国五年本同,手抄本作“劳”。

(69)“噭”,民国五年本同,手抄本作“吠”。

(70)“人”,民国五年本同,手抄本作“卒”。

(71)“卒”,民国五年本同,手抄本作“人”。

(72)“危”,民国五年本同,手抄本作“巍”。

(73)“匝”,民国五年本同,手抄本作“匼”。匼[kē],周匝环绕,与“匝”义近。

(74)“縠”,手抄本字为“縠 ”,民国五年本正文同手抄本,卷尾《正误》改为“縠”。

(75)“见”,民国五年本、手抄本作“视”。

(76)“骞”,民国五年本同,手抄本作“褰”。

(77)“东”,民国五年本同。手抄本作“東”,误。

(78)“逢”,手抄本作“逄”。

(79)“玄”,民国五年本同,手抄本作“元”。

(80)“如”,手抄本、民国五年本作“于”。

(81)“玄”,民国五年本同,手抄本作“元”。

(82)“西”,民国五年本、手抄本作“四”,误。

(83)“剢”,民国五年本同,手抄本作“疲”。

(84)“圆”,民国五年本同,手抄本作“图”。

(85)“月”,民国五年本同,手抄本作“日”。
(86)“千仞山水”,民国五年本同,手抄本作“山水千仞”。
(87)“记”,民国五年本同,手抄本作“誌”。
(88)“崂”,民国五年本同,手抄本作“劳”。
(89)“崂”,民国五年本同,手抄本作“劳”。
(90)“任”,民国五年本同,手抄本“任”前多一“自”字。
(91)“为”,民国五年本同,手抄本“为”前多“王公”两字。
(92)“不”,民国五年本同,手抄本“不”前多一“有”字。
(93)“址”,民国五年本同,手抄本作“趾”。
(94)“近”,民国五年本同,手抄本无此字。
(95)“径”,民国五年本同,手抄本作“经”。
(96)“漫”,民国五年本同,手抄本作“熳”。
(97)“至”,民国五年本同,手抄本作“又”。
(98)“峰”,民国五年本同,手抄本无此字。
(99)“寝”,民国五年本同,手抄本作“又”。
(100)“及往”,民国五年本同,手抄本作“及其往”。
(101)“少焉”,民国五年本同,手抄本无此二字。
(102)“燕”,民国五年本同,手抄本作“眼”。
(103)“剌剌”,民国五年本、手抄本作“刺刺”,当作“剌剌”。
(104)“凹”,民国五年本同,手抄本作“凸”。
(105)“憩”,民国五年本同,手抄本无此字。
(106)“者”,民国五年本同,手抄本无此字。
(107)“阒”,民国五年本同,手抄本作“阕”。
(108)“颔”,民国五年本同,手抄本作“领”。
(109)“洞”,民国五年本同,手抄本作“又”。
(110)“宫”,民国五年本同,手抄本作“峰”。
(111)“曾”,民国五年本同,手抄本作“曾为”。
(112)“牡丹”,民国五年本同,手抄本无此二字。

⑬"果",民国五年本同,手抄本作"果已"。

⑭"如",民国五年本同,手抄本无此字。

⑮"何",民国五年本同,手抄本作"所"。

⑯"余",民国五年本同,手抄本无此字。

⑰"复",民国五年本同,手抄本无此字。

⑱"状",民国五年本同,手抄本无此字。

⑲"下",民国五年本同,手抄本作"之下"。

⑳"记",民国五年本同,手抄本此前有"高宏图"三字。

# 附　录

邑庠[1]有制行士[2]王曦如，号御赤，学宗程朱，至孝，几微无或自欺。尝山游，将至太平宫，倦于骑，少息。其骑逸而食人之禾，不知谁氏之田也。曰："人力而勤诸，原将养老育幼，乃以资道路之践伤乎？彼即不知，而我实纵之，能自安与？"计其直，倍以偿之，系钱于所在，然后去。同游笑其迂，曰："是不亦为行道者有乎？"曰："事固有之，吾亦取其不欺耳。"

甲申[3]闻变，北向哭踊[4]创于中，若抱终①天恨，不有其身[5]，而欲往从之者。家有老母，跪而泣于前曰："天子死社稷矣！谁可不死者，顾吾母惟儿也，朝夕则死之，义非一日可毕。自今以往，膝下有儿，户外无儿矣。"遂闭户，不与人世事。事母之暇，则体认[6]程朱，证所以自立于今日之人道者。读文文山[7]诗，不禁泣下也。友或过而问焉，谓："身之所处者位也，则道也，士也胡为乎其已甚也？"对曰："是当然而然者耳，大荒中岂有人理哉？"踰年而母考终命，哀号而告之曰："母无，谓是弃儿去也。前之不死以有母在，今何爱焉？吾义也！吾义也！盖生事既毕，而死事方来也。"尽诚尽礼，竭志大事，葬不厌速。既葬，则死之其所。遗命厚亲戚宗族，训妇子者，累累预书于纸。确然伦纪[8]，久而不移。其断于义，无或自欺，有如是夫！

**注释：**

[1]庠[xiáng]：古代乡学，也泛指学校。

[2]制行士：制行，本指规定道德和行为准则，亦指德行。这里用后一含义，指有

道德的士人。

[3]甲申:明崇祯甲申年(1644),李自成攻克北京,崇祯皇帝自缢,清军入关,史称“甲申之变”。

[4]哭踊[yǒng]:古代丧礼。亦称“擗[pǐ]踊”。顿足拍胸而哭,表示极大的悲哀。《礼记·檀弓上》:“夫礼,为可传也,为可继也,故哭踊有节。”《汉书·礼乐志》:“哀有哭踊之节,乐有歌舞之容。”颜师古注:“踊,跳也。哀甚则踊。”古代,父母死,亲子要“交手哭踊无数,恻怛痛疾”(汉戴德《丧服除变》)。后来国君之丧,朝臣朝夕到灵堂哭踊,嗣皇帝往往也“号恸擗踊,终日不食”。

[5]不有其身:痛不欲生。

[6]体认:体察认识。

[7]文文山:即文天祥。

[8]确然伦纪:对伦常纲纪坚信不疑。

山史氏曰:吾作山志,甫[1]毕,而友人告曰‘王御赤执②节死矣!’夫士可以不死而死之,以不死为耻者也。死者,臣道[2]然也;耻不死者,非独臣道然也?顾瞻中原,鞠为茂草[3],六合大义与有忧患焉?千古人心,此其不可少之一死哉!程朱之业也,崂山之光也。备录其事,以见正谊明道之士,自在宇宙,而朝廷无人,则治乱存亡之故,不亦大可痛心与?

论曰:吾概观崂山一志,而知先生之意不在山也。先之以本志,其发舒也有自,其表著也有旨。因文见义,绎[4]厥微辞,特笔[5]先生之蕴藉、先生之生平也。《附录》而终之以王生大节,悲夫!斯志也,迹其本末纲领,而先生之隐痛于中者,不亦深切著明乎哉!

**注释:**

[1]甫[fǔ]:刚刚,才。

[2]臣道:为臣的道理和本分。

[3]鞠为茂草:鞠,通“鞫”,穷尽。意为杂草塞道,形容衰败荒芜的景象。

[4]绎:推论,寻求事理,理出头绪。

[5]笔:书写,记载。

# 崂山志记言

穷通显晦[1],时也。时所遭,即为人道。尽人之道者,非时③所能制也。嗟乎!先君子生平,其以忧患为人道乎?先君子非以见嫉于权臣为忧患者也,忧天下事之败于权臣,而患国家之沦胥[2]以亡者也。小子坦日侍先君子侧,见所为,抚今思昔,形诸寤歌,求自立于时命中者,远不可即,近不可居。天若限之,而已[3]④独持之,卒愤志以终也。悲夫!先君子之为《崂山志》也⑤,岂志山哉?志其所以处山者耳。故即事以见义,触于目,发于言,人以为性情之适也,而不知伤心为大耳。山之深,海之阔,岂有当于草野微忱哉?已矣乎!先君子明于春秋大义,内君子,外小人,始而去就[4]以是也,终而蝬藏[5]以是也。山志之取予,盖可知矣!

张饶州并叔[6],其居官行己[7],先君子素所闻而慕之者。尝语坦曰:"今之日而有是人也,使在朝庭⑥,可以观矣,然谁其容之哉?"先君子殁数年,而并叔先生入崂,坦客之玉蕊楼,盖亦时不淑而克尽乎人之道者。故推先君子之志,补入《栖隐》。若自华[8],若⑦慈霑[9],先君子皆嘉其行修也。先君子殁而两人者克有成,则亦"仙释"之不可遗者,并及之。

男坦谨记⑧

**注释:**

[1]穷通显晦:指仕途的困窘与显达。

[2]沦胥:本义为相率牵连,后泛指沦陷、沦丧。

[3]已:当为"己"字之误。

[4]去就:担任或不担任官职。这里指黄宗昌在御史任时留任还是辞官的选择。

[5]蠖[huò]藏:蠖,尺蠖,一种身体细长的虫,爬行时一曲一伸。蠖藏,像尺蠖一样屈伏隐藏,比喻人不得志。

[6]张饶州并叔:即张允抡。

[7]行己:谓立身行事。《论语·公冶长》:"子谓子产有君子之道四焉:其行己也恭,其事上也敬,其养民也惠,其使民也义。"

[8]自华:明代僧人,俗姓谭,名海近,四川夔州府奉节(今重庆市奉节县)人。明末至即墨,得到黄氏、周氏两大家族帮助,在崂山华楼山西之华岩山西北麓建洪门寺,又名西莲台。在此传戒6年,死后即葬于西莲台。

[9]慈霑:明代僧人,俗姓李,观阳(今山东省海阳市)人,生于明万历十六年(1588)。崇祯十四年(1641)黄宗昌迎至即墨,居准提庵。清顺治九年(1652),黄坦建成崂山华严庵后,慈霑为第一代方丈,也是临济派第四代传人。慈霑居崂山20年,于康熙十一年(1672)去世,年85岁。葬于华严寺前塔院。

# 崂山志跋

崂山古无志，有之，自先侍御公始，先浦江公秋水居士[1]补成之。先侍御公生明季世，遭值沧海之变，孤忠侘傺[2]，藉著述以发其悲慨，盖不徒纪名胜、表遗迹也。尔时文禁方严，虑触忌讳，故书成而未付梓。道、咸而后迄于今兹，晚明遗老之书渐以流布，独是编素无刊本，知者尚鲜。潜德幽光，岂容终閟？[3]爰亟商之族人，出赀[4]付印，以饷同好。原稿似尚有脱文误字，恐臆改失真，俱仍其旧。而志中凡署"论曰"者，皆不载姓字，今亦末由审定为何人，姑从盖阙。夫崂山斗绝，僻处海隅。自前代以来，非嗜游好奇者罕能至焉。故昔之人目为灵奥之府，栖隐之宅。乃者[5]寰瀛[6]交通，崂山西南毗连青岛，诸峰划归租界。曾几何时，而人迹罕至之境，行且为中外辐辏[7]之地矣。嗟乎！世殊事异，陵谷[8]有不可知。览是编者，其亦不能无慨也夫！

民国五年十月　十世孙象冕谨志

民国二十三年十月再版

**注释：**

[1]秋水居士：黄坦号秋水居士。

[2]侘傺[chà chì]：失意的样子。

[3]閟[bì]：隐藏，埋没。

[4]赀[zī]：同"资"。

[5]乃者:近来,近时。

[6]寰瀛:寰,广大的地域;瀛,大海。寰瀛,又作"瀛寰",天下。

[7]辐辏[còu]:车辐凑集于毂上,比喻人或物聚集在一处。也作"辐凑"。

[8]陵谷:语出《诗经·小雅·十月之交》:"高岸为谷,深谷为陵。"后比喻世事巨变。亦作"陵谷沧桑"。

## [校勘记]

①"终",民国五年本同,手抄本作"中"。

②"执",民国五年本同,手抄本无此字。

③"时",民国五年本同,手抄本作"人"。

④"已",民国五年本同,手抄本作"己"。按应为"己"。

⑤"也",民国五年本同,手抄本无此字。

⑥"庭",民国五年本同,手抄本作"廷",按应为"廷"。

⑦"若",民国五年本同,手抄本无此字。

⑧"记":民国五年本同,手抄本作"识"。按:民国五年本在"男坦谨记"下有"八世孙念普;九世孙肇彤,侄孙肇莲;十世孙象冔,侄孙象毂、象辕同校"字。

# 《游劳指南》校注

附《游劳指南》[1]

《劳[2]山志》系寓意之作，对于游览途径未经详载，阅者每引以为憾。兹将《游劳[3]指南》附载于后，庶游览者可按图而索，不至迷于所向。

## 序

余生有烟霞之癖[4]，尤幸所居与劳山为近。兴到之时，辄携笻[5]独往，攀危峦、跻深壑、探奇索隐，动辄经旬而后返。窃叹夫二劳近来草莽虽开，而怪伟诡异之观，尚多湮没[6]于深山穷谷之中，不独远方来游者无从问津，即久与处者亦且交臂而失。是编之作，名为《指南》，于“道路”、“名胜”特加详焉，其余则概从略。盖不欲以劳山私为己有，而愿与海内有同癖者共之。

中华民国二十三年[7]暮春

即墨周至元谨识

**注释：**

[1]劳：原书作“崂”。按民国二十三年版《崂山志》中“崂山”之“崂”，一般都作“崂”。但其后所附周至元《游崂指南》，绝大多数地方作“劳”，而书名“游崂指南”之“崂”及少数地方则作“崂”，显系作者笔误。故遇到这种情况，本书一律改“崂”为“劳”，并在注释中加以点明，但注释及《游崂指南》原文以外的其他文字，则依照现在

用字惯例，一律作“崂”。又这里的“游崂指南”，在后面又作“游劳山指南”。

[2]劳：原书作“崂”。

[3]劳：原书作“崂”。

[4]烟霞之癖：酷爱山水成癖。

[5]笻[qióng]：同“筇”。古书上说的一种竹子，可以做手杖。这里代指手杖。

[6]湮[yān]没：埋没。

[7]中华民国二十三年：1934年。

# 凡 例

劳山雄峙海隅[1]，久为一般人士所向往，自青埠开辟以来，游者骤增，然其中岩壑复杂，易于迷津，即倩[2]土人[3]指导，其于名胜又多略而不知。是编于胜迹距离之位置，及游览之途径，悉详载之，俾[4]阅者一见了然。游者苟手持一编，二劳中自可攸[5]往咸宜。

是书为便利游客，计于途中食宿及一切游览应知之事，详言于“游劳须知”中，游者可先时浏览，以免临时感觉困难。

是编杂采群书，征之亲历，敢信无臆测[6]妄作之弊。

是编旧欲附风景照片，因思名山胜迹，游者自可随时领略，曲片只幅[7]，殊[8]不能尽夫二劳之奥[9]，而适足以失庐山面目之真。

凡名胜有俗名者，必并载之，以便游人临时之询问。

**注释：**

[1]海隅：亦作“海嵎”。海角，海边。常指僻远的地方。原书“凡例”下各条开头均标有“(一)”，今统一删除，每条各以单独一段排列。

[2]倩：请，央求。

[3]土人：土著，世代居住本地的人。

[4]俾：使。

[5]攸[yōu]：所。

[6]臆测：主观地推测、猜测、凭想象揣测。

[7]曲片只幅：个别的、单独的、部分的照片。

[8]殊：特别，很。

[9]奥：深奥，指不易被发现的景观。

# 游劳山指南

即墨周式坤至元 编

## 劳山之沿革

劳山，在即墨东南濒海处，有大劳、小劳[1]之分。峰峦以千数，洞壑以万计，周广可数百里。磅礴郁勃[2]，为海上之名山。《寰宇记》言“秦始皇尝登之，以望蓬莱”，《汉书》载“逢蒙养志劳山”，《神仙传》言“乐正子长遇神仙于劳山中”，皆足为征考。惟《魏书·地形志》、《唐书·姜抚传》皆作“牢”[3]，则系传写之误。唐玄宗天宝四年中，勅许王旻、李华周炼药此山，因更名“辅唐山”。而李青莲《赠王屋山人》诗有“我昔东海上，劳山餐紫霞”之句，似尔时名已远播矣。宋初蜀人刘若拙寓居山中，太祖闻其有道，为建太平兴国院以居之，而上清、太清两宫亦同时兴建。劳之宫观可考者，即以此为最古。嗣后邱长春、李志明、云岩子、徐复阳接踵而至，而名遂大著。而长春真人又以其奇秀等蓬瀛[4]，更名曰“鳌山”，然终以僻处海滨，与内地隔绝，好奇之士徒劳想往。

迄至清光绪间，德人租胶州湾[5]，辟青岛为商港，劳西诸峰半划归之。德人最重游览，奖励登山不遗余力，环山道路大事兴筑。由青岛乘汽车可直抵山下，以是远方有事于青者，率一游焉。至民国三年，日人占踞青岛，登临之路日渐荒塞，深山之中竟为匪人逋逃之薮[6]，因之来游者多闻风裹足。民国十七年，东北海军司令沈鸿烈[7]驻防劳山湾，首仗义举，肃清匪徒。于山中古迹、树木，严禁摧残樵伐，而于道路之修治尤为关心。二劳山色，竟一旦焕然维新，每当春秋佳日，中外游人络绎于途，旅舍、别墅之建筑，亦且有一日千里之势矣！

**注释：**

[1]大劳、小劳：《山东通志》载：崂山有二，高大者曰大崂，差小者曰小崂。

[2]磅礴：广大无边貌；郁勃：形容气势旺盛或充满生机。

[3]据《魏书·地形志中》记载，长广郡，领县六，不其是其中之一。又说不其"前汉属琅邪。后汉属东莱，晋属。有牢山、鱼脊山"。《新唐书》卷二百四《方技传·姜抚传》："抚乃惭悸，请求药牢山，遂逃去"。

[4]蓬瀛：蓬莱和瀛洲。神山名，相传为仙人所居之处。亦泛指仙境。

[5]德人租胶州湾：胶州湾一称胶澳。在山东省山东半岛南岸。有南胶河、大沽河等注入。弯内港阔水深，风平浪静，海水终年不冻，为天然优良港湾。湾口为青岛港。1898年(清光绪二十四年)为德国强租，1914年又为日本强占，至1922年我国收回。

[6]逋逃之薮：逋逃：逃亡者；薮：人或物集中的地方。一般指某处成为逃亡者的藏身之所。

[7]沈鸿烈(1882—1970)：字成章，湖北天门人。自幼勤奋好学，18岁时考中秀才。1905年东渡扶桑，入日本海军学校学习。1911年夏毕业回国，加入国民政府海军。由海军"楚观"舰候补员起步，先后担任国民政府参谋部海军局科员，黑吉江防舰队参谋、参谋长，尔后参与创建东北海军，官至东北海军副总司令、代总司令。1931年12月初，沈鸿烈来崂山指导舰队训练，凌霄等人乘机将其软禁于太清宫内，并迫使其向张学良发电，称病辞职，发生了历史上著名的"崂山事变"。事变后张学良为安定东北海军的军心，解决军费问题，遂任命沈鸿烈为青岛市代理市长。1937年7月，中日战争爆发，沈鸿烈告别崂山，撤离了青岛。1949年去台湾，1970年病逝于台湾台中市，终年88岁。

## 劳山之山脉及河流

劳山山脉远祖长白山[1]，近自灵山[2]山脉。蜿蜒而来，经招远[3]、莱阳[4]而抵即墨境，奔腾踯踔[5]，盘伏郁勃，而结为劳山半岛。其主峰为巨峰,高出海面一千一百三十六公尺,适当劳之中心;其支脉散而四走,更复生岐。其由巨峰分出者,约有五,曰东南支,天门、天茶、高石屋、明霞洞、八仙墩皆属焉;曰东支,龙泉、沙石屋、苟椒台皆属焉;曰北支,丈老崮、丈扁崮、那罗延山、棋盘石[6]、白云洞、上苑诸峰、文笔峰、凤凰崮、琵琶崮、土堑岭、大劳崮、椎子崮、棒石以至王乔崮、三标山、起仙台、鹤山皆属焉;曰西北支,五指峰、黄花顶、狼山、老君台、柳树台[7]、登窑诸山、葛场山、芙蓉峰、松山、午山、小劳、浮山、青岛诸峰、五龙山、石门、华楼、华阳、卧狼匙,以及老虎石、沧口诸山皆属焉;曰东南支,比高崮、大台崮、金刚崮、砖塔岭,以及南窑诸峰皆属焉。兹将其山脉连络表列于下:

**注释:**

[1]长白山:中国辽宁、吉林、黑龙江三省东部山地,最高峰白头山海拔 2691 米,在吉林和朝鲜边境上,山顶的天池是一个火口湖,也是中国最深的湖泊。长白山还是中国重要林区,出产的人参、貂皮、鹿茸享誉中外。

[2]灵山:即墨灵山,原名零山,又名灵芝山,均因其形而得名,后因香火之盛,称之为“灵山”。位于即墨城北 10 公里处灵山镇之南。海拔 154. 6 米,是青烟、青石两条公路干线之间的制高点,为即墨城北屏障。

[3]招远:市名,在山东省烟台市西部,西北临渤海,县人民政府驻招城镇。

[4]莱阳:市名,在山东省烟台市西南部,五龙河及蓝烟铁路经过境内,东南临黄海。

[5]踯躅:徘徊不进。

[6]棋盘石:明道观以南一座奇特的孤峰顶上,有一块巨大的岩石,长 15 米,向西探出了大半部分,崖下悬空,形状很像跳水比赛用的跳台,远远望去又像一株灵芝高插云端。这就是崂山著名的象形石之一棋盘石。这块凌空高悬的巨大岩石,高 3 米,宽 8 米,长 15 米,石面平坦 ,能坐几十个人,并刻有双线勾勒的“十”字,传说这就是南极仙翁、北极仙翁当年对弈留下的棋盘,故名。这里奇峰险峻、巨石嵯峨,是游山、观海、赏石的又一绝佳景地。石面上的“十”字一说是道家拜斗修行的方位图。这处景观是“崂山著名十二景”之一“棋盘仙弈”。

[7]柳树台:崂山深处的小村庄,南、北九水的分界线。1901 年德国亨利王子曾到此一游,使该村名声远播。

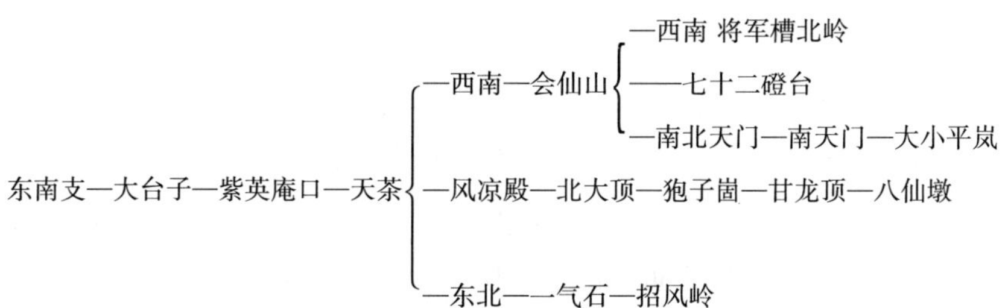


西南支—大台崮—砖塔岭—南窑半岛—大福岛

东支—龙泉崮—刚茶帽溜—鉤椒台—小槽

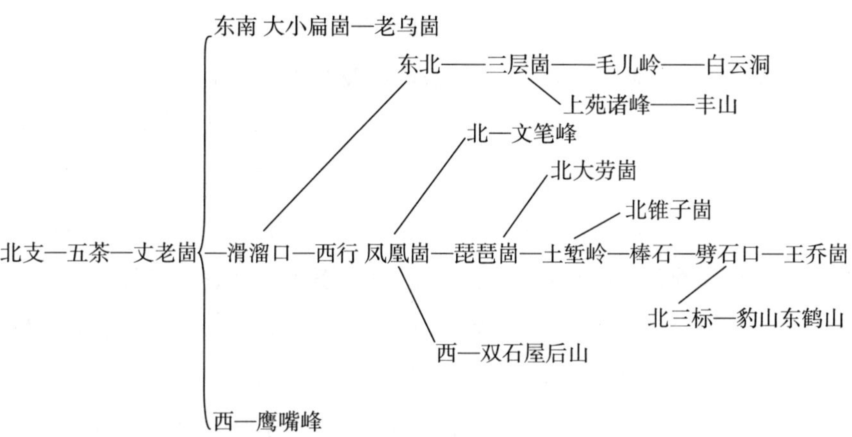


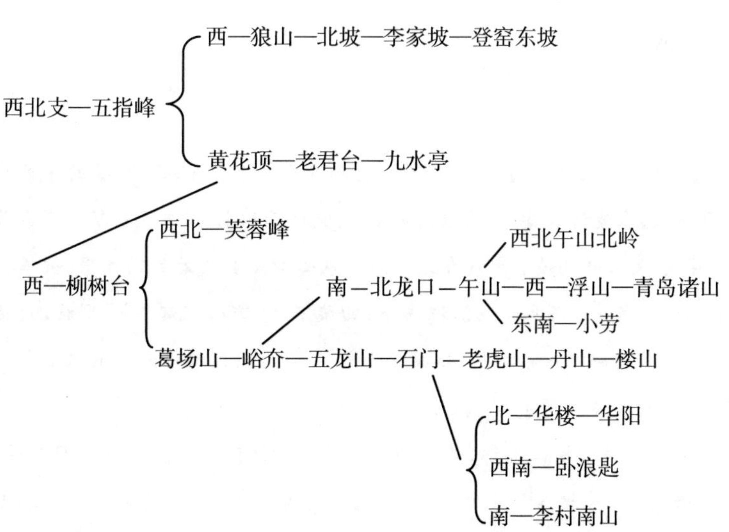

总之,山势东峻而西坦,故其脉东南短而西北则迤逦甚长也。

劳之涧壑复杂,故河流最多,而其大者概由巨峰为分水岭。其在西北与北两支脉之间者,为百沙河[1]。源出巨峰之阴,蜿蜒西北流至鱼鳞口,泻为瀑布,历内外九水以至北窝,落而出峡,更合桑家涧、五龙河诸水而北、而西,经华阴、流亭,曲折凡四十余里,由女姑口入胶州湾;其在西北与西南两脉之间者,为凉清河,发源于五指峰,上游为茶涧,曲折南流,由登窑口入海;其在西南与东南两脉之间者为流清河,源出巨峰之阳,南流入海,其间涧势之狭险,较诸水为尤甚;其在东南与北支之间者为漩心河[2],源出巨峰之左,东阿之水多半归之,紫英口及明道观二水乃其大者。

此外,入南海者,尚有石院河,源自小劳山;南九水,源自柳树台;烟云涧,源自砖塔岭;天门、鲍鱼诸涧,源自天门峰;八水河[3],源自北大顶。入东海者,尚有青山河,源自青山峰;长岭河,源出一气石;华严河,源出那罗山;清正河,源出滑溜口;上苑诸涧,源出三层崮。其北流者,有小王河,发源泥洼口;跑车河,发源土堑岭,石人河,发源棒石口。而诸河尤以小王河为最大,涧势峭拔,中多曲折,九水而外,风景罕匹。他如张村河,发源葛场山;李村河,发源石门山;石桥河,发源三标山。其流域皆在山外,故不复详及也。

**注释:**

[1]百沙河:当为“白沙河”之误。

[2]漩心河:又名泉心河,位于王哥庄村南8.5公里。发源于巨峰的东麓和棋盘石山南和北坡,东流注入黄海,流程5.4公里,流域面积12.5平方公里。属季节性河流,水质甘洌,富含矿物质。河水在距入海口泉心湾1公里处的山谷里,被横排巨石所阻,形成天然水潭。潭水在急流冲击下,回旋不止,潭心漩起“斗”形旋涡,涧由此得名“漩心涧”,河得名“漩心河”,潭得名“漩心潭”。因该河由三股泉水汇成一个中心水流,又称泉心河。

[3]八水河:位于崂山南部,是崂山海拔最高的河流之一。发源于天茶顶,天泉是它的源头之一。当地人称其为“天河”,属上清风景区。该河是以八条涧水汇集成一条长长的山涧而得名。河谷布满了许多大大小小的水潭,如“贮月潭”、“大平潭”、

“小平潭”等。

## 游览之道路

游山路径，德人开之于前，沈公[1]治之于后，所得成绩已斐然可观。其由青乘汽车可直达者有三：在南曰登窑、流清河，由南海路通之；在中者曰柳树台，由李村路至南九水北上可通之；在北曰大劳，由李村经葛子庵、蓝家庄、乌衣巷诸村可通之。其由大劳北经劈石口，由柳树台北经土堑岭，皆可直至王哥庄[2]村，村为山中市镇，为即墨鳌山卫入山之通衢。由村而南，沿东海路经钓龙嘴、华严庵可直达太清宫[3]，是则环山之道可通汽车者也。

若深山之中，德人曾辟登山路径十有[4]六线。刻石立志，依次编号，并于其间立标以识号数，游者按志觅路自可免失途之患。兹将其起终点详记于后，以备游者临时之参考焉。

一号路[5]，自大劳观起，东南行，循外九水涧底，以抵北九水庙，而达双石屋[6]。由此更东三里为蔚竹庵，由庵更东行四里至滑溜口，折而东北以抵毛儿岭，由岭东行为白云洞，自洞更东南下，迄华严寺而止。

二号路，亦由大劳观为起点，经北窝落而东行，以达土堑岭，折而东南行，至滑溜口。由口直南抵劳顶，更由劳[7]顶西麓下，折而东与十四号路相交，复东南经天茶前、明霞洞直抵太清宫。

三号路，由大劳观南行至燕儿石屋，折而东南至柳树台，由台复东南行，经麦石屋、五指峰之阴以达劳[8]顶。由劳[9]顶南下与七号、二号两路相值，更东南下至森林公司[10]。由此向东南上而复下，经天门峰、倒溜子、天门后以达上清宫。由宫更东南上而复下，至太清宫而止。

四号路，由柳树台南行至北坡，折而东经麦石屋，曲折以至滑溜口，西下抵棋盘石而止。

五号路，由华严寺西上至棋盘石，折而西南，直抵森林公司而止。

六号路，以土浅岭为起点，正东行，经小王河上游，直抵太平宫，更东下，接于十号路。

七号路，由九水庵[11]起，而东、而南行以达荆条涧，折而东北上，经四号界石抵巨峰阳二号、三号交接处而止。

八号路，由土浅岭起，直南至蔚竹庵，由庵复曲回南行，抵四号路而止。

九号路，由东窑起，踰凉水河为大河东，循此北上与七号路相交，更北上为茶涧。由此东北上，经麦石屋，抵八号路而止。

十号路，路线最长，由登窑东南至聚仙宫，沿南海路经大小平岚、梯子石，而抵太清宫。自宫折而北为青山，更沿东海路越黄山、长岭、钓龙嘴，直达王哥庄。更折而西南上，至土浅岭口，经九水庙，以达柳树台而止。

十一号路，由柳树台北官老石屋为起点，东至双石屋，转而东南，抵九号、三号两路交处而止。

十二号路，由北九水庙起，北抵二号路而止。

十三号路，由九水村起，东行而北而东，与十六号路交。东北上至北坡，以接四号路。

十四号路，由登窑至华严寺，成东北、西南之直线路。经砖塔岭、风口、紫英庵口、望海岭口四岭，而紫英庵口尤较三岭为高。

十五号路，由柳树台东抵黄花顶而止。

十六号路，由登窑北上，接十三号路，以至九水庵。

此外路径尚多，如自流清河，沿天门涧，上可达天门后；由泥洼口北下可达小玉庄；由峪夼[12]东行可达柳树台；由上苑南上可达白云洞；由青山东南可达八仙墩，亦皆属往来之捷径。游者可参之地图，因地制宜，自可得循途进行之乐矣！

**注释：**

[1]沈公：指沈鸿烈。

[2]王哥庄：位于崂山东麓，东面崂山湾，隔海与大管岛、狮子岛相望，周围有双台山、八毛岗等山峦和众多奇石景点。明朝永乐以前，宋、宫两姓氏在此居住，随后

朱、冯两氏祖也来此居住。至永乐二年,张、林两氏祖由云南(山西大同以南)相继迁来。宋氏兄弟为躲避战乱迁入此地后,弟弟又移居他处,因想念大哥,回来探望,故名"望哥庄",后来演化成"王哥庄"。

[3]太清宫:又名下宫。位于崂山区王哥庄镇青山村南,太清宫湾北岸。创建于宋代太平兴国年间(976—984)。该宫为崂山规模最大的古老道观。"文化大革命"初期,宫内之神像、供器、经卷、文物、庙碑全部被捣毁焚烧。1983 年修复,现有道士 20 余人,每日朝真诵经,学医习武,过着正常的宗教生活。该宫现为青岛市文物保护单位。

[4]有:通"又",古代汉语在两位数的整数和零数间常常加"有"字。

[5]"一号路"至"十六号路"民国二十三年版皆置于圜括号内,全部排为一大段。今一律去掉圜括号,为阅读方便,每"号"下文字单独排为一段。

[6]双石屋:位于北九水景区内。据说,清康熙年间,毕氏居民从北宅街道毕家社区迁徙于此,初居于两个像石屋的石洞中,后立村,名双石屋社区。乔氏居民也看好此处,迁居丑蒲涧居住,对外也称双石屋社区。现该社区由双石屋、丑蒲涧两个自然社区组成,山险水奇,中国近代著名诗人郁达夫 1934 年来此游玩后曾欣然命笔:"柳名石屋接游潭,云雾深处蔚竹庵,千里清溪千尺瀑,果然风景似江南。"现在这绝句就刻在社区前的平石上,游人抬头即可观之。

[7]劳:原书作"崂"。

[8]劳:原书作"崂"。

[9]劳:原书作"崂"。

[10]森林公司:1906 年,德国占领青岛期间,由资本家赵锡伍发起成立了该公司。他对改善崂山的植被、绿化崂山作出了很大的贡献,成为青岛地区第一个民族资本家。1938 年,日寇入侵青岛,该公司改由日本人经营。1945 年,日寇投降,山民像杀鬼子一样杀向公司,森林遭到破坏,该公司也随之解体。

[11]九水庵:又名"太和观"、"北九水庙"。始建于明天顺二年(1458)(一说是元天顺二年,1329 年。存疑待考),原属丘处机所创的龙门派道观。是"外九水"、"内九水"的分界线,即自大崂至九水庵为"外九水",自九水庵至潮音瀑为"内九水"。

[12]峪夼[kuǎng]:村名,今属青岛市崂山区北宅街道。位于北宅街道办事处驻地东南 2 公里处,北依大山,向东隔山与下葛场村相望,西面与鸿园村为邻。夼,洼地。

## 劳山之胜迹

劳山，僻居东海，距内地险远，故往者，名公巨卿罕与为缘，惟异遭特行之士[1]多寄迹于其间。然而除不其山之康成书院[2]、棋盘石之孙昙山房[3]外，如汉之逢蒙、《南史》之僧绍、唐之姜抚[4]，其遗迹皆不可考。苏子瞻有曰："劳山多隐君子，可望而不可见，可见而不可即。"足知处劳之高人逸士，姓名不著者尚多也。宋代以来，华盖、长春、云岩、憨山、慈霑之辈迭相托足，虽属缁羽者流，皆卓然足为山海光。若夫其怪峰绝壑，奇石古松，天然之胜，各不相袭。移一地，而势态迥别，移一境而景物各殊。游者非遍览穷探，不克以尽山之蕴蓄焉。旧《志》约为三路，尚有略者。今特将"名胜"分为十八，总联为一线，庶几[5]于山之胜迹可囊括无遗云。

**注释：**

[1]异遭特行之士：指遭遇奇异与个性独特的人。

[2]康成书院：东汉经学家郑玄(127—200)在崂山的讲学之所。郑玄，字康成，书院以其字名。晋代古方志《三齐记》首次载明"郑玄教授不其山"，《太平广记》和《太平御览》皆引晋代伏琛《三齐略记》曰："郑司农尝居不其城南山中教授。"明、清之际思想家、文学家顾炎武写有《不其山》诗："深山书院有人耕，不记山名与县名。为问黄巾满天下，可能容得郑康成。"明正德七年(1512)即墨知县高允中在原郑玄筑庐授徒处，建院宇，聘教授，辟学田，重建"康成书院"。书院坐北朝南，东西略呈长方形，占地亩余，围有院墙，门南向，屋3间，高约5米，宽约12米，南北深约4米，重梁起架，檐下四根木柱撑顶，柱基座为青石鼓形。木质门窗平开，雕以云图。该建筑具有十分完整的墙、柱、梁、栋、枋、斗拱和起脊屋顶各组成部分，在当时可谓宏伟壮观。清初，由于康成书院无人经管，渐圮。

[3]孙昙山房：孙昙，唐代道士，生平不详，天宝二年(743)，奉唐玄宗之命到崂山采炼仙药。孙昙之事史无记载，惟在崂山摩崖刻石记有。另据《即墨县志》载，唐天宝二年(743)，皇帝敕孙昙至崂山采药。孙昙为当时一个有名的方士，来到崂山棋盘

石修建采药山房一所，在此居住采药炼金丹。

[4]姜抚：唐代术士，宋州（今河南省商丘市）人。自言通仙人不死术，隐居不出。开元末年（741），太常卿韦绦祭名山，兼访民间隐逸之士，闻听姜抚已满百岁，特向皇帝推荐。后将姜抚召至洛阳，安置在集贤院，授银青光禄大夫，号“冲和先生”。姜抚向皇帝献长青藤、终南山旱藕，并言食之可延年益寿，此事被右饶卫将军甘守诚识破，因民间饮用以酒渍长青藤者，很多人暴死。姜抚惭悸，请求到崂山采炼仙药，遂逃出洛阳。

[5]庶几：或许可以，表示希望或推测。

## 南海路胜迹

南海路，以青岛为起点，太清宫为终点，中经浮山、石老人、午山、小劳、沙子口、登窑、烟游涧、聚仙宫、流清河、大小平岚、梯子石、八水河，以及太清宫西山。

### 浮　山

浮山，去青东可十五里，山势险峻，其高处海拔三百五十公尺。上有庵曰“朝阳”，为明即墨进士黄作孚[1]读书之所。背环危岩，前俯大海，雄秀之观为西南诸峰之冠。其西南麓有草庵，相传即其当日所建，庵中银杏数株，至今婆娑[2]犹存也。

**注释：**

[1]黄作孚。黄宗昌之祖，嘉靖三十二年（1553）进士及第，是史籍所见即墨黄氏第一位进士。曾任山西高平县知县，因不附严嵩被罢归，终老于乡。著有《讱斋诗草》一卷，《即墨志》收有其《汤尹德政碑记》、《重修八蜡庙记》等文章。

[2]婆娑：枝叶纷披的样子。

### 石老人　小劳山

自浮山所东行二十里为石老人村，村居午山之南麓。其西南濒海处为石屋门,门处巉崖之下,西南向,深廓如厦屋[1]。其尽处螺旋入者丈许,人坐其中,海色一望无际,浮山数点出没于银涛浪花之中,几不知置身何所也。门之左数武外,怪石森竖,质坚而色丽,狰狞透瘦,作猛兽奇鬼搏人状。海潮冲激,浪花喷薄,游者每骇愕[2]然。由此更东数十武,有孤石屹立滩中,为石老人。高可数丈,下约上丰,腹有孔,透明如半月。潮汐汩荡,恍疑如动,洵[3]奇观也。由村更东北行五里为石院庙,庙东三里为烟台顶,西北摩崖上镌高阳刘初孙、魏世渊题名[4],末书“大安二年”[5],劳山石刻之最古者。更东则小劳山也,形如覆盆,巍然而立,群山缭绕,若朝拱焉。

**注释:**

[1]厦屋:大屋。

[2]骇愕:亦作“駴愕”。惊讶,惊愕。

[3]洵:确实,实在。

[4]高阳刘初孙、魏世渊:高阳,在今河北省保定市东部。刘初孙、魏世渊当为金朝高阳士人,生平不详。

[5]大安二年:金卫绍王完颜永济年号,1210年。

## 沙子口 登窑 茶涧

沙子口[1],在小劳东三里,旧名“董家湾”,海滨之一市镇也。其西南有海庙,其东有潮音院,皆相去三里许。院创建无考,万历间[2]重修之。峻岭四环,松竹葱蔚,亦胜地也。由口更东北行八里为登窑村,村三面面山,南见海光。平畴[3]数百亩,椒梨之属成林。每值花时雪天,玉蕊[4]不足为喻。入其中者咸谓不减武陵桃源[5]也。其自村沿凉水河东北上为茶涧,夹涧峦峰秀削,竹石清幽。有庵祀三官[6],为胶西王姓所建。上有洞,相传即其避兵之处。由此更北上为大圈子,平地可数亩,树最密茂,昔时德人曾于此建别墅,今已圮毁[7]矣!

## 注释：

[1]沙子口：指青岛市崂山区沙子口街道，位于青岛市区东部，全境在崂山巨峰西南部，为进出崂山之南大门。域内山地诸峦属低山丘陵部分，起伏大，属山地切割剥蚀地貌。海岸线蜿蜒曲折，全长29.5公里，分布5处海湾（流清河湾、登瀛湾、沙子口湾、前湾和太平湾），且港湾平缓，海域宽阔，是天然良港。沿海分布海岛7座（大福岛、小福岛、老公岛、小公岛、驼篓岛和处处乱），每座海岛形态各异，卧于万顷碧波之中，既有陡壁、岬角，又有岛礁、沙滩，形成独特优美的海滨风光。主要河流有6条（流清河、凉水河、小河东河、西登瀛河、南九水河和姜哥庄河），除流清河为常流河外，其余5条均为季节性河流，南北流向，流域面积78平方公里。水质清凉甘冽，无污染，可供饮用。由于地处暖温带季风和得天独厚的地理位置，该区雨水充沛、年温适中，夏无酷暑、冬无严寒，气候温和宜人。

[2]万历间：万历为明神宗年号，万历朝共经历48年，从1573至1620年。

[3]平畴：平坦的田野。

[4]玉蕊：玉的精英。

[5]武陵桃源：晋陶潜《桃花源记》载：晋太元中，武陵渔人误入桃花源，见其屋舍俨然，有良田美池，阡陌交通，鸡犬相闻，男女老少怡然自乐。村人自称先世避秦时乱，率妻子邑人来此，遂与外界隔绝。后渔人复寻其处，"迷不复得"。后以"武陵源"借指避世隐居的地方。

[6]三官：此指道教所奉的神，天官、地官、水官三帝的合称。传说天官赐福地官赦罪水官解厄。

[7]圮毁：坍塌，毁坏。

## 烟云涧 聚仙宫

由登窑村踰[1]凉水河，东南二里为烟云涧，涧为登巨峰门户。两山相夹，崖石苍秀。自外入者，一径曲折确碑[2]间，左右竹树迴合，浓荫如幄[3]。潺潺者，涧底水也，韵耳清心，尘虑全空。其内有寿阳庵，倚山傍涧，境颇幽静，中祀三官，清乾隆间[4]重修之。后有玉皇阁，今废。由涧更东南行里许，至聚仙宫，宫处山之南麓，前朝大海，形势天然，为元泰定间[5]李志明、王志真所创建，学士张起岩[6]为之记。旧时殿宇宏丽，今惟神武殿存耳。宫之西道旁有太湖石,玲珑透皱,如米颠[7]袖袂中物。其西北更有椅子石,形绝类椅,上镌“青龙庵镇水庙”六字,或旧时有庵于此,不可考已。

**注释:**

[1]踰:即逾,这里是越过的意思。

[2]确砾[què luò]:疑为“荦确”之误,怪石嶙峋貌。

[3]浓荫如幄:枝叶浓密貌。幄,帐幕。

[4]清乾隆间:清高宗乾隆年间(1736—1795)。

[5]元泰定间:元泰定帝泰定年间(1324—1328)。

[6]张起岩(1285—1353):字梦臣,禹城人。生于元世祖至元二十二年(1285),卒于惠宗至正十三年(1353),年69岁。博学有文,善篆隶书。延祐进士第一。历迁监察御史,礼部尚书、中书侍御史,燕南廉访使,翰林承旨等,充修辽、金、宋三史总裁官。史成,年六十五,遂告老归。后四年,卒,谥曰文穆。著有《华峰漫稿》、《华峰类稿》、《金陵集》等若干卷。

[7]米颠:北宋书画家米芾(1051—1107)的别号,字元章,以其行止违世脱俗,倜傥不羁,人称“米癫”。

## 流清河 大、小平岚 梯子石

流清河,在聚仙宫东二里。路经麦窑村,村多渔筏,可乘之以直达下宫。河之两岸皆有人家,溯涧以入,山色秀奇。里许,峡势忽狭,阔不及丈,水自内奔腾下泻至此,突为所逼,势益暴怒,雪翻雷轰,涌为深潭。若雨后观之,则河倾海立,尤为奇险云。河之东偏,有山岬[1]入海际,土人呼谓“鲍鱼岛”,其实则正南海中者方是。由此更东为大、小平岚,肘危岩,临大海,一径迂回[2]于山之麓十余里,至梯子石。石属天门峰东南支,山势陡落,险峻异常,陟径而上,难于登梯。举首则巉岩欲坠,俯视则惊涛撞岸,过者每惴惴其慄。相传昔时有巨石于其巅当路,径出其上,尤属危绝。往来者苦焉,凿而去之。今市长沈公特勅工砌以石磴,以便行人。然居高而深临,踰之者尚不能无惧心也。

**注释:**

[1]山岬:两山之间的峡谷。

[2]迂回:曲折回旋。

## 八水河 东平岚

自梯子石下而复上,更下为八水河。其上游为龙潭瀑[1],夹涧岩壁亦峭削。古木苍松生其上者,皆作虬龙怒攫势。涧底潭水尤清澈,倒影其中,风景最称幽丽也。自河更陟巉岩,东上为东平岚,巅有山神庙,前有平崖可憩。东南望大海,茫无障碍,而太清宫已可于松篁掩映中指顾得之矣。

**注释:**

[1]龙潭瀑:又称玉龙瀑,在崂山南部八水河中游,北距上清宫约1公里。周围岩壁峭立,八水河至此,沿20米高、10余米宽的绝壁悬空倒泻,喷珠飞雪,状如玉龙飞舞。瀑布落下十几米,与石壁相击,分数股跌入潭中。碧水凝寒,清澈见底,潭旁巨石上镌“龙潭瀑”三字。大雨过后,山洪暴注,飞腾叫啸,更为壮观,故有“龙潭喷雨”之称。

## 巨峰胜迹

巨峰为劳之鼻祖[1]。群峰环列,巍然巨观。然其洞壑之奇,多会结于山之阳,故登临之路不一,而以由烟云涧入者为得遍览其蕴奥焉。

**注释:**

[1]鼻祖:比喻最早出现的某一事物。

## 砖塔岭

相传有“龙攫旱河之塔”置于此,因得名。自烟云涧东北上至此,凡四里。北望巨峰,重峦叠嶂,高出云端,而回视[1]海光,莹晶如镜。大福岛适当其中,如青螺焉。由岭更东里许,为金壁洞。两石特立,一巨石偃伏其上,背倚危峦,东朝大海,亦胜地也。其额镌“金壁洞”三字,末署“万历十七年子秋立”。子秋何如人,不可考。其由此折而东南下,经马鞍子山,可达流清河。

**注释:**

[1]回视:回望。

## 风口 森林公司 铁瓦殿

自砖塔岭下而复上,为风口。左右之峦峰树石益秀奇,仰视巨峰已在目前。路之旁有大石偃蹇[1]卧,下有两泉相去不咫尺,而其味甘苦迥别,曰“甘苦泉”,亦一奇也!过此更下至涧底,石愈大,水声澎湃震动。崖谷西为钓鱼台[2],对立者为七十二叠山,山石层叠,天然如级,故名。

由此更过涧北上,则森林公司在焉。地当束住岭之尽处。四围群山环裹,略无隙露。左右两涧之水合于其前,泉石竹树之胜,兼而有之。其辖境约四万五千余亩,故为官山之牧场。光绪间,即墨刘锡五、王作梅等集股经营之松椒、桃李之属,今已荟蔚[3]成林。

由此沿束住岭之脊,北上巨石,长松夹道,错立涧底,水声潺潺不绝,令人烦襟顿涤。里许,抵铁瓦殿。殿一名白云庵,后倚叠嶂,旁临深壑,群峰环立,惟南阙处见海光,如天生仙阙然。劳之宫观,得势之高旷者,应以此为最。殿故称“古刹”,明嘉靖间,朴一向[4]重起之,其徒李阳兴继业[5]至高来德[6]而大新之。助成者,有邑人蓝因[7],及来中丞刘公拙斋。玉皇正殿三楹,尽覆以铁瓦。瓦径长三尺,上铸男女姓氏。檐瓦作龙形,尤为精巧。至清康熙间,遭回禄之灾[8],道众四散,庵遂荡废。今其毁烬柱石,尚屹然林立也。

**注释:**

[1]偃蹇:犹安卧。宋司马光《辞知制诰第六状》:"岂偃蹇山林,不求闻达之人邪!"

[2]钓鱼台:沿太清宫前海边小路东南行1公里处,群礁迭起,海潮汹涌,礁石中有一如台之巨石,伸入海中,三面临海,高出海滩约1米,面积约80平方米,名为"钓鱼台"。巨礁上平如削,坡向海水,背倚青山,是垂钓的好地方。台的石平面刻着署名宋绩臣,道号大谷子的诗一首:"一蓑一笠一髯叟,一丈长竿一寸钩,一山一水一明月,一人独钓一海秋。"

[3]荟蔚:草木繁盛貌。

[4]朴一向:崂山全真道士,李阳兴师父。曾于嘉靖年间重修铁瓦殿。

[5]李阳兴继业:明成山卫(今山东荣成市)人,继业当为其字。嘉靖年间入崂山,师事朴一向道士。是时巨峰白云庵已圮,李阳兴在其师初修的基础上,继续修复该庵。募资鸠工,大兴土木,盖起玉皇殿三间,宏丽壮观,房顶尽覆铁瓦,称铁瓦殿,香火盛极一时,生徒从归者,不下千余,道风之畅,为崂山一时之最。

[6]高来德:李阳兴之徒,于明朝万历十二年(1584),对铁瓦殿进行了重修。

[7]蓝因:据清同治《即墨县志》载:蓝因,字征甫,号东泉,蓝章子。与兄蓝田、蓝囦齐名,世人称为"蓝氏三凤",以父荫任江宁知县,居官清正,人莫敢干以私,升庆阳府通判,致仕归,诗文书为世所推重,著有《东泉诗集》。

[8]回禄之灾:火灾。回禄,相传为火神之名。

## 金刚崮 白云庵

金刚崮,在铁瓦殿之西,前有太华、六合两宫,俱圮。其上崭然[1]秀者为灵旗峰,再北上为卦峰。卦峰之下,则中巨峰之白云庵也。庵与铁瓦殿同时所建,憨山上人,有万历间重修撰碑,峭岩环抱,前对金刚崮。上有洞,深而幻,秉烛始可入,土人呼谓"葫芦洞",取其形似也。庵自铁瓦殿毁后,亦寻废矣!

**注释：**

[1]崭然：形容山势高峻突兀。

## 白云洞 朝阳洞

白云洞，俗名流水崮。去铁瓦殿东可二里，绝岩壁立，中裂为隙，水自隙中下坠，琤琮[1]有声，落地成潭，味甘而洌，为流清河发源之处。其旁有洞，穹窿朗敞，内可容数百人，为朝阳洞。往昔山民牧牛者至，夕则将牛驱其中，故俗呼之谓“避牛石屋”。

**注释：**

[1]琤琮[chēng cóng]：象声词。

## 慈光洞 自然碑 巨峰

老君洞，在铁瓦殿之西。洞口南向，内仅容人，旁有明正德及嘉靖年间岁月。更上，峭险不可登。其由殿之左胁，攀危岩盘折而上约里许，折而西至慈光洞。洞处绝壁之下，廓然如卵形。旁映危峰，前俯深壑，俯视海光，若在足下，以高敞取胜者也。洞内石色莹洁，若或磨砺，上刻“慈光洞”及慈宁宫近侍某七绝一首，完好如故，风雨莫蚀故也。

自洞返，寻原径复上，路愈险峻，扪萝攀葛[1]，则步然后移二里许，至石门。南北两岩特起，有巨石，穹覆之雄，畅宏阔大如城门。穿而西出，自然碑已在目前矣。碑高十余丈、宽三丈许，雄伟杰立，面平如削。上有石，短而阔，覆出宛若碑额焉。造化钟秀，幻此巨观，视岱宗[2]之没字碑，洵有人天之别！

自碑前绕而复上，经七星楼，新月、幕云诸峰二里至美人峰。峰为秀出者，俗名“比高崮”，峭拔矗立，不可攀跻，相传惟德人名山贼者登之。由此更上，乃达巅之西趾，迂回复进，始造其巅。巅为岩石累成，其尽处只容一人坐。德人时曾环以铁栏,游者可援之以登,未既而毁。民国二十一年[3],有徐仁者复修之。登其上,举首天外,俯视环中,鹤岭云峦,争奔眼底。登、莱处其北,胶即当其西,村野城邑,历历可辨。其东南则大海弥漫,浩渺无涯,港汊[4]纷岔,岛屿罗列,数百里外之远近高下,皆在指顾中,洵海上巨观也!峰北阿有地,曰“磕掌”,绝岩下有泉出焉,名“源泉”。其水冬暖而夏寒,为白沙河之发源处。

**注释:**

[1]扪萝攀葛:萝,能爬蔓的植物。葛,多年生草本植物,茎长数丈,缠绕他物之上。这里指抓住萝、葛等植物登山。

[2]岱宗:即泰山。泰山旧谓居五岳之首,为诸山所宗故称。

[3]民国二十一年:1932年。

[4]港汊:疑为“港汊”之误。港汊,河道窄小的河流。

## 天门峰上清宫胜迹

天门峰,为巨峰左出之南支峰峦,以次降至海滨。其山阴为天门后,东去上清宫约三里许。

### 会仙山 响云峰 天门峰 跃龙峰 南天门 碧天洞 暖石屋

会仙山,在森林公司东。南为峦峰,不下数十。皆峥嵘耸峙[1],以朝于巨峰。自其左胁下而复陟三里,为响云峰。峰势拔地特起,峭危不可登。更南里许,则天门峰也。两峰矗立对峙如门,烟云出没,气象万千。回视则峦嶂岌嶪,俯视则海色晶莹,高旷空明,敻[2]出凡界。其前为跃龙峰,峰势飞动。上有池,深不可测,曰“浴盆”。风涌浪翻,莫可逼视。更南数峰则南天门也,两楹并列,与云门遥遥相对,惟其高稍逊耳。云门峰之下有碧天洞,穹朗宽敞,处绝岩下,土人呼为“金銮殿”,以其雄阔而壮严[3]也。上有泉涓涓下滴,天寒则结为冰著状,尤瑰丽。其由峰右循天门涧而西南下,可至流清河。路经暖和石屋。凡山中之洞,土人皆呼为“石屋”。此洞东南向,旭日初射,先至其中,故较他处尤暖云。

**注释:**

[1]峥嵘:形容山的高峻突兀或建筑物的高大耸立。耸峙:高耸矗立。

[2]敻[xiòng]:远,表示差别程度大。

[3]壮严:即庄严。这里指碧天洞壮盛严整。

## 天门后

自天门峰之左壑坠而下,路最险峻,降而为天门后,有庵曰“先天”。旁有贮月潭,四围崇嶂孕抱,故气候最暖,琪花[1]异卉,秋老犹芳。庵为有明白道人[2]所建,祀玉皇[3]。至天启年中,有齐道人[4]者居之,加以重修,已而复毁。清乾隆间复新之。今则羽流全无,惟数山家[5]居焉。庵之右为海门涧,曲折南流至八水河,泻为龙潭湾瀑布。

**注释:**

[1]琪花:仙境中玉树之花。

[2]白道人:即齐本守之师白不夜,明万历年间来崂山。

[3]玉皇:中国道教崇奉的天帝,即昊天金阙至尊玉皇大帝,简称玉皇大帝或玉帝。原是光严妙乐国王子,后舍弃王位到普明秀岩山中修道功成,辅国救民,济度众生。又经历亿万劫才修成“玉皇大帝”。住在天上玉清境三元宫,是总管天上、人间一切祸福的尊神。

[4]齐道人:齐本守,字养真,号金辉,又号逍遥子,明代钱塘(今浙江省杭州市钱塘县)人。性静默,厌世俗。明万历年间,随同其师白不夜由寿春(今安徽省寿县)来崂山。尽览崂山之胜景,至太清宫西北天门后,爱其两峰峙立,并有邱长春真人之题刻,更见该处之先天庵幽静绝尘,遂留居于此。齐本守在先天庵修行期间,多事劳苦,广行方便,自食糠秕,供人米粮,同居道众,皆为钦感。他以21年之艰辛,亲手为先天庵增建殿宇三间及两廊配房,意志之坚,令人敬佩。齐本守晚年居太清宫,故太清宫一度称金辉派道观。万历三十年(1602)齐本守去世,敕封“上元普济道化真君”。其

遗留之法派称金辉派。

[5]山家:山野人家。

## 上清宫

宫距东海为近,故游者多由青山村、太清宫以赴之。其间峦岫合沓[1],树石苍翠。自外望之,若无隙可通,然入其中则缭阔清幽,奥而不隘。盖此地两山夹涧,前趋渐南渐逼,中幻为壑。宫适居壑底,故窈窕幽深,为劳中栖真[2]之佳地。宫与上苑、太清同为华盖真人敕建道场。其后,长春丘真人寓居之。至天兴[3]间,半就倾圮。大德初[4],隐真子李志明鸠工重新[5],承务郎朱翚[6]为之记。至明庆隆[7]间,紫阳孙真人[8]复重建之。后殿祀玉皇,前殿祀三清[9]。今三清已废,惟玉皇殿尚存。殿之东偏有石龛,上镌"道山"二字,相传系邱真人趺坐之处。道山之东复有巨石一,刻字数行及《青玉案》词一首[10],亦系真人笔也。宫之前有朝真桥,宫之右有迎仙桥。两桥之上皆竹树荫翳[11],人自桥上过,其下水声潺潺,顿觉悠然意远。迎仙之北有巨石崛起,额镌"鳌山上清宫"及邱真人七绝十首[12]。下有泉延而成河,曰"圣水",味最甘洌,昔人有品为劳之第一泉者。绕宫之异卉古木最多,门前银杏两株,尤属苍老,怪枝分披,瘿疣[13]垂累,洵为数千年物!而宫中之白牡丹亦最繁盛,干高于檐,花大如盆,相传即《聊斋志异》所载"香玉"[14]者也。

**注释:**

[1]合沓:重叠,攒聚。

[2]栖真:道家谓存养真性返其本元。

[3]天兴:北魏道武帝年号(399—404)。

[4]大德初:大德,元成宗年号(1297—1307)。

[5]鸠工:聚集工匠。重新:再次装修使面貌一新。

[6]承务郎朱翚:承务郎,官名。隋文帝时,尚书各司,在侍郎外,各置员外郎一人,管理本司籍帐,侍郎出缺,代其职务。炀帝改侍郎为郎,废员外郎,每司增设一郎。

既而又裁去所增之郎,改设承务郎,实即原员外郎。唐代又改为员外郎。另置承务郎为文散官第二十五阶,从八品下。宋同唐。元丰改制,以承务郎代校书郎、正字、将作监主簿,金从七品上,元代升为从六品。世人亦以“承务”为地主富人通称,与“员外”相似。朱翚,元代人,曾任承务郎,生卒年不详。延祐四年(1317)曾撰《重修上清宫碑记》,碑存于上清宫内。

[7]明庆隆间:当为“明隆庆间”之误。隆庆(1567—1572)为明穆宗年号。

[8]紫阳孙真人:孙玄清,号紫阳,又号金山子、海岳山人,明代寿光(今山东省寿光市)人。生于明弘治九年(1496)八月二十二日(一说为弘治十七年),幼年双目失明,出家为僧。嘉靖初年,孙玄清辗转来到崂山明霞洞,弃释修道,20 多年后,目疾不治而愈,名声大噪。当时,正值朝廷差官诏取天下玄文秘录。孙玄清于嘉靖三十七年(1558)应诏到京师,功事完毕,赴白云观坐钵堂一年,注《灵宝秘诀玉皇心印经》、《太上清净经》、《皇经始末元奥》等,又造释门宗卷八部六册,由阁老翟銮和少卿龚中佩为主进呈御览,敕封为“护国天师府左赞教”,掌管真人府事。明代隆庆三年(1569)六月二十六日,孙玄清逝于崂山上清宫,年 73 岁(一说为 65 岁)。文渊阁大学士、太傅翟銮曾为之题诗吊唁,诗刻于明霞洞处。

[9]三清:道教对玉清境洞真教主元始天尊,上清境洞玄教主灵宝天尊,太清境洞神教主道德天尊的合称。

[10]《青玉案》词一首:邱处机所作,原词为:“乘舟共约仙霞侣,策仗寻高步,直上孤峰尖险处。长吟法事,浩歌幽韵,响遏行云住。凭高目断周四顾,万壑千岩下无数。匝地洪涛吞岛屿,三山不见,九霄凝重,似入钧天去。”

[11]荫翳:遮蔽。

[12]邱真人七绝十首:《游崂指南》之“附录名胜题咏”部分节选了邱处机七绝一首。

[13]瘿疣:赘疣。喻附着之物。

[14]《聊斋志异》所载“香玉”:上清宫二进院内曾有一株白牡丹,高约八尺,每逢春天,白花似玉,清香四溢,满院生辉。清代著名小说家蒲松龄到这里访问时,对这株白牡丹甚为赞赏,《聊斋志异·香玉》中的“白衣花神”,即以这株牡丹为原型。

## 长春墓 龙潭湾瀑布

长春墓,在宫南半里。按《宋史》:“真人殁于京都白云观。”则其墓不应在此,想系好事者封土为之。由此沿涧西南行里许,峡势忽束,盘折而下,如坠谷中。四围峭壁回映,西北壁高处龙潭瀑在焉。水自巅飘洒而下,凌空飞溅,如玉龙横飞。沫散空际,濛濛[1]成烟雾,数尺后复著于壁,布悬练挂下泻于潭。潭名"龙潭湾",沙砾为底,渟泓[2]湛碧,清鉴毛发。旁有石,平广可容数人坐于其上,观瀑最敞。其南下则八水河也,涧狭而石巨,水声之澎湃,作百万金鼓震。

**注释:**

[1]濛濛:迷茫貌。

[2]渟泓:水深貌。

## 明霞洞胜迹

天茶山,为巨峰左出之最高峰。自此歧而东北出者,为一气石。更东南行则昆仑山[1]也。明霞洞在其前麓,上有玄真洞[2],东北下有铁佛涧。

**注释:**

[1]昆仑山:崂山支脉,位于崂山南部,玄武峰(又称北大顶)是其主峰。

[2]玄真洞:位于明霞洞之上,洞口高1.7米,宽1.5米,深2米,里面渐大,成葫芦状,不可立,盘腿坐其中却宽敞得很。洞口上有:"重建玄真吸将乌兔口中吞"十一个古朴、笔力遒劲的大字,据说是张三丰亲笔所题的刻石。

## 天茶山

天茶,一名"三茶",其高出海面约九百四十余公尺。其上两峰峙立,高入云霄,故又有"双峰插云"之称。惟其境过僻,游屐[1]罕有至者。日起石,一名"一气石",谓其巅群石环聚成一气也。游者由华严寺西南踰全心河可登之。其前阿为高石屋,上有洞,为大方禅士习静之所。禅士系胶西王氏女,幼即为尼。清乾隆间卓锡[2]来劳,处洞中凡十有八年而化。

白云洞道众为置龛[3]葬之石侧，今其墓与塔犹存。昆仑山俗称北大顶，巉绝不易登，巅有池，生葛仙米[4]，可食。

**注释：**

[1]游屐[jī]：屐，木头鞋，泛指鞋。出游时穿的木屐，这里代指游踪。

[2]卓锡：卓，植立；锡，锡杖，僧人外出所用。因谓僧人居留为卓锡。

[3]龛：供奉佛像、神位等的小阁子。

[4]葛仙米：生在潮湿处的一种蓝藻类植物。植物体由球形的单细胞连成串珠状的细丝，外面包着一层胶质物，湿时蓝绿色，干时灰色。可食，又可入药，有解热，祛痰等作用。

## 明霞洞 斗母宫 玄真洞

明霞洞，在上清宫东北，由青山二宫分路石西陟岭巅即望见之。自下而上约二里许，其半有栖玄洞。洞旁有乔松数株，夹道森列，虬枝翠盖，蔽天凌霄。由此更上，皆修篁夹路，磴道盘云。凡数百余级，成二十一折。密箐[1]交荫，曦光[2]不漏。人行其中，衣衫尽绿。级尽而洞至焉。洞处巉岩之下，前俯深壑，旁映峻峦，宝珠山屏列于前。山外海光明澈如镜，真上界清虚[3]之府也。洞系巨石浑成，门南向额镌“明霞洞”及大定年月[4]。字半没土中，相传为孙真人紫阳炼静之所。紫阳，一字玄清，嘉靖间因龚中佩[5]进上《释门卷宗》八部[6]，敕封护国天师。洞左与上宫后两石刻，皆述其事者。

斗母宫，居洞之右，创建无考，明隆庆间重修之。前有客舍数楹，尤属雅洁。傍崖而结，势若凌空。窗嵌玻璃，明净无尘。凡岚光[7]、云影、海色、蜃气[8]，历历在几案间，亦胜地矣！

其由宫后更上石磴百余级，绝壁下为玄真洞。洞亦为孙紫阳习静处，旁有字，苔蚀过半，惟“重建玄真吸将乌兔口中吞[9]”十数字约略可辨。其左复有小洞西向，相传为张三丰之遗迹。武进周鲁题诗于旁，有“莫嫌三丰茅屋小，万山环绕画图围”之句，盖其境之高危明旷，视明霞洞又夐乎尚矣!

**注释:**

[1]密篑:茂密的竹林。

[2]曦光:晨光、晨曦。

[3]清虚:指月宫。

[4]大定:为金世宗年号(1161—1169)。

[5]龚中佩:明沈德符《万历野获编》卷二十七《释道》“道士入值内廷”条载:“道士龚中佩者,幼入昆山县之猛将庙,落魄贫苦,漫游京师,因入真人陶仲文名下,得交撰青词诸人。其人愚憨好酒,乃羽人之下劣者,然幼熟道书,尽知诸神名号。入直诸老,时从考问诸灵位业,遂为婚娶。荐为太常博士,驯至太常少卿。上命入内庭教习诸宫人科仪,然时酣酗,侮诸中贵。因恨,思中之。一日出饮于刑部郎邵畯家,上偶呼不至。为诸珰所谮,上大怒,下诏狱杖死。世宗宫闱防范最严,何以容一醉道士出入禁御,此与武宗朝西僧直豹房何异?虽即诛殛,已非体矣!”

[6]《释门卷宗》八部:《释门卷宗》,孙玄清遗著,共8部6册。

[7]岚光:山间雾气经日光照射而发出的光彩。

[8]蜃气:一种大气光学现象。光线经过不同密度的空气层后发生显著折射,使远处景物显现在半空中或地面上的奇异幻象。常发生在海上或沙漠地区。古人误以为蜃吐气而成,故称。

[9]乌兔口中吞:“乌、兔”即日、月,“口中吞”是道家吐纳导引所达到的一种境界,即“采日(金乌)、月(玉兔)之精华,散而为风,聚而为形”。

## 铁佛洞

自洞前穿修篁径而东,行半里为东庵。茅舍数间,古木扶疎[1],前有泉潺潺流乱石间,亦幽境也。由此更东北行,则铁佛洞在焉。地为女冠[2]刘贞洁[3]炼真处。贞洁,字恒清,即墨人,明神宗时慈宁太后教乘传诣京,为缕述其《体原》、《豁悟》等经凡八部,赐号慧觉禅士,光宗朝[4]入劳处于是,今其室已无存,惟碾石尚在焉。

**注释：**

[1]扶疎：枝叶茂盛高低疏密有致。

[2]女冠：亦称“女黄冠”，女道士。

[3]刘贞洁：见《崂山志》卷八高弘图《崂山九游记》“道姑刘”注。

[4]光宗朝：明光宗朱常洛，年号泰昌，1620 年至 1621 年在位。

## 太清宫胜迹

太清宫，在东南海滨。后倚宝珠山，左为甘龙顶，其前平阔处为海印寺[1]旧址。劳山头[2]去宫东可八里，八仙墩及张仙塔在焉。

**注释：**

[1]海印寺：位于太清宫前。创建于明代万历十六年(1588)。明代高僧憨山于万历十三年(1585)起在太清宫三清殿前建该寺，万历十六年(1588)建成。万历二十八年(1600)，皇帝降旨毁寺复宫，现仅存该寺遗址。

[2]劳山头：位于王哥庄村东南 15.5 公里，崂山之最东南端，面积约 5.5 平方公里，主峰为土峰顶，海拔 372.8 米。半岛尖端即为崂山头，海拔 242.1 米，陡峭耸峙，嵯峨险峻，峰头直插入海，顶部遍植黑松。东坡临海的峭岩上，生有两株耐冬，传为张三丰道士所植。因此处是崂山最东的山头，故名。

### 太清宫

一名下清，距上宫可三四里，为二号、三号、十号三路交叉点，由青岛乘船可直抵之。三面峻山，大海当前，局势之雄旷当为二劳第一。其间林木尤盛，古松修篁之属布满崖谷。登高而望，蔚然茂，黯然深。苍烟翠霭，笼罩其上，如一片绿海，一径深入，景尤幽奇。浓荫如幄，蔽亏[1]天日。清冷而潇洒，使人尘虑全空。盖宫之胜概[2]，其资赖乎林木者尤多也！

宫与太平、上清同为宋初勅建，嗣后邱长春、张三丰、徐复阳相继栖止。至明万历间圮毁将尽，羽流不能自保。适憨山欲因宫前地建海印寺，遂以属焉。未几有耿义兰者，有餂于憨山，不遂。怒走京师，变告讼之。

上勅命毁寺复宫,并颁道经四百八十函,令贾性全等守护。天启中,道人赵复会复大新之[3],分东、西两院。东院祀三官,西院祀三清。而三清之西更有三皇救苦殿、吕祖祠。殿宇宏阔严整,今尚因之。院中紫薇、黄杨、牡丹之属亦极繁盛,而耐冬尤古。老干虬盘,新枝铁劲。花时艳红如火,于雪后赏之,尤为可观。三皇殿中有元世祖[4]敕谕护教之文,其后有长春真人石刻。迤而西出为竹院,其前沈公鸿烈功德碑[5]在焉。由此延而西北,山石秀削,摩崖上有康南海[6]、徐世昌[7]等纪游。下而南行抵海之滨,长堤横互[8]约半里许。怒涛冲激,直至堤下。登堤环眺,心目一旷。宫之左有经神祠[9],为日照尹琅若[10]先生所作,今废。其东山前麓又有驱虎庵,遗址不可识矣。

**注释:**

[1]蔽亏:谓因遮蔽而半隐半现。

[2]胜概:美景,非常好的风景。

[3]道士赵复会大新之:明天启二年(1622),道士赵复会重修太清宫,正式确定了分为三官、三清、三皇殿三个院落的格局。三院都建有围墙,各立山门,并有便门相通,使太清宫基本上形成了今天的规模。

[4]元世祖:即忽必烈(1215—1294),成吉思汗之孙,蒙哥汗(宪宗)弟。名字全称孛儿只斤·忽必烈,蒙古族,拖雷正妻唆鲁禾帖尼的第二子(总第四子)。元朝的创始皇帝,庙号世祖,谥号圣德神功文武皇帝,蒙古语尊称薛禅皇帝。他也是第五代的蒙古大汗。1260—1294年在位。

[5]功德碑:记功载德或颂扬政绩的碑通称功德碑,其内容是对碑主的褒奖和颂扬,碑主及其事功对于时人和后人而言,则是楷模和榜样。因而历代官方和民间对功德碑都非常重视。

[6]康南海:即康有为(1858—1927),广东南海人。原名祖诒,字广厦,号长素,后易号更生,晚年别署天游化人等,世称"南海先生"。

[7]徐世昌(1855—1939):近代著名政治家、书画家。天津人。光绪十二年(1887)进士。历任编修、兵部左侍郎、军机大臣、东三省总督、体仁阁大学士。辛亥革命后,任政府国务卿。1918年曾任大总统。

[8]横互:“亘”,又作“亙”,互,疑为“亘”之误。横亘,绵延横陈。

[9]经神祠:为祭祀“经神”郑玄所建。东汉的郑玄(字康成)是研究经学的大师,被尊为“经神”。他曾在不其县(在今城阳)设帐授徒,各地学子慕他的大名前来受业,先后有数千人住在附近,形成学院之村,后称书院村,这一名称沿用至今。

[10]尹琅若:尹琳基(1838—1899),字琅若,又字竹轩。日照(今山东日照市)人。著有《焚余笔记》、《楚南乘轺笔记》、《秦轺日记》、《日下见闻录》等。

## 海印寺

海印寺,为上人憨山所建。憨山,字德清,万历间来劳,寻那罗延窟,不可居,至下清宫止焉。时宫就圮毁,道众苦无藉[1],愿以地属[2]之。上人遂走京师,请《大部藏经》归,大建寺刹。佛宇僧察[3]鼎盛一时。既而以耿一兰[4]之告,憨山坐以私造寺院,戍雷州[5],寺遂荡废。今三清殿前海军辟为运动场者,相传即其遗址也。

**注释:**

[1]藉:慰藉,依赖。

[2]属:归属,隶属。

[3]僧察:当为“僧寮”之误。僧寮,僧舍。

[4]耿一兰:当为“耿义兰”之误。

[5]戍[shù]雷州:戍,本义是防守边疆,这里是指被发配到边远地区。雷州,今属广东湛江市,是一个县级市。

## 八仙墩 张仙塔

劳山头,为劳之东南尽处。由宫左有径可达,然逼仄颇不易行,游者可由青山村以赴之。自青山东南踰重岭为试金滩,滩产圆石可供。其黑者尤精润,能试金之真伪。自此更南经晒钱石、酒缸槽登山之麓,折而东,右肘危崖,下即大海,曲折以至劳山头。山峰突起,形如覆盆,周围皆巨浸也。自峰之西阿东南旋下,为八仙墩。有石坡广数亩,东下斜插入海,海水汹涌,山势若动。其北则峭壁千仞,崄崿[1]逼天,下纳上覆,其势欲倾。石层层作五色,斑驳如绣。处其下者,仙墩也。大石错布,面平可坐,海涛冲涌直上,与墩相击搏,浪花倒卷数丈,飞舞空际,如玉树、如银花、如琉璃、如珠玑[2],可喜可愕[3],洵山海奇险之极观也!其自峰西沿峰顶东出,遥望山崦,乱石层叠如塔状者,张仙塔也,相传为真人张三丰遗迹。旁有耐冬一株,大可合围,居山之半而不曲不挠,亦一奇矣!

**注释:**

[1]崄崿[xiǎn è]:高峻,险峻。崄,同“险”。

[2]珠玑:宝珠、珠宝。

[3]愕:惊讶。

## 东海路胜迹

由太清宫起至海云庵止,南北延长约四十里,皆山海竞险,松石错绣。昔时径颇险逼,民国十七年[1],沈公鸿烈倡率修治之,羊肠小道顿成康庄通衢[2]。游者曳笻[3]其间,翱翔容与,则岚光涛声,涤荡心目,如行山阴道中,有应接不暇势矣[4]!

**注释:**

[1]民国十七年:1928年。

[2]康庄通衢:四通八达的大路。

[3]曳笻[yè qióng]:曳,拉,牵引;笻,手杖。这里指拄杖。

[4]如行山阴道中,有应接不暇势矣:“山阴道上,应接不暇”典出南朝宋刘义庆《世说新语·言语》:“王子敬云:‘从山阴道上行,山川自相映发,使人应接不暇。’”原指景物美而多令人目不暇接。后多用以喻事物繁多应付不及。

## 青　山

烟霞岭,在下宫北上里许。旧有接官亭,今废。两山相夹,一径中通。

登其上,南瞰大海,碧波拍天。竹翠松影中,隐约有宫宇者,则下宫也。由此北下,为青山村。村民数百家,倚山势高下而结庐。自远望之,重叠若层楼复阁,野卉琪花点缀其间,幽丽宛如画图。东为青山口,两岬遥拱,大海中涵,风帆渔筏,时出没于烟波缥缈中,亦胜观也!居民多林姓,相传其先为闵人[1],明季避乱而来,因止此。俗尚古朴,妇女见有客至,不甚回避,大有天台仙子[2]之遗风焉。

**注释:**

[1]闵人:福建人。“闵”当为“闽”之误。

[2]天台仙子:相传东汉刘晨、阮肇入天台山采药,遇二女,留住半年。回家,则子孙已历七世,乃知二女为仙女。事见《太平御览》卷四一引南朝宋刘义庆《幽明录》及《太平广记》卷六一引《神仙记》。

## 黄山 窑货堤 斐然亭 钓龙矶 海云庵 丰山

其人家之傍山,聚而成村,与青山同。由此北经长岭而至反眼岭,岭一名“窑货堤”。峭岩壁立,东下即大海。往时径逼仄不受足,今成坦途矣!过此更北为漩心河,大石累落,错布涧中。水自高处下注,至此突为石所阻,急切不得泄,漩洄倒涌而成奇观。

踰河更东北上,过反岭后而登望海岭山岬,岬势深入海际,其上斐然亭在焉。亭为沪上人士[1]所建,以纪沈公鸿烈者。高五公尺,广四公尺,袤[2]六公尺,结构悉仿欧式。人坐亭中,凭栏四瞩,山海胜景,一览无余。亭之北为修路纪念碑,迤而下有径西出,可达华严寺。

自此沿海更北行,经南洼河而抵钓龙嘴村。村之南有大方禅士道碑,其东濒海处为钓龙矶。乱石齿齿,下临大海,惊涛撞峤[3],石骨欲摧。由村而更北行,过泉儿岭,直抵海云庵,庵居萧王[4]之南,地名“茔子”。相传唐征高丽[5]时所筑,明藉以防海者。中祀三公:龙图学士包拯[6]、寇莱公准[7]及县令海瑞[8]。当其东为仰口湾,浪平风静,渔舶纷集。日人攻青岛时曾于此登岸,盖亦海防之要地。处其北者,丰山也。其东南山脉入海处为碌石滩，滩产碌石，秀润可供。其佳者，须待潮退后于海底取之。

**注释：**

[1]沪上人士：上海人。沪上，上海的别称。

[2]袤：长度，特指南北距离的长度。

[3]岈：当为“岍”之误，字典中查无“岈”字。岍，山旁的石头。

[4]萧王：当为“萧旺”之误。

[5]高丽：朝鲜历史上的王朝(918—1392)。

[6]龙图学士包拯：包拯(999—1062)，北宋庐州合肥人，仁宗天圣年间进士。曾任监察御史、天章阁待制、龙图阁直学士，官至枢密副使。他为官清正，刚直不阿，执法严峻，不徇私情，被旧的史书和小说渲染为少有的“清官”、“包青天”。

[7]寇莱公准：寇准(961—1023)，北宋政治家。字平仲，华州下邽(今陕西渭南)人。太平兴国进士。淳化五年(994)为参知政事。景德元年(1004)拜相。辽兵进攻宋朝时，他力排众议，主张坚决抵抗，促使真宗亲往澶州(今河南濮阳)督战，与辽订立澶渊之盟。不久被王钦若排挤罢相，出任陕州知州。晚年又被起用，天禧四年(1020)又遭丁谓陷害，后被贬至雷州(今广东湛江雷州市)，卒于贬所。他为官清正廉明，政绩卓著，名垂青史。

[8]县令海瑞：海瑞(1514—1587)，明代广东琼山人，回族，小官僚出身。嘉靖年间举人，家境贫寒，初任南平教谕，后升浙江淳安知县。1566年升任户部主事，他因为上书批评世宗迷信道教，不理朝政，被下狱。世宗死后获释，1569年任应天巡抚，积极推行“一条鞭法”。后张居正等下台被革职。1585年再起，先后任南京吏部右侍郎、南京右佥都御史。他为官清廉，严惩贪污，平反冤狱，深得人心。著有《备忘集》、《元祐党人碑考》。

## 华严寺胜迹

华严寺，在那罗延山东麓。重峦环合，左襟大海，其间林壑之幽奇，树石之苍蔚，洵足为二劳名胜之冠。游者自海滨取径，路旁巨石[1]有清乾隆间巡抚惠龄[2]摩镌“山海奇观”四大字，径可丈许。沿而南为沈总监德政碑[3]。由此循石径盘折西上，长松修篁、古木异卉之属，夹道森植，浓绿荫翳,有时仰望不见天日。而石之卓立林间者,皆突怒偃骞与松竹争长,上多近人镌刻。凡数十纡回始达寺门,门前幽篁尤密茂。迤而西为塔院门,东向前有鱼池,环以石栏,中通小桥,流泉自竹根下泻,注于其中,潨然[4]有声。池中蓄五色鱼,长或及二三尺,浮沉上下,最有幽趣。院中之塔,为慈霑上人圆寂[5]处。有古松两株,盘青挽翠,抱之而不脱,亦奇观焉!

寺旧名华严庵,为释刹,系明即墨黄侍御宗昌所创建。未成,以兵毁,其子坦[6]于清顺治中继成之。形势壮严,殿宇宏丽,因山而筑,每进益高。佛殿当其中,僧寮客舍居左右。其前画栋飞甍[7]、高出松竹上者为藏经阁[8],清初所颁佛经大部悉贮于上。登阁凭眺,豁然目旷。西南诸峰屏开壁立,东瞰沧溟,一碧万顷,而松荫铺翠,竹梢弹[9]烟,俱回环献奇于其下,盖庵之地固胜,得是阁而胜毕献焉。寺之后为狮子岩,巨石磈硊[10],欲坠欲压,苍松之生其上者,皆曲盘作虬龙形。巅有观日台[11],其下又有寂光洞[12],轩敞明洁,容数人坐,额刻“寂光洞”三字。

**注释:**

[1]路旁巨石:这就是崂山有名的“砥柱石”。这方巨石高约5米,长10米有余。由于屹立在山脚平地,显得突兀奇特。石上“山海奇观”4个大字,采用是行楷,阴刻,字径有2.7米,是崂山字径最大的一处古代刻石,书法苍劲有力、浑厚凝重。

[2]惠龄(?—1808):萨尔图克氏,字椿亭,蒙古正白旗人,清朝将领。乾隆与嘉庆年间,曾三度任山东巡抚。乾隆五十六年(1791),惠龄因阅兵海上而游览崂山,在那罗延山下路旁之巨石上题刻“山海奇观”四个大字,为古代崂山最大的刻石。清末翰林傅增湘《游劳山记》中载:“……大书有山海奇观四字,字大逾丈,最为雄伟,乾隆巡抚惠龄所书。僧言,竟以此被劾去职,可谓风流罪过也。”巨石的南侧还刻有惠龄到崂山游览砥柱石的文记,全文为:“余夙闻崂山之胜,兹阅兵海上,裹粮往登。将至华严庵,见路旁一巨石,延袤七丈余,高亦五丈。询之土人。称为砥柱石。余徘徊其下,仰视层峦八崇,俯瞰大海之浩瀚,烟云变灭,倏忽万状,真平生之奇观也。因题此镌诸石,兼志其由。俾后之登是山者知余屐齿所到焉。乾隆五十六年,岁在辛亥春三月,惠龄书并跋。”

[3]沈总监德政碑:沈总监,沈鸿烈,曾任海军督练处总监。德政碑,旧时为颂扬官吏政绩所立之碑。

[4]潨[cōng]然:水声。

[5]圆寂:佛界语,指僧人死后升天。

[6]坦:即黄宗昌之子黄坦。

[7]画栋飞甍:有彩绘装饰的屋梁,高耸的屋脊。形容建筑物富丽堂皇。

[8]藏经阁:即藏经楼。建在4米多高洞形的山门之上,呈方形;阁高8.2米,阔13.8米,深8米。阁中央立四棱形石柱,木构架为抬梁式屋顶,是重檐歇山式。登阁远看,浩浩汤汤的大海直入眼底。西南群峰林立,阁下松竹青翠。阁中曾藏有清顺治九年(1652)刊本《大藏经》一部,元人手抄本《册府元龟》一部,都非常珍贵。

[9]亸[duǒ]:下垂。

[10]磈硊[kuǐ wěi]:(山石)突兀险峻。

[11]观日台:又名望海楼,位于华严寺后。是山顶一平台,立于台上,东望大海,明旷无阻。

[12]寂光洞:位于华严寺后侧的山腰间,洞大如屋,是天然的洞穴。

## 鱼鼓石 那罗延窑 华严洞

自华严寺取道涧底,西上,夹涧峦峰苍翠,扑人眉宇,泉韵松声,泠泠[1]不绝。里许,至鱼鼓石。石长而欹,上有孔,深不可测,以物击之,琅琅[2]作声。额篆“云穴”二字。由此沿涧更上,路益荒塞。大石突起障人面,人穿石隙,盘旋上三里抵那罗延窟。窟属南山之枝,北起而突为危岩,磅礴穹窿,一气浑成。门北开梯,层石攀援始得上。其内廓若堂奥[3],四壁完好,深三丈,高如之,阔仅半焉。人坐其中,宛如置身阁上也。窟之上有圆窦,径可丈许,直上冲天,仰首蔚蓝,如井中观者焉。窟相传为西方哲人演教[4]处,明万历中憨山上人曾居之。其西有大石广数亩,中洼为池,曰“天池”,蒲生其中,天旱则益茂云。其由窟历壑而北上,绝壁下有洞曰“华严”。背倚峭岩,东俯大海,沐日奇观,举目得之。其阳有平地可居,相传华严庵旧址即在此。

**注释：**

[1]冷冷[líng líng]：即“泠泠”，本指流水声，形容声音清越。

[2]琅琅：象声词，形容金石撞击或响亮的读书声等。

[3]堂奥：厅堂和内室。

[4]演教：传布佛教教义。

## 棋盘石胜迹

### 明道观 望海门

明道观[1]，距华严寺西上约五里地，高八百公尺，为劳宫观之最高者。然其间冈陂[2]平衍，林壑幽静，高而不危，于形胜中别创一格也。其地相传为唐王旻炼药之处，观旁石上有“天宝四年孙昙采药山房”镌刻，然其遗址已不可考矣。清康熙朝道人宋天成始创建今观，分东、西两院，东院祀玉帝，西院祀三清。四围冈峦环合，如重城复郭，背倚胡涂子岭，前遥对天茶山。西南诸峰尤峭拔，其崭然矗立，如椎卓剑植者，为大、小扁崮；巨石垒叠、如二人对语状者，则二仙传道石也。处观之左胁，为那罗延山。山有观日台，岩石上刊“浴日奇观”四字。

沿而北为挂月峰，望海门在焉。两崖壁立对峙如门，巨石结其巅，若门楼然。人自门内下瞰，悠然出尘。海色浮天，明澈如镜，岚光云气，缭绕眼底。华严寺于竹树葱郁中隐约见之，诚奇观也！观之后有天然三仙二洞[3]，三仙洞者为郝、袁、李三道人[4]归藏处。旁有泉甃[5]为鱼池，方广丈许，蓄文鱼于其中，水清见底，历历可指数也。

**注释：**

[1]明道观：始建于唐代，清康熙五十三年(1714)道士宋天成重建。位于崂山东麓招风岭前、海拔700米的高山上，是崂山现有宫、观、庙、庵中地势最高的一座道观。

[2]冈陂[gāng bēi]：山坡。

[3]二洞：明道观后招风岭上的两处天然洞窟，一处称“天然洞”，曾是观里道士

修炼的地方;一处名“三真洞”,是明道观较早的3位道长的藏骨处,也称“三仙洞”。

[4]郝、袁、李三道人:明道观道士,生平不详。

[5]甃[zhòu]:井。

## 棋盘石

自观而南逶迤行松径中,里许,抵棋盘石。石为那罗延山南端,西出突结为巨岩。上有大石斜探岩外,势岌岌[1]欲将坠,望之若危楼高矗云际中。游者扪松萝陟东山,折而西,践巅脊行数十伍抵石下。石峻峭数丈,不可攀陟,好事者凿石为级以登之。上平如台,广袤各三丈许,平眺群峰,东览大海,西北俯深壑,无虑[2]深百尺。引首下瞰,悚然心悸,真高危之极观也!石之东偏刻“采仙药孙昙遗迹求仙石”十余字,其西又有卦行刻划,相传昔年曾有道人礼北斗于此。

**注释:**

[1]岌岌:高貌。

[2]无虑:大约,大概。

## 滑溜口

自观而西循五号路,行四里抵滑溜口[1]。口为一号、二号、五号之交叉点,胶澳区第三号界石在焉。其西北为泥洼口,为苇竹庵达白云洞之捷径。北出一径,经塘子观可达小王村。

**注释:**

[1]滑溜口:是崂山的著名山口之一,又名牡牛岭。此处地势甚高,海拔1009.4米,因岭口皆为沙石且坡陡,光滑不易行走而得名。该口为一多岔路口,由该口北上约6公里可直上巨峰,西北去2.5公里可达蔚竹庵,东行则能抵棋盘石、明道观、刁龙嘴和返岭后。四周多植落叶松,郁郁葱葱,覆盖遍山。

## 白云洞胜迹

### 老君洞 二仙山 贮云轩 菩萨洞 普照洞

白云洞[1]，在华严寺西北，太平宫之东南。山自牡牛岭[2]奔腾而来，至此突为大海所逼，怒不得骋，郁勃盘结，耸为绝巘，其势险峻异常。自巅至趾皆大石，磥砢[3]横出，斜撑如鲸扬鳌抃[4]，而奇松万株挺立石隙，尽作龙翔凤翥[5]状，以与石争雄长。山高四百公尺，洞居其上，背倚危岩，前俯深涧，东南瞰大海，气象高迥无伦。精舍[6]数处，处洞左下，因山势高低曲折而建，错落有致。其登之之径有二：一由钓龙嘴西上，一自泉儿岭南上。路皆崚嶒[7]盘折，巉绝如梯。其东阿之径，路旁有老君洞。洞处二仙山南麓，峦嶂回互，松竹荫翳，近人王明佛[8]悟禅曾栖止其中。自此而上，路益峻，景益奇，峰回路转，忽化为幽谷，古松修篁弥漫其间，象鼻洞及先生塔皆在焉。塔有二：一为得一子王生本[9]，一为开山师田白云[10]。

而象鼻洞处西岩下，其形宛若象鼻然，峙其东者，二仙山也。两峰特耸，松石秀奇。登其上，旷然有出尘想。由洞迤北为逍遥径，径尽为望海门，两岩夹立，中阙为门，北来之径即由此以登。其由洞而南，西入为道院。处其左者为贮云轩，悬崖结屋，窗向南开，俯视海光，若在阶下。潮声洪淋，直送枕畔，秋冬之交，不出户可得宾日之奇，洵胜境也！

由院中拾级西上，有精舍数楹，居其北舍旁为菩萨洞。洞供铁佛，相传乾隆间道人赵体顺得之海上者。洞之西为卧云窟，窅[11]而深，伛偻始可入。自此更西上三十余级，折而北，而白云洞至焉。洞系三巨石结架而成，额镌“白云洞”三字，深广各数丈许，奉玉帝像于中。环洞之左右、前后者，有青龙、白虎、朱雀、玄武[12]诸石，而青龙石最奇，雄伟浑仑，莫可摹状。登其上，二仙已蒲伏舄下[13]。海色浑茫，一碧万顷，浴日之奇，于此可得尽观。洞之后，有古松一株，曰“华盖”，老干盘曲，偃覆洞上，苍髯翠鬣[14]，戢戢[15]四出。自下望之，森然如虬龙洒甲，挟飞腾之势，尤为一洞之奇胜。洞前复有银杏两株，亦数百年物，挺云凌霄，若与松石争古。其由洞南下为清虚洞,前有白骨松一株,杰然[16]玉立,雪姿独秉,亦一奇也。自此更南下为普照洞,洞为张真人空熙归藏[17]处,左有斗室,小而洁,近俯深壑,远吞大海,白云以幽古献奇,此则以清旷擅胜者也。

**注释:**

[1]白云洞:这是位于崂山东麓刁龙嘴村西冒岭山南的白云洞(跟巨峰白云洞有别)。洞额镌“白云洞”,为清代翰林日照人尹琳基所书。洞右是庙宇,亦名白云洞,奉全真道金山派。该庙建于明末清初,据传为道士田白云所创建,乾隆三十五年(1770)道士赵体顺主持重修后,才初具规模。1934 年道人邹全阳于洞左青龙石前建青龙阁,内祀三清铜像,现该阁仅存残垣。白云洞左侧青龙石下是卧云窟,窟旁有菩萨洞,内供一铁佛,传说是乾隆年间道士赵体顺从海岛上得来的。1939 年农历三月十五日,日军入侵白云洞,纵火焚烧所有房屋。1940 年修复房屋 14 间,1946 年建 2 层楼房 10 间,名迎宾楼。庙内祀明、清时铜铸三清、玉皇等神像 10 尊。“文革”中,该庙的房屋及神像皆遭破坏,石洞犹存。1982 年青岛市人民政府将白云洞列为市级文物保护单位。

[2]牡牛岭:即滑溜口。

[3]磥砢[lěi luǒ]:亦作“磊坷”。众多委积貌。

[4]抃[biàn]:拍手,鼓掌。

[5]龙翔凤翥[zhù]:比喻瀑布飞泻奔腾。

[6]精舍:僧道居住或说法布道的处所。

[7]崚嶒[léng céng]:高耸突兀。

[8]王明佛:号悟禅,诸城(今山东省诸城市)人。工诗能文,尤善书法,清亡后居崂山,鸠杖囊诗,足迹遍崂山,晚年居晓望西南二龙山巅的玄都洞,洞原甚小,王悟禅始凿而大之,栖居其中,洞门东向,其外缭以短垣,奇峰四环,松竹幽深。78 岁无疾而卒,著有《雪泥鸿爪集》。

[9]王生本:号得一子,清即墨(今山东省即墨市)人。曾入太清宫为道士,乾隆三十四年(一说康熙年间),寻得崂山白云洞,筑室其旁居之,工医术,食五谷不去皮,年 113 岁时,须发皆返黑。一日,端坐而逝。

[10]田白云:白云洞与二仙山之间的谷中有两座塔,一座藏有白云洞开山道士

白真人遗骨。对于这位白真人,过去说法不一,有的说是白玉蟾,有的说是田白云。有关专家认为白玉蟾在崂山的时间不太长,而且成名后多在江南一带。不可能是他的遗骨,而田白云在崂山修道、成名、飞升,故应断为田白云的遗骨。

[11]窅[yǎo]:深远。

[12]青龙、白虎、朱雀、玄武:又称四象,汉族神话中的四方之神灵。在汉族民俗文化中,四神有祛邪、避灾、祈福的作用。春秋战国时期,由于五行学说盛行,所以四象也被配色成为青龙、白虎、朱雀、玄武。两汉时期,四象演化成为道教所信奉的神灵,故也称四灵。这里是指白云洞中的诸象形石。

[13]舄[xì]下:脚下。

[14]苍髯翠鬣:又长又硬的翠绿色的松针。

[15]戢戢:密集貌。

[16]杰然:高耸雄伟貌。

[17]张真人空熙归藏:张真人空熙,生平不详;归藏,归葬。

## 观音岩 石障庵

自洞前寻径西上,境愈高,视愈旷。数回至西望海门,南北两岩壁立,中通一径,东瞰海色,恍越天际矣!北为观音岩,高广各数十丈,其半突有白石,隆起如观音小像,衣纹毕具,神采生动,洵一奇也!过此更西,里许为毛儿岭,岭有山神庙[1],前为普庆庵[2],今圮。自此更南,抵夹岭河,曲折西南上二里,至石障庵[3]。绝嶂千仞,庵处其下。旧祀玄君,今废,惟石刻"石障庵"三字既[4]楹联尚存。庵之前有大石特立,广袤数丈,不偏不欹,宛如屏障。自下望之,庵为所掩,不可见,真天设奥区[5]也。庵之右上有栖云洞,左下有伏龙洞。伏龙洞居石障东下口,东南向谽谺岃崱[6],深不可穷,相传为龙蛇之窟宅云。

**注释:**

[1]山神庙:又名神普庵。位于王哥庄镇毛儿岭山前,在明霞洞西。创建于明代,清末倾圮。

[2]普庆庵:位于王哥庄镇白云洞西,创建于宋代。1939年时该庵已破旧,居士

王悟禅夏季在此栖居,后倾圮,现不存。

[3]石障庵:又名石丈庵,位于王哥庄镇白云洞西1.5公里,创建于明代,全部是石制。高2米,面积约4平方米,小巧玲珑,用料考究,是崂山最小的庵。门的两边石柱有石刻门联,上联是:“坤元默启一轮月”,下联是“圣德常统五斗星”,门楣是“石障庵”三个大字。庵前有巨石崛起如屏障,故名。该庵原为尼姑庵,自清代乾隆年间改由道家栖住,民国初年倾圮。

[4]既:当为“暨”之误,意为“和”。

[5]奥区:深奥之处。

[6]岃崱[lì zè]:山峰高峻的样子。

## 太平宫胜迹

### 狮子峰

太平宫,居劳之东北偏,自海云庵[1]南上可二三里。其间岩峦苍秀,林木蓊蔚,泉石洞壑之胜,亦最饶奇致,盖劳之宫观中以狭邃取最者也。游者由东海滨取道上,漫山松风飒起,与大海潮声相应答,使人襟怀倏旷。盘回约里许,渐入古木修篁中,石径参差,曲有幽趣。路右有乔松一株,横偃于道左。巨石上翠盖高张如门户然,回环以入,景益深窅。

折而北则宫至焉,宫一名“上苑”,系宋太祖为华盖真人刘若拙敕建。道场初号“太平兴国院”,明嘉靖间重修之,至清顺治中复加修葺,中祀三清。右上为翠屏岩,绝壁崭立,苍翠袭人。巨石、赭松丛结其巅,自宫中仰视,瑰丽如展图画,洵异观也!

其由宫左出而北上,有石屏立路旁,为诗碑,乾隆时崔应阶[2]镌《登狮峰观日》七律一首[3]于其上。更北则狮子峰也,峰势深秀如狮状,东走而向西顾,巨口翕张,中可容数人卧。人自峰之西偏,蹑礌砢盘折上,数回而至石门。门居狮口北,旁为数巨石结架而成,上多镌刻。明参政陈沂所篆“寅宾岩”,及邹学士善所题“明明崖”,皆在焉。穿而更上,乃造其巅。东瞰沧溟,澒洞[4]无涯,潮汐激荡,直奔舄下。旷然有一瞬千里之概,真山海之奇观,宾日之胜地矣!

**注释:**

[1]海云庵:又名三忠祠。位于王哥庄镇萧旺村东。创建于明代嘉靖年间(1522—1566)。庵内祠寇准、包拯、海瑞,故名三忠祠。1950年后,该庵之房屋由小学使用。

[2]崔应阶:字拙圃,江夏人。生卒年及生平均不详,约清高宗乾隆中前后在世。授通判,官至太子太保、刑部尚书,迁左都御史。工曲,著有《烟花债》及《情中幻》杂剧各一本,《曲录》传于世。

[3]诗见《游劳指南》之"附录名胜题咏"部分。

[4]澒洞[hòng dòng]:水势汹涌。

## 犹龙洞 仙人桥 白龙洞

犹龙洞,处翠屏岩下。旁有眠龙石,横镌"犹龙洞"三字。其深可二丈许,祀老子[1]像于中。坐其内,狮子峰巍然立于前,海色涛光,可举目得之,洵亦洞天之胜区焉!其由宫后曲折而北下,为惊涛涧水,自西来,东注入海。其底多巨石,累累连亙,面平可渡,为仙人桥。人自桥上过,峦光云影,松韵水声,应接耳目间,尘虑不俟涤而自空。游者每徘徊其上,不能去。桥之北复有白龙洞,自海云庵入宫者,境至此始奇。西倚危岩,东朝大海,中祀玄君。其上摩刻七绝二十首,为丘真人长春笔也。

**注释:**

[1]老子:中国春秋时思想家、道家学派创始人。一说老子即老聃,姓李名耳,字聃,楚国苦县(今河南鹿邑东)人。曾为周"守藏室之史"(管藏书的史官),著有《老子》,其人其书在中国思想史上均占有重要的地位。

## 槐树洞 东华宫

自宫前沿涧西南上三里,为槐树洞。洞高缀[1]岩半,入之,时阔时挟[2],深窈莫穷。相传昔年土人避兵于内,至容数百人云。东华宫[3],去宫[4]东可二里,祀东华帝君[5]。清顺治间重修,今半圮毁。迤而北为北斗石[6],大石特起,面平如台,为昔日道士礼北斗之所。由北更南上,则属登白云洞之道矣。

**注释:**

[1]缀[zhuì]:连接。

[2]挟:当为“狭”之误。

[3]东华宫:位于太平宫东南1公里处,建于明代,原为太平宫之脚庙,清顺治年间重修,今已圮毁。原宫前有钟鼓楼亦倒坍。由此迤而北为北斗石,大石特起,面如平台,为旧时道士礼北斗之步罡踏斗处。再东南行至猪头峰下为关帝庙,是一处景色清丽的道院。沿路南上,即达白云洞。

[4]宫:指太平宫。

[5]东华帝君:男仙领袖,常与领导女仙的西王母并称。姓倪,字君明。在东方主理阴阳之气,亦号“东王公”。凡升仙的,要先拜木公(即东王公)后拜金母(西王母)。方得升九天,入三清殿,拜太上老君,见元始天尊。在仙界的地位十分高。

[6]北斗石:东华宫后原有一巨大岩石,顶面平整,面积三丈余,相传为古代道士礼北斗之所,称北斗石。宫东还有一圆形大石,为参星石。屋前有高大的重修碑记。解放后,石碑被毁,北斗石被打碎修建了水渠,屋框日益颓废,只留下当年的屋基与庙后的两棵高耸入云的楸树。

## 王哥庄路胜迹

由萧旺起至大劳止,汽车可直通之。附近诸胜有塘子观、修真庵、凝真观[1]、熟阳洞[2]、灵圣寺、劈石口。

**注释:**

[1]凝真观:又名迎真观、迎真宫。位于王哥庄镇庙石村东,创建于元代元统年间(1333—1335)。该宫于明代弘治二年重修,清代康熙初年道士刘信常又重修,更名

为凝真观,中祀真武。1950 年该观曾为小学使用。“文化大革命”初期,观内之神像、文物、庙碑全部被捣毁焚烧,1983 年该观拆除。

[2]熟阳洞:原名消息石室,因所居道人刘信常号熟阳,故更名。《清康熙四十五年熟阳洞刘道人自叙碑》里记载:“洞原名消息石室,因号改洞熟阳,同护法高君宠,登巅四顾,海山一览,山势回龙顾祖,洞水玉带缠天,蛾眉抱岸、狮峰怀阳,石屏嶂汉,星宿罗堂。东岭松梢挂月,西山涧底流琴,面朝五老,背负一鹤。其间白云紫画,玉竹青林。”

## 萧旺 塘子观[1]

小王村,在海云庵西北三里。其南为小王河,两山夹涧,水自中出,溯折而入石径,盘互[2]如羊肠。约里许,境忽开展,幻为幽谷。有小山耸立于中,为二龙山。山不高而松石苍翠,竹树瘦奇,玄都洞处于其巅。门东向,其外缭以短垣,系王悟禅所凿以供栖迟[3]者。

由此更东,踰涧而复上,则塘子观在焉。观居文笔峰之西南麓,前拥岚光,右俯涧流,巨石乔松,稠叠掩映。相传郭华野[4]幼年曾读书其中,创建已不可考。明万历间重修之,至清光绪朝道人吴介山复加修整,更名“餐霞观”,并延掖县林钟柱[5]于其中,教授生徒。观之前有放生池,左有闭云洞。其东上为望海门,门处文笔峰、光光崮之间。宾日之胜,尤获畅观焉。

**注释:**

[1]塘子观:又名堂子观、餐霞观。位于王哥庄镇晓望村西南。创建于明代永乐年间(1403—1424)。明万历八年重修,清光绪年间道人吴介山又重修,更名为餐霞观,并延请林钟柱在此教课授徒。观中祀真武。1939 年该观被日军焚烧,新中国成立后渐圮。林钟柱有《塘子观》诗赞曰:“极目西南望,山腰屋数弓。竹间高树出,石底暗流通。寂寞松阴绿,萧条寺壁红。遥看村叟过,策蹇小桥东。”

[2]盘互:交结,连接。

[3]栖迟:游息。

[4]郭华野:郭琇(1638—1715),字华野。据《清史稿》卷二百七十《郭琇传》,他

是"山东即墨人。康熙九年(1670)进士。十八年(1679),授江南吴江知县。材力强干,善断疑狱。征赋行版串法,胥吏不能为奸。居官七年,治行为江南最"。历官佥都御史、左都御史、湖广总督等职。康熙五十四年(1715)病逝乡里。

[5]林钟柱:字砥生,清掖县(今山东省莱州市)人。光绪五年(1879)举人,有山水癖,在晓望塘子观教授10余年,暇辄出游,崂山秀色尽收笔下,写有《雕龙嘴望海》、《文笔峰》、《鹤山》、《骆驼峰》等许多吟咏崂山的诗篇。光绪十七年(1891),游崂山梯子石时,写有《梯子石记》,该文现镌刻于崂山梯子石东端的登山南路,全文共395字。

## 修真庵

王哥庄,旧名太平村。距萧旺可二里许,地处平旷中,前为修真庵。庵本古刹,明天启二年,道人李真立[1]始扩大之。清康熙朝杨绍慎[2]复加丹垩,势既宏阔,殿亦轮奂[3]。处市廛[4]而尘氛不染,洵属修真佳地也!村之后有莲沼,大可数亩,夏时则池荷盛开,艳红夺目。由此折而西行二里,为万年水臼石。石形类蟾,上有泉,天虽亢旱,不涸。过此更西北,行五里,抵凝真观。观居三标东下,前对对儿山,松竹之属,最为繁盛。中祀三清,明泓治[5]中有重修之役。由观西北上三里有熟阳洞,洞深敞如厦屋,旁有室,今圮。清康熙间刘真人信常[6]曾习静[7]其中。其由观而南行,过对儿山,至灵圣寺。寺为华严寺下院,修篁万竿,境颇幽寂。过此,沿通衢曲折西南上四里许,至劈石口,口为东西往来之孔道。两山夹立,中通一径。登其上,眼界骤宽,云岭烟峦,奔赴舄下。回顾大海与天浮动,恍如置身碧霄之间。南下入谷底,路旁有巨石,高丈许,划然中裂,若斧斯[8]之,"劈石"之名所由来也。回折更上,为南劈石口。两山夹径,与北口相望,惟高不及焉。更南下即大劳矣。

**注释:**

[1]李真立:崂山道士,明代天启二年(1622),曾将原为佛教古刹的修真庵扩建改为道庵。

[2]杨绍慎:字我修,号玄默道人,明天启年间任乾清宫管事提督上林苑监四署太监。明亡后,与太监边永清一同到崂山修真庵出家为道士,改称杨静悟。兄事边永清,尤朴诚和煦,与世无争,为人所称道。边永清去世后,他继任崂山修真庵住持。崂山王哥庄村东有土山,名为“双台”,边永清与杨绍慎二人之墓皆在其下。

[3]轮奂:形容屋宇高大众多。语出《礼记·檀弓下》:“晋献文子成室,晋大夫发焉。张老曰:‘美哉轮焉!美哉奂焉!’”

[4]市廛[chán]:店铺集中之处。

[5]泓治:当为“弘治”之误,明孝宗年号(1488—1505)。

[6]刘信常:原名刘显长,字调元,号熟阳,清高密县(今山东省高密市)武兰庄人,幼敏悟好学,虽业学孔孟,但志好老庄,后入崂山出家为道,拜师刘长眉。其师去世后,刘信常遂迁居三标山北一石洞。该洞原名消息石洞,刘改其名为熟阳洞,一作俶阳洞或朝阳洞。初刘信阳结草庵而居,后募捐修建玉虚殿,康熙元年(1662)创基,康熙四十年(1701)起大殿,庙名亦为熟阳洞。刘信常苦心经营近50年,方修成此宏伟殿宇。康熙四十七年(1708),百福庵道士蒋清山,根据刘信常的自述,撰写《熟阳洞刘道人自叙碑》,植于玉虚殿中。

[7]习静:谓习养静寂的心性。

[8]斯:劈。

## 鹤山胜迹

### 小蓬莱

小蓬莱,在王哥庄北五里。危峰耸立海滨,上有紫霞阁。旧址系明先六世叔祖如锦公[1]别业[2],有石坊,为“一望海天”,传即当日所立。其地岩峦青苍,松石错秀。回望遥山,翠屏四围;东眺大海,碧波万顷,蓬岛仙踪[3]想亦不过如斯也!由此沿海漘[4]而北八里至马山,山不甚高,石色秀丽,前麓有碧霞玄君祠[5],其西则鹤山峙焉。鹤山为劳之北屏,高约二百余公尺,自下视之为峻岭,而登其上则窈窕深幻,岩壑幽奇,于名胜中别具一格。游者由山下庵觅得径,纡迴[6]西北上,至聚仙门[7]。门东向两壁夹立,一径曲通,古木巨石蔽亏掩映之。迴折[8]以入,如另辟一天。峦岫环合，竹木清深，令人心目顿爽。北上为道院，南绝壁下，有洞如龛状者，曰“老君炉”。炉旁一泉滃然[9]自石隙流出，曰“自然泉”。更西十余步有梧桐金井，相传旧有梧桐生井上，因名。其自道院而北上，有遇真宫。宫创于宋嘉定间[10]，元至正朝复修，分三殿：下祀真武[11]，中祀老君[12]，最上祀玉皇。由玉皇殿之左寻径复上，有巨石刻“鹤山遇真宫”数字，为长春真人书。更上则徐复阳墓在焉，墓之东有危岩特起，为舍身台。台之下有绝壑，则摸钱涧也。涧中生棘钩，皆倒出。俗传复阳真人初系瞽[13]，其师李灵仙掷三钱涧底令取，复阳于三载后得之，目忽明，棘即其摸索所致者。

仙鹤洞在墓旁微西，石形类鹤，洞居其下，昂首振翮[14]，势将凌空。自此再攀峭崖而上，至滚龙洞。两石偃仰，中空成窦。窦狭甚，人伏身石上，展转始得入。入之数武，忽又高敞如楼阁。坐其中俯视山海，尽成异景矣。自其内穿而北出，为一线天。巨石相夹，峭然壁立，仰视碧落，仅如一线。南壁上有周鲁题七绝一首。由其西循石隙匍匐出，北上有金蟾石。下而沿岭脊西行数十武，至玉女洗头盆。盆居岩巅，径可二尺，水碧苔青，莹净可爱。

自此南折而下，有朝阳洞，洞居宫右，前对天眼崮，明朗幽洁，亦洞天胜处。洞之下有仙人路，再下即道院也。院之东有巨岩，攀援可登者为聚仙台。登其上，东瞰大海，旷然心目。小蓬莱及马峡诸山历历在履舄[15]下，而南望上苑群峰，片片如芙渠[16]插霄汉。仙风灵气，飞坠襟袖，觉飘飘然有凌云意矣。

**注释：**

[1]如锦公：指周如锦，字叔文，号大东，明即墨县（今山东省即墨市）人。读书过目不忘，为文汪洋恣肆，下笔千言立就，才名与其兄周如砥相埒，明万历年间以选贡授通判。周如锦性恬澹，不乐仕进，于崂山王哥庄东北小蓬莱处建“紫霞阁”别墅隐居。著有《紫霞阁文集》八卷。

[2]别业：别墅。

[3]蓬岛仙踪:蓬岛,指道教仙山蓬莱岛;仙踪,仙人的踪迹。

[4]漘[chún]:水边。

[5]碧霞玄君祠:在鹤山东,中祀碧霞玄君。

[6]纡迥:当为"纡迴"之误,"迴"为"回"的异体字。

[7]聚仙门:位于鹤山山腰幽谷处,两巨石南北相峙,石上镌刻明代道士清虚子之手迹"聚仙门"三字。相传著名道人李灵仙同道友们初到此山时,尚无山门,便双手推开北面巨岩,才成其门,故名。

[8]迥折:当为"迴折"之误。

[9]滃[wěng]然:水沸涌貌。

[10]宋嘉定间:南宋宁宗皇帝最后一个年号(1208—1224)。

[11]真武:即真武大帝。据《中华道学通典》载:真武大帝,亦称佑圣真武灵应真君、翊圣保德真君、佑圣真君玄天上帝、荡魔天尊,为职司北方之天的尊神。道教对真武大帝的信仰盛于宋、明。《元始天尊说北方真武妙经》宣称真君原为净乐国太子,辅助玉帝誓斩妖魔,救护群迷,后入武当山修道四十二纪,功满,玉帝闻其勇猛,敕镇北方,统摄真武之位。道教还以真武大帝为雷部之祖,简称雷祖,为总司风雨雷电之神,又以真武为"武曲"大神。

[12]老君:中国道教对老子的神化称呼,又称"太上老君"。多种道教经典对老子有各种神化说法,大致说老子以"道"为身,无形无名,生于天地之先,住于太清仙境,长存不灭,常分身化形降生人间,为历代帝王之师,伏羲时为郁华子,神农时为大成子,祝融时为广成子。

[13]瞽[gǔ]:盲人,瞎子。

[14]翮[hé]:鸟的翅膀。

[15]履舄:履,单底鞋;舄,复底鞋。这里指脚下。

[16]芙渠:荷花的别名。

## 上庄 豹山 醒睡庵 峡口庙 天井山

上庄在鹤山西南,旧为邑人黄昱伯先生别业。有快山堂、竹凉亭、荷池、藤台、来鹤亭诸胜,今皆废。其西北为豹山,山色斑驳秀出,睡醒庵居于其下。相传庵故在山巅,明隆庆[1]间道人许阳仙[2]始移建。今所三面峭岩，前通一径，竹树清深，别有邃趣。山之南为起仙台，再南为烟台山。烟台山与三标山相夹处曰“峡口”，为由即[3]入山之要道。东有峡口庙，西北十余里而抵天井山。山在即墨城东十里，巅有池，直下深坠数十丈。水色沉碧，大旱不涸，传有神龙潜其中，立庙祀焉。明嘉靖[4]间，大成上人[5]铸龙牌数道投之，天旱取出辄雨云。

**注释：**

[1]隆庆：明穆宗年号（1567—1572）。

[2]许阳仙：明代即墨道士。醒睡庵初建于鹰嘴山麓，因年久失修圮废。许阳仙于明代隆庆年间率徒于大龙嘴村北千米处重建。

[3]即：指即墨。

[4]嘉靖：明世宗年号（1522—1566）。

[5]大成上人：生平不详。

## 三标山胜迹

### 不其山 康成书院 玉蕊楼

三标山，高约四百公尺，以巅有三石峰矗立得名。不其山在其西北，下有康成书院。《三齐记》[1]称不其山为郑玄教授之所，有草丛生，叶如薤，长尺许，坚劲异常，隆冬亦青，名书带草；又有树名篆叶楸，皆他处所无，即属此。院舍久圮。明正隆间[2]邑侯高允中[3]为立祠于其地，未几遭毁。书带草、篆叶楸因亦绝迹。今山之东麓有村号书院者，即其故址云。由此南去里许，为崖裹村。再南二里，为玉蕊楼。楼乃明邑人黄宗昌景慕康成而作，今废。地归赵氏所有，四山环抱，涧水前汇，茂林修竹，幽趣天然，亦胜地也。隔涧有邋遢石，为三丰真人升仙[4]处。沿而东南入，经潜虬峰、棉花村，可登三标山。

**注释：**

[1]《三齐记》：南燕晏谟撰，又名《齐地记》。晏谟（约375—约435），青州临淄人。南燕时举秀才。东晋（317—420）时期地理学家，南燕（398—410）尚书、学者，齐相晏婴之后。南燕是五胡十六国中由鲜卑慕容部的慕容德所建立的国家，是慕容氏诸燕之一，国号“燕”。“南燕”之称，始于当时人张诠所写《南燕书》（已佚），因相对于北燕位于南方。

[2]明正隆间：正德（1506—1521）、隆庆（1567—1572）年间。

[3]高允中：明山西太原（今山西省太原市）人。举人出身，曾任福山县教谕，明正德四年（1509）授即墨知县，为政严明，多有建树。正德七年（1512），在崂山铁骑山原汉代大儒郑康成筑庐授徒处，建院宇，购经书，聘教授，辟学田，重建“康成书院”。书院坐北朝南，东西略呈长方形，占地亩余，围有院墙，门南向，屋3间，高约5米，宽约12米，南北深约4米，重梁起架，檐下四根木柱撑顶，柱基座为青石鼓形。木质门窗平开，雕以云图。该建筑具有十分完整的墙、柱、梁、栋、枋、斗拱和起脊屋顶各组成部分，在当时可谓宏伟壮观。清初，由于康成书院无人经管，渐圮。

[4]升仙：得道成仙。

## 铁旗山 百福庵 通真宫 驯虎山

自崖里村曲折西上，登不其山口，口之北为铁旗山。山一名“石城”，以其上怪石巀嶪[1]，望之若雉堞[2]也。百福庵居山之西南麓，创于宋宣和[3]中，清初蒋云山道人[4]曾栖止之。中有萃元洞，祀玄君。上立小塔，高可数尺。旁有古柏一株，不假土壤而生，亦一奇也。由庵西下，南行十余里，抵童真宫。宫在王乔崮之阴，祀汉不其令童恢，后有墓在焉。按《汉书·循吏传·公宰》：“不其多惠政，民尝有为虎害者，公设栏捕得二虎。咒曰：王法杀人者死，汝是杀人者，当服罪，否则呼号。一虎果应声而伏，遂杀之，而释其一。”[5]去宫西北五里，有驯虎山，相传即当日咒虎处也。

**注释：**

[1]巀嶪[jié yè]：高耸。

[2]雉堞:古代城墙上掩护守城人用的矮墙,也泛指城墙。

[3]宣和:宋徽宗年号(1119—1125)。

[4]蒋云山:疑为蒋清山之误。蒋清山,字云石,又名迪南,号烟霞散人,江南人,18岁出家于崂山百福庵。好读书,工书能文,行谊高洁,士大夫皆雅重之,与流亭人胡峄阳是契友,并与隐居崂山的莱阳名士孙笃先为至交。蒋清山一生致力于重建百福庵,据其自述谓:"余幼住此山,古迹仅存,余荒地耳。因发愿力修整殿庵……"明亡后,养艳姬、蔺婉玉等四名宫女随边永清逃至崂山,得蒋清山之助,得以到百福庵出家静修,精心研究道乐。蒋清山酷爱书籍,于百福庵中藏有大量经典书籍,时称"蒋迪南书院"。蒋清山84岁时无疾而终。蒋清山事迹,见于康熙五十六年(1717)即墨进士黄鸿中撰《重修百福庵记》,及清代《即墨县志》。

[5]《后汉书》卷七十六《循吏列传》:"民尝为虎所害,乃设槛捕之,生获二虎。恢闻而出,咒虎曰:'天生万物,唯人为贵。虎狼当食六畜,而残暴于人。王法杀人者伤,伤人则论法。汝若是杀人者,当垂头服罪;自知非者,当号呼称冤。'一虎低头闭目,状如震惧,即时杀之。其一视恢鸣吼,踊跃自奋,遂令放释。吏人为之歌颂。"中华书局1993年版,第2482页。作者在这里是按照自己的理解节引。

## 华阴胜迹

### 慧炬院

华阴村,在华楼山之阴。为由西入山初步,峻峰四列,长河前横。居民数百家,悉住梨云香海中,春时风景绝佳。其地旧属胶西,赵隐君[1]栖隐之所,有皆山楼、白云轩、餐霞亭诸精筑[2]。明天启中,以授高文忠公,砭斋更名其堂曰"太古"。及文忠尽节,后转归王大令锦[3]。今聚族处者,皆其裔也。村之南曰华阴集[4],其东为福堆岸。上有文昌阁,下为康公祠[5],祠祀清顺治间邑令康霖生[6]。其由集而西北行二里许,为慧炬院。院在凤凰崮下,前有石柱涧,岩峦迴护[7],境至清幽,相传海印寺圮后之藏经、佛像曾移置于此。

**注释：**

[1]赵隐君：胶州人赵任。

[2]精筑：精美的建筑。

[3]王大令锦：大令，古时县官多称令，后以大令为对县官的敬称；王锦，胶州人，曾为县令。他购买了高弘图的太古堂，其子孙多居住在这里。王大来即其后人。王大来，字少楚，同治七年(1868)贡生，工诗画，尤喜山水。咸丰十一年(1861)由胶州迁居崂山华阴，在此居住20余年。其《移居华阴》一诗中有“日在辋川图画里，平生夙愿快相偿”之句。著有《五亩园诗草》、《劳山七游记》、《棋盘石》、《白云洞至雕龙嘴》、《神清宫》、《鱼鳞口观瀑》等，均为颂赞崂山的诗篇。

[4]华阴集：崂山西部最大的集市，历史上崂山出产的中药材等土特产品，都在这里集散。

[5]康公祠：位于城阳区夏庄镇南坡村，创建于清代康熙二十六年(1687)。内祀清康熙年间即墨县令康霖生，清即墨黄姓举人撰有碑文，文中有康知县爱民扶困的感人事迹。该祠于新中国成立前已被小学使用，1958年建崂山水库时被拆除。

[6]康霖生：据《即墨县志》(同治版)卷八“名宦、吏治”载：“康霖生，磁州人，顺治己亥(1659)进士。康熙间(1662—1721)来为令，初下车，故不晓事，判决听于吏胥。一日忽曰：‘昨视事日，支干不利明日，与尔更始。’黎明起拜印升堂，发吏胥奸状，痛予杖。取旧案尽反之，事事如坐照焉……”

[7]迥护：当为“迴护”之误，“迴”即“回”。

## 黄石洞 华岩山

黄石洞，在华阴北山之半。以上有绝壁，色黄，得称。玉液泉在其旁，前有狭地数弓[1]，为黄石宫故址。宫乃崔道人[2]习静处，清光绪间圮毁。自此更上，复有中黄石、上黄石。上黄石居山之巅，有石室供老君像，曰“老君堂”。华岩山在华阴西南，位当华楼山之西。其西北为月子口[3]，迎真观在焉。北下有西莲台，自华上人[4]卓锡之所。兰若已废，今惟上人圆寂石塔尚存。

**注释：**

[1]弓：丈量土地的计量单位，一弓为五尺，三百六十弓为一里。

[2]崔道人：参见黄宗昌《崂山志》卷五“仙释”之“崔道人”注。

[3]月子口：位于华楼北侧，在夏庄东1公里处，是白沙河的发源地。崂山的最后一个山谷。四围环山，中成盆地，建有崂山水库。

[4]自华上人：参见黄宗昌《崂山志》卷王“仙释补”之“自华上人”。

## 白鹤峪

华岩、华楼两山之间，俗呼马虎涧。峡势狭险，水尤纡曲。峭岩奇崿[1]，刺天碍日。危石乔松，閟云蔽霄[2]，山峡中奥寂[3]区也。自外而入，里许，为白鹤峪。明黄宗崇[4]曾结楼其间，颜之曰：“镜岩”。四围峭岩，中涵澄潭，景物最为幽肃。南有瀑布挂绝壁，如曳素练，名“天落水”。

**注释：**

[1]崿[è]：形声字。字从山，从咢。“咢”指“张大嘴巴”。“山”与“咢”联合起来表示“山石犹如大嘴张开一般”。本义是山石形状如大嘴张开。

[2]閟[bì]云蔽霄：遮蔽了天空。指人行走在山崖和高大的松树下，抬头不见天日。

[3]奥寂：幽深寂静。

[4]黄宗崇：字岳宗，清代即墨（今山东省即墨市）人。康熙十一年（1672）岁贡生，能诗善古文。著有《九日同游九水二首》，及《夜游九水记》、《那罗延窟记》等游记。《夜游九水记》记述了康熙四年（1665）他与隐居崂山的莱阳名士张允抡夜游崂山北九水的情景。同治版《即墨县志》卷九“文学”有传。

## 华楼山胜迹

华楼山，在石门北偏东，高约三百五十公尺。北由华阴集，东由蓝家庄，皆有径可登。其上峦峰峭拔，石色秀丽，古松拏云[1]，削壁倚天，缭阔而具巉峻之观，坦夷而孕幽深之致，洵二劳之一大形胜也！在山路未辟以前，游人之惮于登陟者，相率载酒于此，故山之名，旧于劳为尤著。元尚书王思诚[2]曾品为十四景，曰：清风岭、王乔崮、聚仙台、翠屏岩、迎仙岘、高架崮、玉皇洞、凌烟崮、玉女盆、虎啸峰、碧落岩、南天门、松风口、夕阳涧，各付题咏。

其自华阴登之者，踰白沙河、响石村、华楼下院，至迎仙岘，岘旧有接官亭，今圮。由此沿鸟道[3]东南迴纡上，过松风口、夕阳涧，凡十有八盘而登清风岭。山势至此忽开豁，南数十步聚仙台在焉。台一名“梳洗楼”，叠石陡起，高数十仞，壮丽方削，不可攀而登。自下望之，隐隐有虬松、碧桃生其上，诚奇观也。

楼之阴横刻“华表峰”三字，稍西一石上镌曰“聚仙台”。迤而西行百余武，过“名山第一碑”而抵华楼宫。宫建于元泰定间，祀老君、玉皇及关帝，殿前银杏数株，挺立干霄。自殿而后出为碧落岩[4]，岩石色赭[5]，下有泉曰“金液”，味极甘洌。翠屏岩在宫之右上，峭岩如屏，苍翠袭人，绿萝青筱[6]，蒙缀披之，亦奇观也。

廓然处其下者为玉皇洞，由洞旁寻径更上，历虎啸峰、天液泉、凭虚石、玉女盆诸胜，上登高架崮。崮当华楼之中，王乔、凌烟两崮列左右。凌烟崮，磊砢如堆阜[7]，其半有云岩子洞[8]居焉。按云岩子，姓刘名志坚，元大德中成道于此，学士赵世禄为撰道行碑，置宫中，此其藏蜕处也。自洞右缘峭壁而上，可达其巅。巅有丘，相传为老师傅坟，师傅如何人，无可考。

**注释：**

[1]拏[ná]云：凌云。

[2]王思诚（1291—1357）：字致道，兖州嵫阳人。天资过人，7岁，从师授《孝经》、《论语》，即能成诵。至治元年（1321）进士，授管州判官，召为国子助教，历任翰林国史院编修官、奉议大夫、国子司业、监察御史。至正年间（1341—1367）曾两度任礼部尚书。卒于至正十七年（1357），享年六十有七，谥献肃。据《元史》（中华书局 1976

年重印版)卷一百八十三"列传七十"载。

[3]鸟道:只有鸟才能飞越的路,比喻狭窄陡峻的山间小道。

[4]碧落岩:华楼宫北的一块巨石,崂山奇岩之一,上刻"碧落岩"三字。岩顶树木葱郁,雀鸟群集。岩下金液泉,泉水清澈常年不涸,崂山名泉之一。

[5]赭[zhě]:红褐色。

[6]筱:细竹子。

[7]堆阜:小丘。

[8]云岩子洞:周至元《崂山志》记载:"在凌烟崮下,门南向。云岩子遗蜕在焉。洞门以砖砌成。明天启间,雷震门开。"

## 南天门 华阳书院

南天门,在华楼宫前。平石如掌,乔松错立。于此望东南,峰峦巑岏云际,最为清旷。明邹善题"最乐处"三字于石上,旁有胜览碑,为赵体明[1]所置。又有石屏二,则毛在[2]、王在晋[3]等题诗碣也。自此右出,南下有华阳书院,明邑人蓝司寇章布置之,筑紫云、文昌两阁。背崖俯溪,最擅胜致。阁东为从入之径,有八仙台、仙境诸石刻,南下曰"谈经地",西去里许,又有华阳洞。

### 注释:

[1]赵体明:明代汝南人,任山东巡抚期间,曾游览崂山,并立"海上名山第一碑",此碑后毁。清代乾隆年间即墨知县尤淑孝重建"名山第一碑",碑在华楼景区之清风岭。这里的"胜览碑"当为后者。

[2]毛在:字君明,南直隶苏州府太仓(今属江苏)人,祖籍河北鸡泽,毛澄从曾孙。万历二年(1574)进士,授建昌府推官,曾任云南道监察御史,出按贵州、山东、河南,升大理寺右丞。著有《先进遗风增补》二卷,《四疏稿》。其题诗当在出按山东时。

[3]王在晋(?—1643):字明初,太仓人。万历二十年(1592)进士。曾任中书舍人、江西布政使、巡抚山东兼右副都御史,进督河道。天启二年(1622)后,历任兵部尚书兼右副都御史、南京兵部尚书、南京吏部尚书。崇祯元年,召为刑部尚书,未几,迁兵部尚书。坐张庆臻改敕书事,削籍归,卒于乡。著有《三朝辽事实录》。《明史》卷

二百五十七有传。其题诗当在万历年间任山东巡抚时。

### 石门山

石门山,海拔约六百公尺,以巅有两峰结架如门,因名。前有石门庵,中为中心崮,最高者曰那罗崮。巨石层垒,上平如台。登其上,周回四顾,心目一旷。视群山若蚁,瞰长河如带。缥缈凌虚,悠然有置身九天[1]之想。山之西南为卧狼匙[2],山东南为五龙山。五龙山高三百公尺,五龙河之水出焉。

**注释:**

[1]九天:天的最高处,形容极高。传说古代天有九重。也作"九重天"、"九霄"。

[2]卧狼匙:又名卧狼齿,位于石门山西南,在李村东北4.5公里处。此山海拔虽仅400米,但高陡险峻,山峦重叠,怪石嶙峋,像一只龇牙咧嘴的恶狼,故名卧狼齿。

## 大劳胜迹

### 乌衣巷

乌衣巷[1],在华阴集东八里。山水清淑,林木葱蒨[2]。明杨汇征[3]先生始结庐居之,今成村落。南有小赤壁,东二里至大劳村。村故有大劳草堂,为邑人张铪[4]所筑,今废。由此东南里许抵大劳观,观居芙蓉峰之阴,北与鲜家庄隔河相望,土地平旷,能收树石之胜。南有西人饭店,花木亭舍,布置尤雅。更东南而入九水,则山峻水急,风景陡变矣。

**注释:**

[1]乌衣巷:村名,建于明永乐年间,原名"老鸹[guā]巷"。明即墨(今山东省即墨市)人胡从宾慕崂山九水风光,遂在该村构筑别墅居之,并附会晋朝王、谢等族在南京居住的乌衣巷,更村名为"乌衣巷"。明万历年间即墨文人周如锦有《胡京兆乌衣巷诗》:"山中何得乌衣巷,曾有乌衣隐此间。不是逢萌挂冠人,定缘房凤作州还。二

劳归属神仙窟,万壑森如虎豹关。风气最宜京兆老,可知须鬓未能斑。"诗中胡京兆即胡从宾,旧时京城知县称"京兆"。

[2]葱蒨:草木青翠茂盛貌。

[3]杨汇征:生平不详。

[4]张鋡,字阳扶,即墨县人。清乾隆举人,官福建署县尹,工诗及古文词,晚年为汝宁书院山长。乾隆四十七年(1782)辞官归故里后,便在崂山大崂村筑大劳草堂居之,并撰写了《大劳草堂》以志其事。

## 芙蓉峰 神清宫

芙蓉峰,在大劳之南,高约五百公尺,嵯峨[1]耸秀,望之若剑戟插天。神清宫居其西麓,创建于宋延祐[2]中。松竹葱蔚,岩洞深幻,境虽狭而能以狭取胜。山门外有钟鼓楼,楼旁一石,广而薄,曰"聚仙台"。由此拾级北上为三清殿,再上为玉皇殿,殿之东为长春洞,后有滚龙洞,西一小洞东向,则单义省[3]脱尘洞也。洞之上为摘星台,登其上可以望华楼、石门诸山,而白沙河蜿蜒如长蛇然。宫之南有自然碑,宫之西有罗公塔。罗公,字信芳,相传清乾隆间成道于此。

**注释:**

[1]嵯峨[cuó é]:形容山势高峻。

[2]宋延祐:延祐为元仁宗年号(1314—1320),作者之误,源自明万历十三年如幻道人所撰《重修神清宫记》其文曰:"(神清)宫创于宋延祐间,为长春栖真之所。"东莱泉石老人撰《重修神清宫碑记》:"考庙由来,盖自元延祐间长春邱子创建之后,历元、明以迄于今,重修者屡矣。"后者已做了明确的改正。

[3]单义省:崂山道士,死后藏骨于摘星台下的脱尘洞。洞上"单义省脱尘洞"六字为乾隆七年(1742)刻。

## 北九水胜迹

北九水,为白沙河上游,有内外之分。自大劳观至太和观曰"外九水”，自太和观至鱼鳞口曰“内九水”。两山相夹，一水中穿。峭壁危岩，奇石苍松，层峦重嶂。渌[1]潭急湍之胜，错出其间。令人耳目不暇给，诚二劳之邃处，山水之极观也！往昔游之者，悉由外及内。自南九水路辟后，游人率取道柳树台，以晋观[2]鱼鳞瀑，而外九水则罕有至之者矣。

**注释：**

[1]渌：水清。

[2]晋观：进观。

## 外九水

长可十余里，凡九折，每折为一水。两岸崖壁辄委错欲将合，环玮即随之而出，若二水之危岩、六水之怪峰，尤足使人惊眩骇愕莫能已。

一水曰“菊湾”，南为玉笋峰，北为黑虎山。双峰夹立，径至此绝。人踏涧底大石转折以渡，峦翠环于上，奔湍激于下，潭光树色，步步引人入胜。东百余武为二水，南有绝壁为翠屏岩，划然[1]中裂，其裂处曰“混沌窍”。巨石上嵌瑰玮[2]，欲坠。下有潭，大可数亩，清矶在旁，人踞矶而观，如濯魄冰壶中，毛骨洒然为清。

过此东上右折至三水，削壁东向，岩峦回映，北有峰曰“定僧”，袈裟兀坐[3]，尤肖。再东百余步，抵四水。两崖一束，对峙若门。水自内奔腾下泻至此，忽为所扼，势不得骋，激荡喷涌而出，汇为深潭。人于南崖之根凿石为级以出入，俗称“脚窝石”者是也。门之内为天梯峡，由此延纡更东，径出古木苍松中，数里而至杏树庵[4]。庵名五水，四山环锁，潭石清幽，西北峭崖上镌“天启四年[5]月日”及“天开异境”十余字。

六水去五水东可里许，崖崩峡逼，水声若雷，两岸山势诡异莫状。北有叠嶂曰“骆橐头[6]”，险恶粗猛尤甚。稍东为鹰嘴峰，卓然椎立，上插天表[7]，亦奇观也。峰之下有潭曰“碧玉”，澄泓[8]湛寒，可鉴毫发。过此复东至七水村，村一名“河西”，萧条十余家，当溪水环抱处，最有清趣。北有峭岩，甚秀丽，则小丹丘也。

由村沿涧而南半里许，至八水。八水地名“松涛涧”，南山有仙古洞，东山有西人所筑石楼。苍松万株，漫山翳霄，松风时作，与涧底水声相应，如惊涛远至。自此又南，即直抵九水，太和观在焉。观建于明天顺中[9]，旧有书院，为即墨绅士课士[10]之所。四围峻山，前横大涧。门外竹千竿，戛云[11]闭日，与白石青松、古木澄潭相映带，风景最称清幽。隔涧为九水亭，踞岩之巅，俯临潭水，树色山光皆可于潭底得之。凉飚潜生，清听常满。片时坐憩，不复知有尘世矣！

**注释：**

[1]划然：界限分明貌。

[2]瑰玮：瑰是次于玉的美石，玮是美丽的玉石。瑰玮，指事物珍贵奇异。

[3]兀坐：危坐，端坐。这里指定僧峰酷肖披着袈裟端坐的僧人。

[4]杏树庵：位于崂山区北宅镇我乐村东，在北九水五水南岸。创建于清代后期。该庵于民国初期倾圮。

[5]天启四年：明熹宗天启四年(1624)。

[6]骆橐[tuó]头：当为“骆驼头”之误，《游崂指南》之“游客须知”部分即作“骆驼头”，可以为证。

[7]天表：犹天外。

[8]澄泓：水清而深。

[9]明天顺中：天顺为明英宗年号(1457—1464)。

[10]课士：考核士子的学业。

[11]戛[jiá]云：上摩云霄。

## 内九水

其曲折不如外水之明显，而山峻水驶，潭清石奇，实又过之。崇岩回合，旋入旋掩。峡势错互，愈入愈狭。盖外水长而内水促，外水缓而内水急。外水以有开合取奇，内水以无开合取险。无外水不见内水之深，无内水不知外水之幻，兼二水，而山水之观始备焉。且其峡既逼，复扼之以邃谷。水既雄，更终之以飞瀑。使游者俙[1]乎有观止[2]之叹，渺乎有不尽之想，是尤造化之发其灵蕴、逞其怪巧者也！

**注释：**

[1]俙[xī]：俙然，感动的样子。

[2]观止：指事物好到极点，达到无以复加的程度。

## 双石屋

双石屋，在太和观东南里许。倚崖数家，松竹荫如，有品茶处可以小憩。自此南下至涧底，沿石径曲折而入，踰二水、三水至鹰窠河。河自东北破峡来，峡峭湍急，声闻震谷，绝岩上时有鹳鸟栖之。过此更入，径益纡，景益奇，翠壁丹崖，层见迭出，而五水之飞凤崖[1]，六水之锦帆嶂[2]，七水之连云岩[3]，次第呈秀。七水之内，复有冷翠峡[4]之水自南来会。再进，则牙门也。两崖逼束，欲将复合，宛转以入，为金华谷[5]。丹嶂回合，状若巨瓮，仰首天光，皎然一围。

东上而出谷，即闻大声澎磕如雷霆，左右峦峰愈耸拔献奇。回折更入，鱼鳞瀑[6]至矣。峭壁环峙如墉[7]，有入无出。飞瀑自东南壁高处石门中劈翠下泻，至壁半，石忽凹入如盆，水注其内，复涌出，跌落于潭。潭水深碧，作蔚蓝色，故有“靛缸湾”之称，诚宇宙间一大奇胜也！叶誉虎[8]于北壁上刻“潮音瀑”三字。西崖之半又有观澄亭[9]，亭东与瀑布相对，坐其上，凭栏俯视，河悬海立之势，尤可尽观焉。

**注释：**

[1]飞凤崖：位于“内五水”的悬崖陡壁，该崖高约百米，颜色赭黄，石纹纵横有致，斑驳绚烂，气势磅礴。崖上镌刻着“飞凤崖”三个大字，因山峰高处形状似一只巨大彩凤张开凤翼，欲腾空飞翔而得名。这一景观也叫“彩凤展翅”。

[2]锦帆嶂：崂山象形石，位于“内六水”南岸。赭黄色崖壁拔地而起，高数十米，状如船帆，石纹纵横相缀，在阳光下辉煌似锦，又像船上高高挂起的一面风帆，故名。另在北岸40米高之峭壁上，刻有“山高水长”四字，字径1.5米，为北九水最大刻石。

[3]连云岩：又名连云崖。七水内的一悬崖，和锦帆屏相连，高耸天际，几与云接，故名。

[4]冷翠峡：崂山著名峡谷，位于内七水大小龙门之后。峡谷陡峭，两侧石壁岩石呈青黛色，山上长满黑松，使整个峡谷色彩更加幽丽苍翠，故又名“冷翠谷”。该谷向南延伸得很远。多水季节，水从峡谷里流出来。因这里是风口，山水奔腾，被风吹成水雾，所以也称“清风洒翠”。

[5]金华谷：位于内八水，该谷幽深，每到秋天，树叶经霜之后，黄红相间，绚丽多彩。因为谷深天小，好像把天给圈了起来，所以这一景观被称为“金谷圈天”，也有人称“丹壁圈天”。

[6]鱼鳞瀑：即潮音瀑，以流水形状像鱼鳞、水的声音似潮音而得名。瀑水凌空而下，一波三折，飞泻的声音犹如澎湃的潮水，素有“崂山第一瀑布”之称。

[7]墉：城墙。

[8]叶誉虎：叶恭绰（1881—1968），字誉虎，又作玉甫，玉虎、誉虎，晚年自号遐庵，广东省番禺县人。曾任北洋政府交通总长、孙中山广州国民政府财政部长、南京国民政府铁道部长等。著有《遐庵诗》、《遐庵词》、《遐庵汇稿》、《叶恭绰书画选集》、《叶恭绰画集》等。精于诗文书画，是20世纪著名文人。1934年5月，与沈鸿烈市长共同发起并创办湛山寺。曾寓居青岛两月，北九水“潮音瀑”即为他所命名，并作大字榜书。

[9]观澄亭：鱼鳞瀑旁有观瀑亭，亭内悬有“观澄”二字之石匾，这是在1933年建此亭时，由沈鸿烈题刻，并附有小字：“鱼鳞口为崂山泉水之瀑布，游人玩赏，每作勾留，特辟此亭，藉供休憩。沈鸿烈。”

## 蔚竹庵[1]

地名蔚儿铺，在凤凰崮下。距双石屋东可二里，中祀真武。西北峭壁环耸，乔松层布，其上浓荫沉沉[2]，庭宇生寒。门前碧涧一道，潆洄[3]万状，迸裂萧瑟，如风雨声。东有清风塔，为道人于某藏修[4]处。沿而更东，即赴棋盘石道，夹道松杉深密，高下延纡约数里，绿幕高张，苍翠满目，游人评为山中奥区云。

**注释：**

[1]蔚竹庵：位于崂山北麓凤凰崮之下，明代万历十七年(1598)送冲儒真人云游崂山时，见这山峦叠翠，涧水鸣琴，实乃世外仙境，遂不畏艰辛，建此道观，并移竹环栽，故名。此庵有正殿三间，原祀檀木精雕真武和铜铸三官神像，均属珍贵文物，“文革”中被毁。殿后峭壁料岩，苍松吐翠；门前溪涧流水，叮咚悦耳；周围蔚竹环抱，曲径通幽。庵前涧溪流水，潺潺悦耳，故有“蔚竹鸣泉”之誉，也是著名的“崂山十二景”之一。

[2]沉沉：茂盛的样子。

[3]潆洄：水流回旋的样子。

[4]藏修：《礼记·学记》：“君子之于学也，藏焉修焉，息焉游焉。”郑玄注：“藏谓怀抱之。修，习也。”后以“藏修”指专心学习。这里指修炼。

## 南九水胜迹

南九水，源出柳树台。南麓两山夹之，逶迤西南，流经王子涧[1]、九水庵、弹月桥[2]、九水村，至观川台[3]而出峡。其间山舒水缓，林幽壑美。康庄大道，盘回入胜。与北九水风致迥别矣。

**注释：**

[1]王子涧：在龙泉观东北1.5公里处，涧势屈曲，清流如练，危岩茂林，掩映左右。有一桥跨涧，长20米。涧两旁陡崖削立，林木茂密。该涧的东北有两条山岭，如卧在水面上的两条长龙，余脉一直伸延到以该涧命名的王子涧村前，旧时认为此地风水很好，有“帝王之气”，故名。

[2]弹月桥：位于沙子口北部7公里处的大石社区，拱形，横跨南九水河，因其形如弯月故名。1914年，日军在王哥庄仰口湾登陆，一路直奔沙子口。德军为了阻止日军前进，把该桥炸毁。日军侵占青岛后，又做了修复。1970年，沙子口公社出资将该桥加宽，架设两边护栏，一直使用至今。

[3]观川台：位于崂山南九水社区以东，西九水社区以南，在汉河社区北1公里处。初为洪述祖所建，是一座三层四方形的欧式小洋楼别墅，自题名“观川台”，并自号观川居士。楼层每面开有两个窗户，在室内看外面的风景，每个窗户都有不同的画面。日本人占领青岛期间，被无偿占有，成了“福岛饭店”。后来据说被王哥庄土匪李启先(音)付之一炬。现在已没有任何痕迹，只有新栽的银杏树布满山冈。

## 旱河村

村有玉清宫，距青岛可五十里，九水之水至此洑[1]而不见。由是沿溪北上四里许，左右两山忽夹立错互欲合。当峰回路转之处，观川台在焉。台居东山之趾，旧为阳湖洪述祖[2]别业，今为日人所有，设福岛饭店。就台筑室，窗牖轩豁[3]，后有鱼沼，石桥曲通，花木扶疏[4]于上，涧流环抱于下。幽蒨之致，令人徘徊其间不忍去。

沿涧再入为九水村，四山回环，南山尤峥嵘有奇气。山陂水隈，果树最多，每至花时，香雪如梦，亦胜观也。二里抵弹月桥，桥宽四公尺，长三十公尺，横跨大溪，悬空宛如半月。再二里为九水庵，庵一名龙泉观，倚西山之下，祀菩萨及真武。又三里至王子涧，涧势屈曲，清流潇洒，茂林巉崖，掩映左右。有桥架其上，长约二十公尺。踰此再进，则板房至焉。地高旷可以望海，有中、西饭店数处，山轿汽车多止于此。更上数里而登柳树台，台当十号、三号之交，北九水、巨峰即由此分路。林木葱郁，崖石苍翠，有劳[5]山饭店。少东有松风亭，迤北有德人所筑疗养室废基。由此盘回东北下三里，过官老石屋，以至太和观。

**注释：**

[1]洑[fú]：水潜流地下。

[2]洪述祖(1855—1919)：江苏常州人，字荫之，笔名观川。清末附生，捐官知县。曾为福建巡抚刘铭传的文案，奉命在台湾组织汽船公司，因贪污被捕入狱8年。后入湖南巡抚俞三幕，又以劣行革职。后捐道员。1912年夏，任北洋政府内务总长赵秉钧秘书。次年参与暗杀宋教仁，案发后匿名居青岛、上海。1917年在上海被捕。

经审理,被处死。

[3]轩豁:敞亮。

[4]扶疏:枝叶茂盛,高低疏密有致。

[5]劳:原书作“崂”。

## 岛屿胜迹

劳[1]之环海中,岛屿罗布。在南海者,有大、小福岛。当麦窑半岛附近,相传徐福[2]求仙住此。鲍鱼岛以形似鲍鱼得名,乍莲岛[3]上多耐冬,有灯台置焉;在东海者,有车轮[4]、狮子[5]、兔儿[6]及大小诸岛。其最著者为田横[7]岛,岛居劳[8]之东北,离岸约二十五里,上有五百烈士殉节处,出石甚精致,可为砚。

**注释:**

[1]劳:原书作“崂”。

[2]徐福:即徐市,秦著名方士。始皇二十八年(前219),秦始皇第一次东巡,登泰山,过黄县、腄县,又登成山、芝罘(今烟台)山,在琅琊台逗留3个月。徐福上书称海中有蓬莱、方丈、瀛洲三座仙山,有神仙居住。请得斋戒,与童男女求之。于是秦始皇派他率领童男女数千人,入海求仙人及不死之药。始皇三十七年(前210),秦始皇再次东巡。徐福求神药不得,诈称海中有大鲛鱼,船只难以靠近仙山,须派善射者同去,以连弩射杀鲛鱼,才能上岸求药。秦始皇又派童男女三千人,五种百工等随徐福出行。史书称“徐福得平原大泽,止王不来”(《史记》卷一百一十八《淮南衡山列传》)。关于徐福找到的“平原大泽”,或以为是日本,或以为是韩国,历来说法不一。

[3]乍莲岛:周至元《崂山志》记载:“在太清宫南海中,上有德人所置灯塔。”

[4]车轮:即车轮岛。周至元《崂山志》记载:“在华严寺东,其形圆。”

[5]狮子:即狮子岛。周至元《崂山志》记载:“蟠踞如狻猊状。”

[6]兔儿:即兔儿岛。周至元《崂山志》记载:“言其小也。”

[7]田横(?—前202):秦末群雄之一,原为齐国贵族,在陈胜吴广大泽乡起义后,田横与兄田儋、田荣也反秦自立,兄弟三人先后占据齐地为王。后汉高祖刘邦统

一天下，田横不肯俯首称臣，率五百门客逃往海岛，刘邦派人招抚，田横被迫乘船赴洛阳，在距洛阳三十里地的首阳山自杀。海岛五百部属闻田横死，亦全部自杀。

[8]劳：原书作“崂”。

## 游客须知[1]

游劳者欲免纡绕遗漏之弊，必先按日定程。兹约分十二日游程于下：第一日，由青乘汽车至登窑或流清河，沿南海路至太清宫宿；第二日，东游八仙墩，至青山午餐，西上宿明霞洞；第三日，游上清，南观玉龙瀑，返青山午餐，北至华严寺宿；第四日，由寺西上访那罗延窟，抵明道观，游棋盘石，问[2]望海门北，抵白云洞宿；第五日，北下游太平宫，寻碌石滩，览塘子观，抵王哥庄宿（按此日宿太平宫亦可）；第六日，北游鹤山，西访康成书院，至百福庵宿；第七日，谒童公墓，至华阴餐，游华楼诸胜，返华阴集宿；第八日，东抵大劳村，南游神清宫，返大劳观宿；第九日，游内、外九水，至蔚竹庵宿；第十日，登巨峰，南下就森林公司宿；第十一日，由砖塔岭至登窑，游南九水宿；十二日，返青。以上游程不过举其梗概，若其间或以景误，或以雨阻，则又在游者临时规定之。

专意游劳之人，可循上程而行。若乃因事赴青，无暇久留，则当于名胜中择其最著者匆匆游之。兹更定四日之游程于下：第一日，由青乘车直抵柳树台，游玉鳞口，过蔚竹庵，至明道观宿；第二日，北游白云洞，下至华严寺宿；第三日，南游上宫、明霞洞，至下宫止宿；第四日，西至登窑，乘车返。

劳[3]之宫观可投宿者，为上宫、下宫、明霞洞、华严寺、明道观、太平宫、白云洞、凝真观、百福庵、大劳观、蔚竹庵、聚仙宫；村店之可投宿者，青山村、王哥庄、大劳村、登窑村、沙子口、华阴集、森林公司。

各寺观之以饔馔[4]相供者，所与酬资勿太菲薄，每人每饭总在六角至一元之数，于深山中尤须从厚，以彼于食物购运不易故也。

各寺院之以茶点相款者，亦须酌酬香资。

劳之寺观虽多,然山中绝人烟处时有,故干粮之携带在所必要。若并欲撙节[5]游资,不在寺观进餐时,则尤宜先游而置备之。

游山胜具,厥为腰脚。果能健步,可觅舆人[6]一,负行李为导,每日酬资约在一元上下。其不能步行者,则以籐舆[7]为适,舁者[8]二人,每人每日工资两元三元不等。

**注释:**

[1]原书“游客须知”下每一条前,均以“(一)”领起,今全部删去,每条单独作一段排列。

[2]问:疑当为“向”之误。

[3]劳:原书作“崂”。

[4]饔馔[yōng zhuàn]:饔,熟食。馔,饮食,吃喝。饔馔,指饮食。

[5]撙[zǔn]节:节省,节约。

[6]舆人:轿夫。这里指助游人背行李的向导。

[7]籐舆:籐,同“籘”、“藤”,竹器;舆,车厢,也指马车、轿子。籐舆,指用竹子做的便轿。白居易《归履道宅》有“驿吏引藤舆,家僮开竹扉”。

[8]舁[yú]者:抬轿子的人。

游劳者春宜三月,夏宜四月及五月,上半秋宜九月,冬宜十月。

劳[1]山虽以山海献奇,而尤以松、竹、泉、石为四大特色,游者须细心领略之。

暑时宜游北九水,雪时宜游太清宫。以九水有瀑布之胜,下宫有耐冬之赏。

西北诸胜,山色差逊,然古迹甚多。游者当以古迹为重,置山水于度外。

山之名胜,有复名者如南天门,一在巨峰前,一在华楼山;白云洞,一在棋盘石北,一在铁瓦殿东;朝阳洞,一在鹤山,一在白云庵;王乔崮,一在华楼,一在童真宫东南。

山之名胜有俗名者，如太清宫曰“下宫”，上清宫曰“上宫”，玉龙瀑曰“窜水”，巨峰白云洞曰“避牛石屋”，朝阳洞曰“葫芦洞”，问之土人，俱宜称俗名。

劳之特产为：墨晶、碌石、劳[2]山杖、横岛砚。墨晶不易求，余三者可向土人购得。

浴日奇观，劳东诸峰随处可得，虽有高下远近之殊，大抵初现红晕，一痕轻抹，天外俄顷[3]彩霞绚烂，海水尽赤，有金光一道自彩霞中冲霄而上，则日出处也。即见赤轮半规[4]自海中涌出，渐荡渐高，若溶金状，转瞬之间已升空际，波光射目，不可注视矣！

游者只知日出为奇，而不知月出尤奇。盖苍苍凉凉，月之本色，而观于初出，则其赤如火；山高月小，理之常也，而观于近海诸山，则其大如盘。

岛游者须择天气晴和，风定浪静之日。

山中民俗，尽皆朴质。惟青山、黄山两村，旧以艳冶[5]名。其男子于谷雨[6]后入海业渔，妇女则施朱敷粉，招惹游人。风光之细腻，尤在此时。

名胜之可称奇观者，为八仙墩、那罗延窟、棋盘石、望海门、自然碑、梳洗楼、玉鳞瀑、玉龙瀑、狮子峰、骆驼头、白云洞、滚龙洞，游人尤应特加注意。

游巨峰者，须略备寒衣。以其上罡风[7]甚冽，与下方气候不同。

**注释：**

[1]劳：原书作“崂”。

[2]劳：原书作“崂”。

[3]俄顷：片刻；一会儿。

[4]半规：半圆形。有时借指太阳或月亮。

[5]艳冶：妖艳，娇艳。

[6]谷雨：二十四节气之一，在农历四月十九、二十或二十一日。

[7]罡风：道家称天空极高处的风，现在有时用来指强烈的风。

# 附　录

## 名胜题咏

### 五言古

### 赠劳山隐者

王士祯

何许藏名地，泰山海上深。
半夜白日出，风雨苍龙吟。
静侣行道处，不闻樵采音。
清冷鱼山梵，寂寞成连琴。[1]
晓就诸天食，螟栖薝葡林。[2]
因知安居法，一契无生心。[3]
我亦山中客，悠悠悔陆沉。[4]

**作者简介**

王士祯(1634—1711)：原名王士禛，死后因避雍正讳改称士正，乾隆时诏命改称士祯，字子真，号阮亭，别号渔洋山人，清代新城（今山东省桓台县）人，杰出诗人。他出生在一个仕宦家庭，6岁入塾，聪颖好学。15岁